ESSENCIAL
SÉRGIO BUARQUE DE HOLANDA

SÉRGIO BUARQUE DE HOLANDA nasceu em São Paulo, em 1902. Em 1921, mudou-se com a família para o Rio de Janeiro. Foi colaborador da revista *Klaxon*, tornando-se um dos representantes "cariocas" do movimento modernista de 1922. Formou-se bacharel em direito pela Universidade do Brasil (atual Faculdade Nacional de Direito da UFRJ) em 1925. Em 1936, ingressou como professor assistente na Universidade do Distrito Federal e publicou *Raízes do Brasil*, considerado um dos livros mais influentes da historiografia e da sociologia brasileiras no século XX. Em 1946, retornou a São Paulo para assumir a direção do Museu Paulista da USP, cargo que ocupou por dez anos. Lecionou na Universidade de Roma em 1953-4, e em 1956, com a tese que deu origem a *Visão do Paraíso* (1959), foi aprovado no concurso para catedrático de história da civilização brasileira na Faculdade de Filosofia da USP. Aposentou-se de suas funções acadêmicas em 1968, em protesto contra a ditadura militar. Morreu em São Paulo, em 1982.

LILIA MORITZ SCHWARCZ é antropóloga, historiadora e editora. Professora do Departamento de Antropologia da USP, é também *global professor* na Universidade Princeton, curadora adjunta do Masp e colunista do jornal eletrônico Nexo. Foi *visiting professor* nas Universidades de Oxford, Leiden, Brown e Columbia. Teve bolsa científica da Guggenheim Foundation e fez parte do Comitê Brasileiro da Universidade Harvard. É autora, entre outros, de *Retrato em branco e negro* (1987), *As barbas do Imperador* (1998), *Brasil: uma biografia* (com Heloisa Murgel Starling; 2015), *Lima Barreto: triste visionário* (2017), *Sobre o autoritarismo brasileiro* (2009) e *O sequestro da independência* (com Carlos Lima Junior e Lúcia Klück Stumpf; 2022), todos publicados pela Companhia das Letras. Com Flávio dos

Santos Gomes e Jaime Lauriano, organizou *Enciclopédia negra* (Companhia das Letras, 2021); e, com Pedro Meira Monteiro, a edição crítica de *Raízes do Brasil*, em 2016.

PEDRO MEIRA MONTEIRO é professor titular de literatura brasileira na Universidade Princeton, onde dirige o Departamento de Espanhol e Português, e é filiado ao Brazil LAB, de que foi um dos fundadores. É autor e organizador, entre outros, de *Mário de Andrade e Sérgio Buarque de Holanda: Correspondência* (Companhia das Letras; Edusp; IEB, 2012), *A queda do aventureiro: Aventura, cordialidade e os novos tempos em Raízes do Brasil* (segunda edição revista e ampliada, Relicário, 2021) e *Nós somos muitas: Ensaios sobre crise, cultura e esperança* (em colaboração com Arto Lindsay, Rogério Barbosa e Flora Thomson-DeVeaux, Relicário, 2022). Foi cocurador da Flip em 2021 e 2022 (esta última com Milena Britto e Fernanda Bastos). Com Lilia Moritz Schwarcz e Jaime Lauriano, foi cocurador das exposições Essa Minha Letra, sobre Lima Barreto, no Muhcab do Rio de Janeiro, e Contramemória, no Theatro Municipal de São Paulo, ambas em 2022.

ESSENCIAL
SÉRGIO BUARQUE
DE HOLANDA

Organização e introdução de
LILIA MORITZ SCHWARCZ
PEDRO MEIRA MONTEIRO

COMPANHIA DAS LETRAS

Copyright © 2022 by Penguin-Companhia das Letras
Copyright da introdução © 2022 by Lilia Moritz Schwarcz
e Pedro Meira Monteiro

*Grafia atualizada segundo o Acordo Ortográfico da Língua
Portuguesa de 1990, que entrou em vigor no Brasil em 2009.*

Penguin and the associated logo and trade dress are registered
and/or unregistered trademarks of Penguin Books Limited and/or
Penguin Group (USA) Inc. Used with permission.

Published by Companhia das Letras in association with
Penguin Group (USA) Inc.

PREPARAÇÃO
Márcia Copola

REVISÃO
Clara Diament
Huendel Viana

Dados Internacionais de Catalogação na Publicação (CIP)
(Câmara Brasileira do Livro, SP, Brasil)

Essencial Sérgio Buarque de Holanda / organização e
introdução Lilia Moritz Schwarcz, Pedro Meira Monteiro. —
1ª ed. — São Paulo: Penguin-Companhia das Letras, 2023.

ISBN 978-85-8285-157-9

1. Holanda, Sérgio Buarque de, 1902-1982 2. Literatura
brasileira – História e crítica 3. Literatura e história – Brasil
I. Schwarcz, Lilia Moritz. II. Monteiro, Pedro Meira.

22-132969   CDD-B869.09

Índice para catálogo sistemático:
1. Literatura brasileira : História e crítica B869.09
Cibele Maria Dias – Bibliotecária – CRB-8/9427

Todos os direitos desta edição reservados à
EDITORA SCHWARCZ S.A.
Rua Bandeira Paulista, 702, cj. 32
04532-002 — São Paulo — SP
Telefone: (11) 3707-3500
www.penguincompanhia.com.br
www.companhiadasletras.com.br
www.blogdacompanhia.com.br

Sumário

Introdução —
Lilia Moritz Schwarcz e Pedro Meira Monteiro   7

ESSENCIAL SÉRGIO BUARQUE DE HOLANDA

CAPÍTULOS DE HISTÓRIA DO IMPÉRIO
Crise do regime   19

CAPÍTULOS DE LITERATURA COLONIAL
O mito americano   37

O ESPÍRITO E A LETRA [v. 1]
O lado oposto e outros lados   85

O ESPÍRITO E A LETRA [v. 2]
Missão e profissão   93

LIVRO DOS PREFÁCIOS
O operário em construção e outros poemas   101

DO IMPÉRIO À REPÚBLICA [HGCB, t. 2, v. 7]
O pássaro e a sombra
    O poder pessoal   109
    A democracia improvisada   141
    Fim do segundo "quinquênio liberal"   183

RAÍZES DO BRASIL
O semeador e o ladrilhador   231

VISÃO DO PARAÍSO
Peças e pedras   289

MONÇÕES
O transporte fluvial   333

Notas   359

Introdução

LILIA MORITZ SCHWARCZ
PEDRO MEIRA MONTEIRO

Sérgio Buarque de Holanda (1902-82) nasceu e morreu em São Paulo, onde viveu boa parte de sua vida, tendo morado também no Rio de Janeiro entre as décadas de 1920 e 1940, além de haver passado períodos importantes fora do Brasil, principalmente na Alemanha, ainda solteiro, entre 1929 e 1930, e na Itália, com a família, entre 1953 e 1954.

Foi modernista de primeira hora, representante da revista *Klaxon* no Rio de Janeiro, autor reconhecido nos rodapés de crítica dos grandes jornais do Rio e de São Paulo, professor da efêmera Universidade do Distrito Federal, que seria extinta pelo Estado Novo em 1939, funcionário da Biblioteca Nacional e depois, de volta a São Paulo, a partir de 1946, diretor do Museu Paulista. Na década seguinte, tornou-se catedrático na Universidade de São Paulo, onde, já consagrado como um dos maiores nomes da historiografia brasileira, ajudaria a fundar o Instituto de Estudos Brasileiros nos anos 1960. Retirou-se da cena acadêmica em solidariedade aos colegas aposentados compulsoriamente pela ditadura, logo após o AI-5, e seria, quase no fim da vida, um dos signatários da ata de fundação do Partido dos Trabalhadores.

Trata-se de personagem singular, desses tão citados que parece até desnecessário conhecê-los para saber quem são. Mas vale a pena destacar alguns aspectos de sua obra que por vezes passam por algumas generalizações menos cuidadosas. Seu livro mais famoso, *Raízes do Brasil* (1936), apareceu, junto com *Quarto de despejo* (1960), de Carolina Maria de Jesus, logo no início da enquete sobre os duzentos livros mais importantes para entender o Brasil, realizada pela *Folha de S.Paulo*, pela Associação Portugal Brasil 200 anos e pelo Projeto República/UFMG em 2022. Além do mais, a noção de "homem cordial" já se colou ao senso comum, como se não tivesse autoria ou mesmo definição precisa. Assim, muitos mencionam o conceito de maneira absolutamente positiva, sem saber que a visão da cordialidade de Sérgio Buarque de Holanda era bastante crítica, porque, com ela, o autor se referia à possibilidade perversa de que a República viesse a ser comandada por interesses familiares, com o consequente enfraquecimento da lei e dos direitos. Muito antes que o termo "milícia" se fixasse no imaginário político nacional, o historiador advogava pela separação clara entre as demandas coletivas e a vontade de círculos particulares. Também desfazia da mania de estrangeirismo que por vezes assola os brasileiros e as brasileiras, e destacava o uso do diminutivo e do primeiro nome como regra de informalidade, a qual escondia um imenso e problemático patrimonialismo — justamente a mistura entre esferas públicas e privadas de atuação.

O fato é que, quando uma personalidade pública adquire tanta força, ela se arrisca a ser engolida pela máscara do personagem, que vai sendo criado no tempo, a despeito de suas ideias e desejos. Sérgio se queixava, por exemplo, de *Raízes do Brasil* ser o seu livro mais conhecido e comentado. Dizia que era obra de ocasião, sem o rigor dos demais, pois sabia que sua vasta obra, oscilando entre a crítica literária e a história, ia muito além do homem cordial. Aliás, é possível afirmar que o próprio Sérgio Buarque vai além da mitologia que se criou em torno dele.

Esta antologia pretende, justamente, oferecer uma visão mais panorâmica dessa obra complexa e multifacetada, repleta de ideias que vão e vêm, que se somam e às vezes

INTRODUÇÃO 9

se contradizem. Optamos por evitar a ordem cronológica, uma vez que os ensaios aqui reunidos, tendo sido retirados de diferentes livros desse verdadeiro pensador do Brasil, podem ser lidos em qualquer sequência.

Iniciamos pelo fim, por um estudo sobre a "Crise do regime" imperial, que é parte dos manuscritos deixados pelo autor e encontrados após sua morte. Ao longo da década de 1970, Sérgio vinha reescrevendo as teses expostas no seu último grande estudo, *Do Império à República*, publicado em 1972 como volume 7 da *História geral da civilização brasileira*, que ele próprio dirigia. O foco de "Crise do regime" é a mudança de ministério em 1868, quando o imperador dissolveu um ministério liberal e estabeleceu outro, conservador, como aliás vinha fazendo a partir do Poder Moderador que era seu monopólio político. A manobra funcionou como termômetro para a política imperial, que àquela altura lidava com a dispendiosa guerra no Paraguai, ao mesmo tempo que procurava puxar o freio de mão dos que pretendiam usar da crise política para dar início ao tardio processo de abolição da escravidão no Brasil. O "elemento servil", como era então referida no Parlamento a espinhosa questão da mão de obra escravizada, era o lastro de uma economia que ia mudando a passos largos, enquanto os humores exaltados e as paixões políticas iam aos poucos selando a sorte da monarquia, que jamais veria formar-se um terceiro reinado. Como em outros textos do período, a preocupação do historiador é compreender por que o conservadorismo e o autoritarismo são forças tão marcantes e duradouras na sociedade brasileira, e por que o Brasil demorou tanto tempo para abolir a escravidão.

"O mito americano" é um dos *Capítulos de literatura colonial*, livro organizado por Antonio Candido no começo da década de 1990 a partir de outros manuscritos inéditos de Sérgio Buarque, os quais se referem a pesquisas iniciadas nos anos 1950, quando os estudos de literatura comparada e de história caminhavam juntos em sua tentativa de compreender a formação de um imaginário aferrado à própria paisagem colonial, naquilo que o crítico percebe como uma negociação complexa com diferentes padrões estéticos em voga na Europa. Trata-se de uma análise dos impulsos épicos que informaram, sobretudo no século XVIII, as produções literárias da colônia, onde a epopeia encontrou solo fértil e os letrados teriam desenvolvido um sentimento de pertencimento, com a paulatina idealização da natureza local e mesmo do indígena, tendo por base o molde romântico que vicejaria plenamente mais tarde, a partir do patrocínio da própria monarquia. O personagem central de sua análise é Santa Rita Durão, autor de *Caramuru*, de 1781, obra em que o "patriota", com seu programa de enaltecimento heroico, oblitera o poeta, ao mesmo tempo que inscreve, na história literária brasileira, uma de suas peças fundamentais.

Os textos seguintes — "O lado oposto e outros lados" e "Missão e profissão" — são bons exemplos de dois momentos da crítica de rodapé do autor. "O lado oposto e outros lados", de 1926, lembra ainda o primeiro modernismo, de que Sérgio Buarque foi representante entusiasmado, e apresenta uma diatribe contra os cultores da "ordem", um elogio, em suma, daqueles poetas e ficcionistas que não se prendem a programas claros e se permitem as mais ousadas experimentações formais, enquanto os outros, no "lado oposto", se deixam guiar por um obsessivo desejo de "construção". É evidente que o jovem Sérgio torce pela "desordem" criativa, apontando suas armas analíticas para os católicos como Alceu Amoroso Lima, numa crítica que aliás dialoga de certa maneira com Mário de Andrade e com o projeto modernista paulistano. Já em "Missão e profissão", de 1948, o crítico mais maduro retoma um tema que desenvolvera, precisamente, em *Raízes do Brasil*: o gosto pelo ornamento, pela "erudição decorativa", o qual ele atribui em grande parte ao preconceito romântico que projeta, sobre o indivíduo, um valor

INTRODUÇÃO

superior, escamoteando o fato de que tal gosto valoriza sempre um trabalho que "não suja as mãos" — constatação cheia de sentidos numa sociedade "oriunda de senhores e escravos" como a brasileira. O historiador não cita, em seu texto, Machado de Assis, mas é possível enxergar aí o reparo ao "medalhão", que brilha inutilmente, evitando lambuzar-se nas lutas da vida real. O artigo serve também de autorreflexão sobre a herança modernista, tendo como alvo principal a atitude aberta porém pouco disciplinada e um tanto sem rumo daqueles que pregam a liberdade irrestrita nas artes. Sérgio Buarque escreve num momento em que as ideias do primeiro modernismo eram vistas com desconfiança pela chamada "Geração de 45" (na qual se incluía João Cabral de Melo Neto), que começava a revalorizar o formalismo, não por acaso no mesmo momento em que as "Faculdades de Filosofia" — novidade no cenário de então — forjavam formas de pensar avessas à ideia romântica do gênio capaz de romper, por meio de sua sensibilidade, com todas as regras.

"O operário em construção e outros poemas" é um divertido prefácio a um livro do amigo Vinicius de Moraes. Escrito no fim da vida (a edição é de 1979, quando Vinicius também era vivo), trata-se de um texto de teor autobiográfico, que relembra os primeiros encontros que tiveram no Rio de Janeiro, assim como as noites regadas a bebida e música em Roma, Genebra, Paris ou Los Angeles. Consta ainda desse artigo o relato da tertúlia e da correspondência engraçada que trocaram com Juscelino Kubitschek, nos tempos em que o político atuava como prefeito de Belo Horizonte. Sérgio recupera — ou inventa, bem a seu estilo — uma genealogia para o próprio Vinicius, festejando-o como seu "irmão mais moço e já hoje irmão mais velho de meus filhos, com eles formando a álacre família dos Buarque de Moraes".

"O pássaro e a sombra" é o "Livro segundo" daquela que poderia ser considerada, juntamente com *Visão do*

Paraíso, sua obra magna: *Do Império à República*, de 1972. Como no primeiro ensaio da presente antologia, o foco é a crise do Segundo Reinado a partir da década de 1860, quando a guerra e os embates em torno da escravidão abriam espaço para as críticas ao "poder pessoal" de d. Pedro II. Era um tempo em que, por dentro da política parlamentar e da opinião pública, começava a correr o desejo de atirar no "pássaro" — o próprio imperador — e não mais na sua "sombra", isto é, nos muitos gabinetes que davam as cartas da política oficial, embora o fizessem sob a sombra do poder imperial. O texto traz uma visão muito peculiar da personalidade titubeante de Pedro II, mas também da intrincada política de então, que se equilibrava instavelmente entre os poderes regionais e uma centralização nunca realizada por completo. O historiador atenta para os nexos dessa crítica crescente ao poder pessoal tanto no plano internacional — lembremos que, no século XIX, a reação monárquica era todo um tema, na Europa e no mundo — como no âmbito interno, em que um "liberalismo formal" convivia com a efetiva "falta de autêntica democracia". É interessante, ainda, perceber sua leitura do incômodo que às elites imperiais causava a ideia da abolição da escravatura, que deveria processar-se apenas de forma "lenta" e "gradual" — as mesmas palavras que seriam utilizadas, anos e anos depois, pelos militares de 1964, quando começaram a falar em "abertura" política. Sérgio investe contra essa mesma elite de costumes estrangeirados, retórica e livresca, mas sem grande impacto na realidade local.

"O semeador e o ladrilhador" é o título que o quarto capítulo de *Raízes do Brasil* recebe a partir de sua segunda edição, de 1948 (antes o título era outro, e a composição, bastante diferente). A expressão se refere à arte oratória e provém do Padre Vieira, que, no século XVII, reagira ao cultismo espanhol com a defesa retórica de certa soltura nas formas; afinal, segundo o grande sermonista: "Não fez

Deus o Céu em xadrez de estrelas". O mote serviria para compreender como a colonização portuguesa na América teria se guiado por princípios práticos, adequando-se ao meio segundo aquele "realismo pedestre" que, ao contrário do espírito mais regular e civil dos espanhóis, resultaria num urbanismo que se recusa a rasgar a paisagem, antes dobrando-se e adequando-se a ela. Por isso, os espanhóis construiriam na América cidades planejadas e de linhas retas, enquanto os portugueses adotariam predominantemente a curva. Esse é também um eixo investigativo bastante próximo daquele que regressaria mais tarde em *Visão do Paraíso*, no qual são estudadas as visões edênicas que estão na origem da imaginação europeia sobre o Novo Mundo, e que ganham muito mais desenvoltura e brilho na cabeça de castelhanos que na de portugueses. É toda uma visão de mundo que se explora nesses textos, mas em *Raízes do Brasil* busca-se precisamente investigar um modelo de ocupação do espaço supostamente mais flexível que outros, embora restrito sobretudo ao litoral, em especial no primeiro século e meio da colonização. Há ainda uma suposição de fundo, de que a flexibilidade seria uma metáfora de uma maneira ibérica, ou mais especificamente lusitana, de colonizar e povoar. É interessante pensar como a versão de 1948 de "Semeadores e ladrilhadores" já contém muito da curiosidade de um Sérgio Buarque que se tornara então diretor do Museu Paulista e vinha se dedicando ao estudo das "entradas" pelo sertão, que constituíam uma nova "rotina" para a cobiça dos colonizadores.

"Peças e pedras" é o terceiro capítulo de *Visão do Paraíso* (1958), livro em que a sanha colonizadora é compreendida a partir do imaginário que projetou, sobre as terras recém-descobertas pelos europeus, muitos de seus velhos mitos. Assim, a atividade econômica que colocava ouro e prata no centro da atenção europeia e mundial era recoberta por sonhos muitas vezes extravagantes. A busca por riquezas era também, para não poucos daqueles colonizadores, o desejo de encontrar lagoas douradas e minas inesgotáveis, quando não o próprio paraíso terrenal postulado por uma geografia bíblica. Embora o foco principal de *Visão do Paraíso* seja o século XVI, a imaginação delirante dos primeiros colonizadores projetaria sua sombra sobre atividades econômicas posteriores, como no caso de Fernão Dias, que nunca deixou de sonhar com uma mítica serra das esmeraldas. O avanço pelas terras a oeste era ainda, com frequência, ditado por uma geografia fantástica, que não só esperava achar maravilhas pelo caminho, mas procurava aquelas mesmas riquezas que os espanhóis exploravam a partir da costa do Pacífico. "Peças e pedras" é sobre o desejo infrene de riqueza que marca o início da colonização e dá forma a uma nova geopolítica em que a imaginação desempenha papel fundamental, e em que o apresamento dos indígenas — as "peças" do título — logo viraria um grande negócio. Apesar de o ensaio não fazer uma crítica direta ao bandeirismo — e é preciso destacar que o Museu Paulista foi um instrumento importante na divulgação romantizada desses que eram também exércitos mercenários —, nele se pode notar um questionamento ainda que tímido em relação à atividade violenta e mercantil de tais grupos. Uma ponta contemporânea dessa imaginação sobre a ocupação fantástica do espaço aparece no final do texto, quando o historiador lembra que há ecos da busca do paraíso na forma como Hipólito da Costa, em pleno século XIX, imaginou uma cidade no interior do Planalto Central do país. É claro: Sérgio Buarque escrevia essas linhas enquanto Brasília era erguida.

Por último, em "O transporte fluvial", capítulo de *Monções*, de 1945, examina-se a influência das tecnologias indígenas de navegação sobre os "sertanistas", desde as primeiras expedições dos portugueses, no século XVI, até o começo do século XIX, pelo menos. Alguns dos temas que reapareceriam em *Visão do Paraíso* já repontam nesse estudo, embora seu foco seja a cultura material e o

INTRODUÇÃO 15

dia a dia em que se produziam embarcações variadas, umas mais sofisticadas, outras improvisadas, para transpor ou singrar os rios. Ao reconstituir as técnicas de sua construção e mesmo de navegação, o autor desnuda atividades vitais em que uma troca cultural intensa acontecia, a despeito da violência própria à atividade econômica colonial. Violência que seria reservada não apenas aos indígenas mas também ao meio ambiente, o qual ia sendo depauperado ou pelas queimadas e roças ou pelo consumo de madeira. Esse é um texto do Sérgio Buarque historiador, que, a partir de alguns traços da cultura material, desvela grandes "visões" do que seriam os sertões do Brasil.

Da política imperial à imaginação dos primeiros colonizadores, portugueses e espanhóis; da literatura que valorizava o espaço colonial e idealizava o indígena à violência impingida a essa mesma paisagem e sobre o corpo do colonizado; da preocupação com as formas literárias à herança do modernismo; do encontro entre história e literatura; da "descoberta" documental dos sertões bravios por contraposição aos nossos litorais, passando pelas recordações pessoais e pelas redes de amizade; da nossa sempre incompleta democracia à centralidade da escravidão para a história brasileira: tudo isso, e muito mais, encontra-se nestas páginas que trazem um aperitivo, uma isca para o interesse e curiosidade acerca da ampla e variada obra de um intérprete fundamental do país. Elas hão de revelar mais de um Sérgio Buarque de Holanda, ou, quando menos, permitirão enxergar um autor interpelado por temas diversos e interligados, mas raramente satisfeito com a forma final de seus textos.

CAPÍTULOS DE
HISTÓRIA DO IMPÉRIO

Crise do regime

A propósito da recomposição de forças e programas político-partidários operada no Império do Brasil em julho de 1868, com a queda do ministério Zacarias de Góis e Vasconcelos e a ascensão do gabinete Itaboraí a 16 do mesmo mês e ano, já houve quem dissesse que, desde esse momento, começa a crescer a onda que, ao cabo, levará de roldão o próprio regime. A monarquia viverá ainda algum tempo, às vezes com uma pujança aparente. Os homens mais lúcidos sabem, no entanto, que ela está condenada, já dera o que tinha a dar, mostrando seus lados positivos ou negativos.[1] Agora irá viver meio vegetativamente. Seus limites são sabidos. Pode dizer-se, com efeito, que os mais recentes acontecimentos marcaram bem uma clivagem na história política do país e deixaram à vista sinais nítidos de deterioração.

Ainda quando pudessem subsistir dúvidas acerca de seu significado real, ninguém, a começar pelo próprio imperador, alimentava muitas ilusões sobre os riscos assumidos com a súbita mudança da política. Mesmo o visconde de Itaboraí, quando convidado a formar ministério novo, leva a certeza de que precisará enfrentar, bem ou mal, perigosa tarefa. Estas palavras, "perigosa tarefa", aparecem, aliás, no programa com que o visconde se apresenta aos representantes da nação e nada sugere que tenham um significado simplesmente convencional. Aprovada por larguíssima diferença, de 85 contra dez votos, a moção de desconfiança ao novo ministério conservador, apresentada a 17 de julho por José Bonifácio, o Moço, numa das suas tiradas de seguro efeito oratório ("hoje, do dia para a noite, um ministério cai no meio de numerosa maioria parlamentar, e inopinadamente surgem os nobres ministros como hóspedes importunos, que batem fora de horas e pedem agasalho em casa desconhecida"), parece uma senha para a fusão inesperada e tida até às vésperas por impossível, entre os grupos parlamentares dos "liberais históricos" e dos "progressistas", só unidos durante muito tempo pela comum hostilidade ao partido conservador.

A altanaria conhecida e, não raro, os maus modos de Zacarias, que havia sido o principal artífice do "Progresso", ou progressismo, fruto de uma cisão entre conservadores, haviam aprofundado ultimamente o fosso que o separava e, com ele, os seus parciais, do elemento propriamente "liberal" ou dos "históricos", assim chamado porque reivindicava para si, sem partilha, a herança das velhas glórias do 7 de abril de 1835 e do Ato Adicional de 1834. Até de um combativo órgão de imprensa passavam agora a dispor os dessa facção mais extremada, quando Rangel Pestana, Henrique Limpo de Abreu e Monteiro de Souza criaram, na Corte, a *Opinião Liberal*, onde não se poupam nem os atos, nem a pessoa do presidente do Conselho, nem sequer a dos parlamentares intitulados "históricos", dos quais publicamente se separavam para constituir seu rancho à parte. Suas críticas maiores eram endereçadas, em todo caso, ao chefe de governo resignatário, a quem chamavam, entre outros nomes feios, de "histrião, bifronte, vaidoso, ignorante, trânsfuga de todos os partidos".[2]

Procurando jogar toda a culpa pela situação calamitosa que o país atravessava, às voltas com uma guerra exterior interminável, sobre os ombros do imperador, dizia ainda a desabusada folha que o monarca, depois de ter estimulado o surto do progressismo, como já o teria feito

CRISE DO REGIME

com a "conciliação", proscrevia e comprimia os partidos políticos e, "com as fezes de ambos manda criar um partido puramente oficial, composto de especuladores sem crença, de insaciável avidez". Ao lado de diatribes como essa, até a oposição dos conservadores ao antigo presidente do Conselho, e extensiva ao monarca, haveria de parecer pálida e tíbia. Na mesma trincheira, durante o ministério de Zacarias de Góis, podiam ver-se conservadores lado a lado com históricos, como se a presença, no vértice do poder, de um comum inimigo tivesse o dom de apagar velhas malquerenças. Não faltou, por momentos, quem cuidasse discernir entre uns e outros sinais de boa inteligência, a qual poderia, uma vez consolidada, dar novo rumo à ação do monarca, se fosse seu intento confiar a gestão dos negócios públicos à gente "saquarema", ou seja, aos conservadores imaculados. Não foi por outro motivo, talvez, que nos últimos tempos dera o próprio conselheiro Zacarias para dizer-se, ele com seu ministério, um liberal, tão somente liberal, sem adjetivo, como se quisesse relegar ao esquecimento os rótulos, já meio gastos, de Liga, ligueiros, Progresso, progressistas, Liga Progressista e Partido Progressista,[3] que se haviam tornado alvo de críticas dos mais variados setores.

A substituição do ministério, tal como foi feita, além de deixar claros o artifício e a burla em que todo o sistema assentava, dissipou as esperanças daqueles que achassem viável uma amálgama de elementos tão díspares. Apanhados de supetão pela extraordinária desenvoltura de que o rei se mostrou capaz, ao fazer uso dos desmedidos poderes de que efetivamente dispunha, os históricos e os progressistas renunciam, ao menos no âmbito parlamentar, às suas divergências, para cerrarem fileira em volta do estadista que os caprichos de São Cristóvão acabavam de sacrificar tão duramente. De fora só haviam ficado os mais impacientes, que passarão a formar o bando dos radicais, já na antessala do Partido Republicano, a ser fundado dois anos mais tarde. O ter-se prestado José Bonifácio o Moço, mais chegado aos históricos, a fazer-se o porta-voz da moção de desconfiança aos ministros novos já bastava para sugerir que alguma coisa havia mudado, ou seja, que haviam sido acertadas as pazes entre duas facções que até então se haviam digladiado. O nome de "liberais" era dado agora indiscriminadamente aos 85 deputados que negaram confiança ao ministério retintamente conservador do visconde de Itaboraí, enquanto os outros dez pertenciam aos conservadores. Destes, nove já se filiavam aos últimos, mas, segundo uma testemunha autorizada, deputado que foi à mesma legislatura, bandeou-se à última hora um antigo progressista para os que davam apoio ao novo governo.[4]

Aos 16 de julho reúne-se o Conselho de Estado para tratar de "negócio urgentíssimo". Se algum dos conselheiros convocados ignorasse qual o assunto tão urgente que determinara o convite, acabaria por sabê-lo ao transpor os portões da Imperial Quinta da Boa Vista, onde teria lugar a reunião. Tratava-se de ouvir a opinião dos conselheiros sobre se convinha ou não dissolver a Câmara dos Deputados, uma vez que esta negava peremptoriamente ao governo os meios de "sustentar as operações no Paraguai, e fazer frente aos compromissos que pesam sobre o Tesouro nacional". A questão não era exatamente essa, conforme observará um dos conselheiros. Nem podia separar-se de outra, como seja a discordância havida entre o gabinete dissolvido e a Coroa sobre uma atribuição do Poder Real. Além disso, na sessão anterior, havia a Câmara votado todos os meios precisos para desempenho do serviço ordinário e de todas as necessidades da guerra. E na presente sessão aprovou e enviou para o Senado as duas leis ânuas, onde fixavam, uma as forças de terra, outra as forças de mar para o exercício de 1869-70. Aquela já havia passado na Câmara vitalícia, com uma presteza talvez sem exemplo na história do Império, e tanto mais digna de consideração quanto o país atravessava um momento sumamente delicado.

Apesar de tudo, a dissolução da Câmara parecia já assente no ânimo do imperador, para quem as "delongas" de Caxias no Paraguai seriam largamente atribuíveis a divergências sempre latentes entre o general-chefe e o gabinete liberal-progressista. É evidente, por outro lado, que a reviravolta operada com a substituição do ministério de 3 de agosto (1866) por outro, recrutado entre seus antagonistas tradicionais, poderia ter, na política interna do país, consequências não menos perigosas. Foi por esse motivo, talvez, que correu durante algum tempo a versão de que a sucessão do ministério ainda no poder seria confiada aos históricos, que sempre toleraram mal, ou de todo não toleraram, o convívio dos homens do Progresso, por mais que a estes já não repugnasse o rótulo de "liberais", que só posteriormente os irmanaria.[5] Até Caxias, sempre fiel ao seu partido, tinha amigos entre elementos históricos, a começar por Osório, e ao tempo em que se correspondiam, são frequentes os desabafos de um e outro contra a heresia progressista, abominada por ambos.

Mas se a ideia de convocar um ministério liberal chegou a entrar em cogitação, parece ter sido descartada desde que o conselheiro objetou, por não a julgar acertada, à escolha de Sales Torres Homem para Senador, em detrimento de outro candidato pela mesma província do Rio Grande do Norte, filiado, este, ao partido do governo. Sabe-se que, no dia 14, Zacarias, chamado ao Paço, foi solicitado por d. Pedro a indicar o nome de quem poderia formar o novo ministério. Tratava-se de uma formalidade, naturalmente admitida pelos ministros demissionários, mas que dificilmente poderia ser aceita pelo chefe do 3 de agosto. No seu entender a participação dos ministérios nas decisões do Poder Moderador era um princípio por ele vigorosamente afirmado, pelo menos desde 1860, e de que não abdicava. Nessas condições, indicar um sucessor aceitável para o monarca seria uma abdicação, pois equivaleria implicitamente a transigir, por um subterfúgio a que não podia sujeitar-se sem perda de dignidade, já que se acumpliciaria com o erro.

Assim, "pediu respeitosamente" — são suas mesmas palavras — para ser dispensado de fazer a indicação. É provável que essa recusa surpreendesse d. Pedro, pois passaram-se alguns instantes de silêncio. Só depois, como a recusa fosse taxativa, *ordenou-lhe* que chamasse com urgência o visconde de Itaboraí. É, em suma, o que consta de uns comentários redigidos pelo conselheiro ao bilhete do imperador chamando-o ao Paço, e cujo texto manuscrito se guarda hoje no Arquivo do Museu Imperial, em Petrópolis.[6] O presidente demissionário tinha suas razões para assim reagir. Como indicar para suceder-lhe um gabinete conservador, que haveria de contrariar toda a política seguida por ele até o momento? Nem poderia apelar para os seus adeptos, porque, se o chefe de Estado optasse por um ministério liberal, não seria razoável manter o gabinete que se despedia?

A convocação do Conselho de Estado em casos tais pertencia (mas não necessariamente, pois tudo dependia da entidade irresponsável) ao ritual, ou antes, ao folclore do regime. Não havia mal em que fossem descumpridos seus pronunciamentos, uma vez que se tratava de órgão meramente consultivo, nem havia por que reclamar se assim acontecesse. No entanto timbrava sempre Sua Majestade o imperador em mencionar a consulta havida, sem julgar-se obrigado a dizer se venceu tal ou qual modo de ver. "Tendo ouvido o Conselho de Estado, hei por bem dissolver a Câmara dos Deputados": essa a fórmula invariável no caso. Para mau entendedor do que se passasse nos arcanos do pensamento imperial, a simples menção do órgão consultado podia induzir a crer que, antes de anunciar-se a decisão extrema, induziria a crer que a medida foi tomada em decorrência do que deliberaram os conselheiros: se assim não fosse, por que então dizer que eles foram ouvidos?

Na reunião do dia 16 não venceu parecer contrário nem favorável à dissolução. Simplesmente houve empate.[7] Dos oito conselheiros presentes (só faltou o marquês de Olinda), pronunciaram-se quatro contra a medida proposta: Abaetê, Jequitinhonha, Nabuco de Araújo e Souza Franco, os dois últimos liberais confessos e os dois primeiros apartidários, mas cujos antecedentes liberais repontavam em geral das suas manifestações. Dos outros, ao menos três dificilmente haveriam de discrepar de um ponto de vista, mesmo se inexpresso, do imperador. A começar pelo visconde do Bom Retiro, tido geralmente como seu alter ego. Mas também Pimenta Bueno, futuro visconde e, afinal, marquês de São Vicente, e Sapucaí, pertencentes à roda mais íntima do Paço, que eram ouvidos constantemente pelo imperador antes de qualquer decisão mais importante: o primeiro era, por assim dizer, uma espécie de jurisconsulto oficial da Coroa, e Sapucaí foi tido sempre no maior conceito pelo monarca, desde os tempos da menoridade, quando mestre de literatura e "ciências positivas" do imperial menino. Quanto ao conselheiro Sales Torres Homem, que em eras já remotas escrevera tremendo libelo contra o imperador e sua família, mas que agora só deixaria de dar seu voto (favorável à dissolução) se jurasse suspeição, por ter sido, de algum modo, parte nos incidentes que deram lugar à retirada do ministério, mas tal não sucedeu.

Encerrado o cerimonial do Conselho de Estado, tudo estava pronto para expedir-se o correspondente decreto. Como caísse o dia seguinte em domingo, só na segunda-feira, 20 de junho, armou-se o cenário adequado aos acontecimentos, com grande concentração de tropas nos quarteirões vizinhos do Paço da Cidade e da Câmara. Não era outro o assunto de todas as conversas e motivo de graves apreensões até entre conservadores, os beneficiários do sucesso. E dessa vez o grande alvo das críticas era d. Pedro, que claramente precipitou a solução afinal adotada. Na reunião da Quinta da Boa Vista, um conselheiro houve, cuja carreira política datava dos dias da Independência, que chegou a empregar a palavra maldita "ditadura" — ao considerar que só ela podia definir a inopinada dissolução de uma Câmara representativa da imensa maioria da nação, seguida de um governo que rudemente a contrariava. E um político liberal já quase de malas feitas para passar-se ao republicanismo, Joaquim Saldanha Marinho, usou, a propósito, de uma expressão que logo se popularizou, quando, em plena Câmara dos Deputados, comparou o novo golpe nas instituições ao que, vinte anos antes, havia derrubado o gabinete Paula Sousa de 31 de maio (1848), para em seu lugar instalar os famosos "catorze anos da oligarquia conservadora".[8] "Protesto!", clamou Saldanha entre aplausos frementes das galerias, "protesto contra o presente estelionato de 1868, igual ao estelionato de 1848..."

Até no Paço, e entre familiares de d. Pedro, ecoam as preocupações gerais ante as possíveis consequências da crise política subversiva das boas normas do governo representativo. Mesmo o conde d'Eu, em carta ao pai, o duque de Némours, escrevia que d. Pedro agiu, no caso, de um modo que não condizia com seu caráter nem com os princípios do parlamentarismo.[9] Dadas as relações cordiais que costumava manter o príncipe com o elemento liberal ou, ao menos, com vários próceres do liberalismo, não andaria ele longe de partilhar das impaciências que faziam a Câmara dissolvida trombetear contra a lentidão de Caxias no curso da guerra, apesar de todo o empenho do sogro em prestigiar e manter a qualquer preço o general-chefe. Por ora, comentava ainda o Orleans, a agitação parecia ter-se apagado, mas ninguém podia saber se a calma iria prevalecer até depois do fim do ano. Janeiro, o mês das eleições, era também o mês em que o sol a pino pode predispor a agitações tumultuárias. Pelo menos era o que lhe dizia a experiência.

Observadores estrangeiros bem familiarizados com as coisas do Império não escondem em geral seu pessimismo. Entre eles, o jornalista irlandês domiciliado no Rio de Janeiro, William Scully, que, sob o pretexto de promover uma campanha, no exterior, em favor da imigração, havia conseguido uma boa fatia no orçamento do ministério Zacarias de Góis, foi dos que contribuíram fortemente para a eclosão da crise, desde que publicamente desconceituou, em seu *Anglo-Brazilian Times*, impresso na Corte, a primeira espada do Império, fazendo coro com a mais iracunda imprensa da oposição, que só queria ver nos acontecimentos do Paraguai um agouro mau para o regime. Apenas jornais como a *Opinião Liberal*, fustigando, embora, o militar conservador, não admitiam que outro tanto fizesse o "foliculário estrangeiro", e a coisa parecia ainda mais grave ao próprio Caxias, por isso que Scully era subsidiado pelos cofres da nação.

Mais longe ainda vai o plenipotenciário dos Estados Unidos, James Watson Webb, de quem escreveu um seu biógrafo que, em 1869, ao deixar o posto, seu país será muito menos popular no Império do que o fora oito anos antes, quando pela primeira vez desembarcou no porto do Rio.[10] Em despacho que endereçou ao Departamento de Estado, em Washington, trata resolutamente de desenvolver uma teoria nova pela qual foi ele, o general Webb, *pars magna* nos acontecimentos ultimamente verificados na política interna do país, desde que adotou uma "atitude varonil" no caso da canhoneira norte-americana *Wasp*, incumbida de ir buscar em Assunção o ministro Charles Ames Washburn, único diplomata estrangeiro acreditado junto ao governo de Francisco Solano López na época, e que, apesar de pretender cumprir missão oficial da Casa Branca, foi impedido de seguir viagem pelos chefes militares aliados. Segundo a curiosa explicação de Webb, que tem escapado, com razão, à sagacidade dos historiadores, muito se empenhou o conselheiro Zacarias por evitar uma ruptura com Washington, mas esbarrou na teimosia de d. Pedro, que não desistia de querer dar mão forte ao famoso marquês. A queda do ministério de 3 de agosto teria tido origem nessa divergência.

Mas a situação não ia ficar só nisso, e arriscava uma profecia, ao dizer que, no Brasil, o trono dos Braganças não teria terceiro ocupante. E dizia mais: "Não dou nem dez anos para que este país se transforme em república".[11] Exagerava o belicoso general (e exagerava sobretudo quando logo em seguida admitiu que, se a mudança do regime se fizesse daí a dez meses, não seria uma surpresa para ele), mas só pela metade: estaria perto da verdade caso dilatasse seu prazo de dez para vinte anos. Conquanto em seus despachos oficiais se tenha mostrado frequentemente simpático à causa do Império nos conflitos platinos, e especialmente, desde o começo, na campanha do Paraguai, onde só tinha a deplorar a incompetência e os movimentos lerdos das forças armadas brasileiras, não foram poucas as vezes em que seus métodos diplomáticos nada ortodoxos embaraçaram o gabinete de São Cristóvão.

O admirável Richard Burton, que, tendo estado à testa do consulado inglês em Santos, teria suas ocasiões de privar com ele, dizia que os amigos do general não perdiam oportunidade de instigá-lo a castigar sem dó os desaforos de brasileiros, enquanto seus desafetos mais bem-intencionados diziam que ele tinha "uma verdadeira mania de pedir os passaportes" sob todo e qualquer pretexto.[12] De fato aquela mania se convertera, em seu caso, numa verdadeira técnica de intimidação, lhanamente confessada, aliás, em despachos a seu governo, onde diz que age dessa maneira para assustar o governo brasileiro e reforçar as reclamações feitas, saindo-se sempre bem.

A técnica deu, com efeito, muitas vezes, o resultado desejado, pois, às voltas com uma guerra cruenta e ronceira,

CRISE DO REGIME   29

não tinha o Império interesse em criar novas zonas de atrito. E dessa vez havia motivos dobrados para uma posição cautelosa. Da leitura de sua correspondência ativa com o governo dos Estados Unidos, resulta que a ameaça não era bravata sem consequências maiores. O certo é que Webb não agiu nesse caso apenas por iniciativa. Sua ameaça de ruptura de relações vinha bem respaldada por Seward, secretário de Estado, que não só a apoiou mas expressamente a recomendou, dispondo-se até a mandar uma esquadra ao Prata para forçar, se preciso, a passagem da canhoneira. E a notícia circulou imediatamente por toda parte, principalmente nas rodas diplomáticas, onde o problema das relações entre São Cristóvão e a Casa Branca se tornava, cada vez mais, alvo de intensa curiosidade.

Do ponto de vista da política interna do Império, pior momento não se poderia esperar para mais esse contratempo. Já estava à vista uma grave crise do poder no Brasil, embora na fase nebulosa dos rumores desencontrados e sem confirmação certa, quando, no dia 1º de julho (1868), o conselheiro João Silveira de Sousa deparou em seu gabinete com a imponente figura daquele general, filho e pai de generais de verdade, ambos, por sinal, heróis de guerra, o primeiro, já das campanhas da Independência, o outro da batalha de Gettysburg, na Guerra de Secessão, e no comando de tropas no exército do Potomac. Webb, com os cabelos revoltos como sempre e as largas costeletas, sobraçava enorme papelada, falava, rubro de indignação e voz ameaçadora, contra a vexatória medida dos generais: um atentado contra os usos das nações que não ficaria sem a devida resposta enquanto não fosse revogado embargo e não se punissem devidamente os responsáveis por tamanho insulto.

Silveira, que ainda não tinha o hábito dessas truculências e com apenas mês e meio de exercício na pasta do Exterior, tentou todas as explicações para o caso, procurou mostrar que o Brasil não iria criar embaraços ao trânsito de Washburn e sugeriu, a propósito, a via terrestre para o ministro em Assunção, que não prejudicaria as operações em curso. Era pouco para o diplomata, ou melhor, não era nada, pois a canhoneira tinha instruções precisas para seguir viagem até a capital paraguaia. Atento aos sérios problemas surgidos, não estava, porém, o ministério, no momento, em situação de anuir com pressa a uma exigência apresentada inesperadamente e de modo terminante. Mas antes de tudo precisaria informar-se com o governo das notícias chegadas da frente de combate e entender-se, além disso, com seus colegas sobre as providências cabíveis. Passaram-se quase duas semanas depois da visita, até que no dia 13 apareceu de novo Webb, e o ultimátum que consigo levou não admitia tergiversações. Ou o governo imperial atenderia imediatamente os passaportes ou, caso contrário, arcaria com as consequências de sua recalcitrância.

Acontece, porém, que no dia seguinte, enquanto a legação dos Estados Unidos aguardava impaciente pela resposta esperada, o que chega a seu conhecimento é a notícia de outro contratempo: a notícia de que às duas da tarde o conselheiro Zacarias havia sido chamado urgentemente ao Paço, e às três chegava o visconde de Itaboraí para receber a incumbência de organizar novo ministério. Queria isso dizer que, em vez de saírem as satisfações tão aguardadas pelo representante diplomático da Casa Branca, o que saía era o ministério inteiro, de sorte que se tornava preciso recomeçar da estaca zero todas as negociações sobre o caso da canhoneira, e agora com os senhores da nova situação, menos dispostos do que os do gabinete anterior a acatar as reclamações do general Webb. Esse enlaçar-se aparente de dois assuntos de natureza diversa, a mudança na política e os protestos do governo dos Estados Unidos contra as medidas que embaraçavam a missão da *Wasp*, tinha por onde incitar a imaginação naturalmente frondosa do general a ver no caso mais do que uma coincidência fortuita e, por conseguinte, a forjar para a crise ministerial no Brasil uma explicação onde ele próprio haveria de aparecer como personagem principal.

Seja como for, a solução do problema só irá ocorrer já sob o governo Itaboraí, sendo ministro de Estrangeiros do Império José Maria da Silva Paranhos, que não se deixou intimidar pelos destemperos de linguagem do diplomata. Independentemente da mudança na situação política do Brasil, a lentidão com que o gabinete de São Cristóvão parecia agir diante dos protestos norte-americanos contra os empecilhos opostos à passagem da *Wasp* rumo a Assunção, através das linhas aliadas, era perfeitamente explicável pelos transtornos que ela poderia causar às operações em curso no rumo de Humaitá. Como se tal motivo não bastasse, as esquivanças do governo imperial provocaram várias especulações, mal ou bem fundadas, entre o pessoal do corpo diplomático, e com isso passariam para trás os palpites sobre a política interna. Especialmente intrigado parecia Guillaume de Roquette, que, com a morte do cavaleiro de St. George, e enquanto não vinha o novo ministro, o conde de Gobineau estava à testa da representação diplomática da França.

O que o deixava perplexo, no caso, era que a pouca solicitude mostrada pelo governo de São Cristóvão em atender às imperiosas exigências da Casa Branca contrastava rudemente com tudo quanto comunicara em despachos anteriores ao gabinete das Tulherias sobre uma pretensa docilidade do Império aos desejos de Washington.[13] Não é este o lugar próprio para serem tratados os desdobramentos do incidente da *Wasp*, que só ficará resolvido depois que, a 5 de agosto, estiverem completamente expugnadas a praça de Humaitá e suas redondezas. Quanto a outras atividades em que se destacaria o general Webb no trato com os homens e as coisas do Brasil, baste-nos dizer que se tornaria uma figura sumamente incômoda no Rio de Janeiro, e não encerrará ali sua missão e sua carreira diplomática, sem provocar uma ruptura de relações entre os Estados Unidos e o Império do Brasil. Ruptura que não durará, entretanto, mais de doze dias, motivada, como seria de esperar, por sua reincidência insopitável na técnica de intimidação como arma diplomática, e que foi afinal reprovada pelo próprio governo da Casa Branca.

Foi, aliás, o primeiro de toda uma série de dissabores a que teve de sujeitar-se, e que lhe fechariam o caminho de acesso na diplomacia, além de um processo por peculato. Não tendo prestado contas satisfatórias acerca de certa soma recebida do governo imperial, a título de indenização, defendeu-se com a alegação de que necessitou utilizar a maior parte da soma recebida em subornos a altas autoridades brasileiras, sem o que não teria ganho de causa num pleito cujo feliz desfecho alcançado por obra sua só podia merecer o maior empenho da legação norte-americana, entregue a seus cuidados. A desculpa não chegou a parecer convincente nem ao secretário de Estado, nem ao procurador-geral, mas como o acusado, em resposta a uma inquirição, declarou que não se sentia no direito nem na obrigação de denunciar os funcionários brasileiros beneficiados com as propinas, o juiz federal, a quem esteve afeta a questão, não se julgou com meios para forçá-lo a fazer as tais denúncias. Contra Webb não faltavam provas circunstanciais para as suspeitas de que se teria apropriado de uma parte substancial das somas que efetivamente recebeu do governo do Império. A dúvida girava em torno da conveniência ou não de dar projeção maior ao escândalo, entre tantos outros que maculariam para sempre os dois períodos presidenciais do general Ulysses Grant, tantos e tamanhos que, nas palavras de um historiador ilustre, melhor teria sido para sua reputação se tivesse tido a coragem de largar de todo a vida pública logo em seguida à vitória de Appomattox,[14] que encerrou gloriosamente a Guerra Civil nos Estados Unidos.

Evocar ainda no pórtico do presente estudo um episódio da vida doméstica, do país que se arriscou de algum

CRISE DO REGIME

modo a ganhar até dimensões internacionais, alheias, embora, na sua maior parte, ao conhecimento público, não significa procurar realçá-lo indevidamente, como se correspondesse a uma situação insólita na vida do país quando, ao contrário, é um fenômeno que deita raízes nas próprias entranhas de nosso regime. Foi um pouco o que refletiu o desabafo de Saldanha Marinho, aqui já lembrado, onde lembrou o "estelionato político" de 1848, que pôs termo ao ministério liberal de 31 de maio (1848) encabeçado por Paula Sousa e abriu caminho para um gabinete dominado pela gente saquarema.

Subjazendo ao longo de toda a história do Império, é pelo alarde produzido, após um desuso relativamente prolongado, não é propriamente pela novidade, que a mudança ou, melhor, a inversão político-partidária, operada em julho de 1868, se faz notar com estrondo. Seja como for, essa crise que o imperador não cuida de dissimular deixa bem à mostra o que existe de frágil e quebradiço no pomposo arcabouço do que eu chamaria o nosso *sistema* imperial se nele entrasse alguma coisa de sistemático. O certo é que a capacidade de formação de um núcleo relativamente estável de poder, apto a garantir aquele mínimo de continuidade na ação administrativa, esgrimida por alguns nostálgicos como a virtude indelével das monarquias, foi sempre de extrema deficiência no Império do Brasil. Já se disse dos abalos então produzidos no mesmo Império pela rotação caprichosa dos gabinetes, com seu infalível cortejo de demissões e substituições dos empregados públicos, as célebres *derrubadas*, que podem comparar-se aos motins políticos que sacodem de modo mais ou menos endêmico tantas repúblicas de fala castelhana, vizinhas nossas.

Em seguida a toda a efervescência que caracterizou, entre nós, o Primeiro Reinado e a Menoridade, os oito anos que vêm após a ascensão de d. Pedro II, provocada, aliás, por um golpe de Estado que engendraram os opositores ao segundo regente, são marcados pela dança dos gabinetes: a média de duração de cada um desses gabinetes é de mais de um por ano. Os agrupamentos que disputam então o poder central e que já se intitulam "partidos" começam a definir-se mais claramente em 1837, quando Bernardo Pereira de Vasconcelos prega a necessidade de se fazer parar o carro da Revolução, diante das agitações que iam pululando em todas as partes. E vai mais longe: tendo sido um dos grandes artífices do Ato Adicional de 1834, que assegurou autonomia maior para as províncias, passa a considerá-lo, cada vez mais, o "código da anarquia" e já se preparava para incentivar sua reforma, a qual, por um curioso eufemismo, se chamará "interpretação", a qual, antes mesmo da declaração da maioridade de d. Pedro e estando ainda no poder os elementos "regressistas" que o acompanham, se converte em lei (lei interpretativa de 12 de maio de 1840).

CAPÍTULOS DE
LITERATURA COLONIAL

O mito americano

As reservas que se possam opor à fórmula descritiva inaugurada entre nós com a "silva" da ilha da Maré não devem dissimular este fato de notável significação: é através dela que a natureza brasileira, pela primeira vez, ganha de certo modo cidadania poética. Todavia, parecerá excessivo falar-se neste caso em originalidade. O tipo de romantismo insular que, sob o influxo remoto de modelos clássicos, se desenvolve poderosamente, em toda parte, na era dos grandes descobrimentos geográficos, alcançara um prestígio sem precedentes entre alguns autores seiscentistas, os autores, justamente, de que o nosso Botelho de Oliveira sempre se mostrou um escrupuloso tributário.

Muito antes de Daniel Defoe, é num mundo só acessível através daquela "Líbia de ondas", caminho eleito pelo seu peregrino errante, que d. Luis de Góngora situara toda a complexa trama das *Soledades*. É ainda uma ilha singularmente privilegiada —

Sicilia, en quanto oculta, en quanto ofrece
copa es de Baco, huerto de Pomona...

— que servirá de cenário para o *Polifemo*, a outra criação exemplar do estilo culterano. Do mesmo modo é em Chipre que Marino, o êmulo mais ilustre do divino cordovês, erigirá o paraíso de seu Adônis.

Projetando nesses ambientes circunscritos o melhor da experiência ou das possibilidades humanas, aqueles autores tinham, em realidade, suscitado mundos poéticos estranhos e adversos ao comum daquela experiência. Um *locus amoenus* é sempre e necessariamente um lugar de exceção, abrigado contra os aspectos mais penosos ou prosaicos da existência de todos os dias, e não deixará de sê-lo o jardim de delícias e horto de Pomona pintado por Botelho de Oliveira.

São inegáveis aqui, certamente, as interferências entre a literatura e o interesse sentimental de quem quer valorizar, idealizando-o, o panorama insular com que se familiarizara. Mas, não obstante a ilha da Maré se apresente como um resumo e "breve apodo" do Brasil inteiro, o sentimento que inspira seu cantor é no fundo particularista e de uma espécie antes paroquial do que nacional. Como Santa Rita Durão, muito mais tarde, ele poderia dizer que o animara a compor seu poema o amor da pátria, mas dando à palavra "pátria", neste caso, o significado restritivo, de simples lugar de nascimento ou residência, que ela ainda guardava para os seus contemporâneos.

E embora sua fórmula particularista lhe tenha sobrevivido longamente, a ponto de inspirar, mais de meio século depois, as oitavas do frade itaparicano, pode-se dizer que aquele sentimento nacional só principia a exprimir-se plenamente em nossa poesia quando o *locus amoenus* se expande das ilhas para o continente e deixa, assim, de representar a exceção para converter-se em norma.

Não parece difícil explicar por que, entre todos os gêneros poéticos, a épica oferecesse desde cedo um campo relativamente livre para a descrição ou exaltação da natureza brasileira. Perseguindo um ideal coletivo, ela não tende a empenhar — ou não empenha em grau tão acentuado quanto o lirismo — as preferências pessoais dos autores, preferências essas que são ditadas, na maioria dos casos, pelos padrões clássicos. Um Cláudio Manuel da

O MITO AMERICANO   39

Costa, preso às convenções tradicionais do lirismo arcádico, poderá desdenhar em favor das campinas do Tejo,
do Lima e do Mondego a sua rude paisagem natal. Na
poesia heroica, entretanto, onde, por definição, o genérico prevalece sobre o particular e de onde o autor deve
estar individualmente ausente, mal teriam guarida semelhantes escrúpulos.

Em verdade, desde o momento em que nossos escritores, cansados da obscuridade a que se viam relegados e impacientes com o escasso eco alcançado nos centros intelectuais do Reino pelos produtos do seu engenho, tratam de
organizar-se em ambiciosos cenáculos, que propaguem
seus nomes além das fronteiras coloniais, uma das primeiras lembranças que lhes ocorre é a da necessidade de se
compor uma epopeia em grande estilo, capaz de representar, para os brasileiros, aquilo que a de Camões — o eterno
modelo — representava para todos os portugueses, mas
principalmente para os reinóis. Assim, o sentimento e, não
menos, o ressentimento americanos, sem se desatarem ainda dos laços ultramarinos, dão os primeiros passos para se
cristalizarem numa espécie de mitologia nacional.

Já na academia que, de modo característico, se intitula-
ra dos Esquecidos, um ilustre associado, o padre Gonçalo
Soares da Franca, antigo discípulo de Gregório de Matos,
tinha lido, em 1724, o canto I de um vasto poema intitulado *Brasília* ou *A descoberta do Brasil*, que, com as suas
1800 oitavas, devia superar, ao menos em dimensões, aos
próprios *Lusíadas*. E passados 35 anos, em 1759, outro
padre, chamado Domingos da Silva Teles, propõe-se, perante outra academia — a dos Renascidos —, compor
uma epopeia sobre o mesmo tema.

Do escrito de Soares da Franca, se foi terminado como
deixa crer a indicação precisa do número de cantos, nada
se conservou aparentemente. Da obra de Silva Teles, por
sua vez, ignora-se de todo se não foi mais do que um simples projeto. Contudo, ficou preservado o plano geral desta

última, que o historiador João Lúcio de Azevedo encontrou entre os papéis dos Renascidos e que bem documenta uma aspiração bastante generalizada entre nós durante todo o século XVIII. Em carta que dirigiu ao desembargador presidente daquele grêmio literário, o padre Domingos solicitara conselhos acerca da ideia que acariciava de redigir uma epopeia destinada a celebrar o nascimento do Brasil. Versaria a obra, precisamente, sobre o encontro da terra e isso levara o autor do plano a hesitar ante o título que, de início, pensara dar-lhe — *Brasileida* —, uma vez que a designação de Brasil só fora dada à América lusitana após o descobrimento. Pensara ainda em *Petreida*, do nome do descobridor, mas não pareceria pouco eufônico um tal título? Essas, algumas das dúvidas que se expunham aos acadêmicos.

Dos sentimentos lusitanos do missivista não é lícito descrer, se é certo, conforme ele mesmo o diz, que oscilou na escolha do herói mais adequado, entre Diogo Álvares, o Caramuru, e o próprio rei d. Manuel. Acabaria fixando-se em Pedro Álvares Cabral porque sua ação e personalidade melhor se coadunavam com o efeito buscado. Também julgava menos desvanecedora, aparentemente, para o orgulho nacional lusitano a tese até então indiscutida do descobrimento casual. Já o simples decoro épico reclamava de certo modo a intencionalidade, neste caso, e assim Silva Teles se tornou, sem pensar, o verdadeiro precursor da tese hoje oficialmente acreditada entre portugueses acerca do feito cabralino. Na consulta endereçada ao presidente dos Renascidos, ele pergunta mesmo se não lhe seria lícito, em favor de um pensamento literariamente mais decoroso, modificar aquilo que a todos parecia constituir a perfeita expressão da verdade histórica.

Num papel denominado "Fábrica do poema *Brasileida*", onde aparece o esquema do projeto, apresenta-se Cabral, em sua navegação, aportando primeiramente na fabulosa Antília das cartas marítimas medievais. Bem

O MITO AMERICANO

acolhido pela ninfa que morava nessa terra encoberta, que por favor divino se lhe patenteara, narrou-lhe logo o almirante como, ainda em Portugal, o visitara em sonho são Tomé e lhe revelara que a ele, Álvares Cabral, estava destinado achar um país de todo ignorado e onde o santo já havia semeado a doutrina sagrada. Leva então a ninfa o visitante à gruta do Futuro e ele, autorizado pelo próprio Futuro, pode ler um livro onde está escrito como fora fadado a ser o descobridor do país até então oculto. Mostra-lhe em seguida o domínio que teriam os portugueses naquelas partes, a exaltação da santa fé católica, as guerras que ali se sucederiam, os varões famosos nas letras que floresceriam no Novo Mundo — o que dá margem a um elogio do próprio grêmio dos Renascidos. Antes de embarcar-se novamente e sair da ilha, recebe Cabral, da mesma ninfa, que é a Imortalidade, a promessa de desposá-lo em seguida ao descobrimento. Durante a viagem, Lúcifer, que ouvira todas essas práticas, trama a perda dos navegantes e, contra o bom êxito de sua empresa, invoca os numes infernais. Sobrevém a tempestade, ameaçando, furiosa, arruinar a ação cabralina. O almirante e seus companheiros salvam-se, todavia, por obra de são Tomé e de um anjo mandado por Deus a expulsar os demônios e aplacar a tormenta. Achada a terra brasílica, os índios, chegados em som de guerra e recebidos de paz, celebram o sucesso bailando a seu modo. Entre as peripécias que se seguem, constam a descida de Cabral ao inferno, em companhia de um mago indígena, a derrubada, logo após, do simulacro da magia, a intercessão, em favor de um índio prestes a ser sacrificado, e a libertação deste. Surge enfim a Imortalidade e celebram-se, conforme o prometido, suas bodas com o almirante. É enfim arvorado, na terra descoberta, o santo lenho da Cruz.

Por esse breve esboço,[1] vê-se até que ponto a epopeia imaginada pelo padre Silva Teles dependia dos padrões mais ilustres da Antiguidade clássica, além de filiar-se amplamente a concepções próprias da era barroca. O seu Cabral não seria simplesmente uma nova encarnação do Vasco da Gama camoniano. Seria também, e ainda mais, um segundo Eneias e mesmo um segundo Ulisses, se é exato que o autor, como pretendia em sua carta, desejara ordenar a obra de conformidade com os moldes homéricos, a fim de não resvalar nos defeitos que a crítica teria apontado em Camões e no Tasso. Não falta o sonho augural, nem a arribada à ilha ignota, nem o encontro da ninfa, nem a descrição da tempestade marítima — obrigatória em todos os poemas heroicos que quisessem ser dignos desse nome —, nem sequer a visita ao inferno, que tem igualmente seus mais remotos predecessores em Homero e Virgílio. Curiosa também a ideia da personificação do Futuro, comparável ao Póstero do poema de Itaparica, só publicado uma dezena de anos mais tarde, assim como a outras versões da figura do mensageiro providencial, tão frequente em nossa literatura do tempo. Nesse caso, entretanto, a ideia teve outros antecedentes consideráveis, entre outros na personificação tassesca da Fortuna a profetizar a façanha de Colombo perante os nautas que se encaminham rumo à ilha mágica de Armida.

A circunstância de reportar-se o missivista ao exemplo de Homero, silenciando sobre a *Eneida*, seria uma das originalidades do seu plano, a menos que a omissão do poema latino só exista na súmula fornecida por João Lúcio de Azevedo, não no texto da carta, sabendo-se que a poesia épica, desde o Renascimento até a Era das Luzes, sempre dependeu do mantuano, bem mais do que dos grandes modelos helênicos. E, efetivamente, o suave "bom gosto" setecentista deveria sentir muito poucas afinidades com a rudeza primitiva dos personagens homéricos. É certo que, ao falar hoje em "bom gosto" setecentista, pensamos constantemente em gosto arcádico e, na verdade, o Arcadismo, nascente em Portugal nos meados do século XVIII, ainda não tivera tempo de invadir a América portuguesa: quando muito o vemos meio balbuciante nos versos do mineiro Cláudio Manuel da Costa, um dos supranumerários do grêmio dos Renascidos.

Como explicar, por outro lado, que mais tarde, já sob o domínio da Arcádia, aquela ambição de ver dotado o Brasil de uma epopeia autenticamente americana não tivesse perdido seu fascínio para muitos dos nossos letrados? De fato, nada parece mais alheio à Arcádia, aos seus ideais professados ou não, do que a poesia épica. Na Itália particularmente, que forneceu os modelos imediatos para a transformação que se operaria em nosso gosto literário durante o Setecentos, o Arcadismo coincidiu com a prosperidade crescente de um gênero anfíbio — o melodrama —, quase sempre a meio caminho entre a poesia e a música, e também entre o sublime e o cômico, o ideal e o natural, o aristocrático e o plebeu, sem representar em estado puro nenhum dos elementos discordes que procura amalgamar. Mas não seria essa mesma ambiguidade o espelho da era em que prosperou?

Em época anterior, a separação entre aqueles elementos fora conduzida às suas consequências extremas. Com o Rococó voltam eles a reunir-se, mas ao preço de quantos sacrifícios e concessões! O artifício podia iludir verdadeiramente só num período de falso equilíbrio e de instabilidade. De Sanctis definiu argutamente o mundo metastasiano como a imagem florida de uma sociedade prestes a dissolver-se e que ainda conserva suas instituições de origem feudal: matéria destituída, no entanto, do espírito que a animara outrora e, apesar daquelas aparências heroicas, modorrenta, desleixada, frívola, idílica, elegíaca e plebeia.[2]

Cabe talvez acrescentar, para ficarmos no exemplo italiano, que somente através da chamada reforma de Goldoni, aquele fundo cômico inconsciente, que o mesmo De Sanctis ainda discerne no melodrama setecentista, consegue aflorar à tona e emancipar-se. Mas a comédia — e a própria comédia "escrita" de Goldoni não é exceção neste caso —, procurando refletir a realidade, inclusive nos seus aspectos mesquinhos, grosseiros ou ridículos, independentemente de qualquer idealização, passava tradicionalmente, de fato desde Aristóteles, por ser uma forma inferior de arte, cuja origem plebeia mal se poderia dissimular. Da forma superior, da tragédia, a França conservava zelosamente uma espécie de monopólio. A própria *Merope* de Maffei, que chegou a alcançar notável êxito fora da França e que mesmo no Brasil, segundo consta, iria ser traduzida por Alvarenga Peixoto, não existiria, certamente, sem os modelos franceses. E a *Merope* deixou de ter sucessores dignos em sua terra de origem.

Quando finalmente surge um Alfieri, a tragédia não quer mais, e, em realidade, já não pode, espelhar as paixões daquele mundo em desagregação ou reduzido a escombros. Os tempos são outros. Já agora o heroísmo deixou de ser um apanágio quase exclusivo da nobreza, daqueles que podiam mandar e fazer-se obedecer; é, ao contrário, um privilégio, se não dos humildes e desprotegidos, ao menos dos que podem reivindicar alguma coisa e lutar conscientemente pelos próprios direitos espezinhados. A partir de então, irá perder o sentido o princípio da separação dos estilos — o "nobre" distinto do "vulgar" — que fora fundamental através de toda a arte clássica, abrindo-se caminho para a decisiva vitória do moderno realismo.

Entretanto, nos países ibéricos, e neste ponto não menos entre espanhóis do que entre portugueses, do Reino ou da América, o processo dificilmente poderia seguir em tudo o mesmo rumo. É que nesses países, mais presos à tradição e à rotina, os ideais heroicos e aristocráticos não constituíam mera superfetação, mas desfrutavam ainda de imenso crédito entre as próprias classes humildes e, se assim já se pode dizer, entre a burguesia. Na Espanha, a influência italiana fizera-se sentir, tanto quanto em Portugal, em favor de uma arte onde parecessem nivelar-se o culto e o vulgar, o idealismo e o realismo. Cabe pensar,

O MITO AMERICANO

no entanto, que a Arcádia, representando justamente um compromisso semelhante, só pôde impor-se ali porque a saturação e exaustão das formas seiscentistas deixava um ambiente propício a qualquer mudança de gosto estético. Mas o ideal heroico, bastante obstinado para satisfazer-se intimamente com o heroísmo convencional e declamatório dos melodramas à maneira de Metastasio, reclamava uma expressão literária que verdadeiramente lhe correspondesse. E essa expressão já não será a tragédia, é antes a epopeia.

Isso se torna em parte explicável, no caso da Espanha, porque, vivendo ainda das glórias de seu drama seiscentista, não poderia aspirar apaixonadamente àquilo que já possuía. Compreende-se assim que um Gaspar de Jovellanos, escrevendo ainda no final do século o prólogo das suas poesias, quase se desculpasse de não ter abordado nestas os temas graves e respeitáveis que formam antes o objeto da epopeia do que o do lirismo. "Na inclinação que tenho para a Poesia", observava, "sempre achei sua parte lírica a menos digna de um homem sério, especialmente quando esta não tenha outro assunto além do amor." Entre portugueses, se nem sempre as mesmas razões puderam dominar em favor da poesia heroica, esta é reclamada, no entanto, por um motivo poderoso: pelo prestígio notável que às glórias de sua terra puderam dar os *Lusíadas*. Camões fornecera não apenas o grande poema nacional da gente lusitana, como lhe oferecera o verdadeiro arquétipo da glória literária: seguir seu modelo ou com ele rivalizar fora e continuava a ser, passados dois séculos e mais, uma aspiração constante.

Apesar disso a epopeia portuguesa, na segunda metade do século XVIII, é, em realidade, muito menos um fenômeno europeu do que americano. A própria consciência nacional, já embrionária nos brasileiros, a convicção cada vez mais generalizada entre estes de que seriam os dignos herdeiros daqueles "varões assinalados" do poema lusitano, pareciam reclamar a linguagem e o timbre épicos. Os *Lusíadas* eram, não havia negar, um poema reinol, que falava intensamente aos corações dos brasileiros, mas que lhes falava sobretudo na medida em que se sentissem mais afins dos portugueses do Reino. Ora, justamente no século XVIII, século de continuadas lutas entre naturais da colônia e da metrópole — paulistas e emboabas, senhores de engenho e mascates citadinos —, as mesmas rivalidades que separavam uns de outros tendiam naturalmente a provocar nos primeiros a ideia de que representariam uma espécie de nacionalidade distinta, ainda quando essa ideia não chegasse muitas vezes a assumir forma explosiva. As divergências de brasileiros e reinóis eram inseparáveis de um sentimento de maturidade e, em alguns casos, de superioridade, do americano em face do adventício.

Tentativas como a de Grasson Tinoco, por exemplo, deviam sugerir que à história dos portugueses do Novo Mundo não faltavam gestos e ações capazes de enquadrar-se em moldura heroica. No entanto, o tema escolhido por aquele autor ainda guardaria, em pleno século XVIII, um caráter acentuadamente local. Do alcance nacional das bandeiras paulistas nem sempre poderiam ou quereriam ter consciência clara muitos brasileiros de outras regiões. Um fato que, diretamente ou não, pudesse interessar a toda a América portuguesa independentemente das divergências e diferenças locais, assim como a expansão ultramarina tinha podido interessar a todos os portugueses, isso sim, animaria alguma epopeia verdadeiramente nacional. Num país vasto como um continente, onde as diversidades se tinham acumulado desde os primeiros tempos entre uma e outra região, pareceria normal que fosse, aquele, um sucesso superior ou anterior a tais diversidades, e era o caso do próprio descobrimento do Brasil.

Neste ponto, é interessante notar-se a rápida mudança que parece processar-se no sentimento americano dos autores brasileiros durante a segunda metade do século.

O MITO AMERICANO

Ao tempo da Academia dos Renascidos, o padre Silva Teles ainda podia encarar o episódio do descobrimento de um prisma predominantemente reinol. Os próprios índios da terra, que para Bento Teixeira tinham sido os filhos de Vulcano, não existiriam na obra que se propusera realizar, senão como dócil instrumento de que a religião católica e o poder lusitano se serviriam sem maiores estorvos. Na apreciação dos primitivos moradores da América lusitana a atitude do autor, em 1759, não parecia oferecer um substancial progresso sobre o juízo de Pero Vaz de Caminha, quando este, em 1500, dissera que neles se imprimiria facilmente qualquer cunho, ou sobre o julgamento de Nóbrega quando, cinquenta anos depois, cegado pelo zelo apostólico, que é naturalmente otimista, os equiparara a um papel branco onde tudo se pode escrever.

Por volta de 1780, já quase às vésperas da Conjuração Mineira, a situação parece ter sofrido claramente uma mudança. O índio não é mais, obrigatoriamente, um instrumento inerte, que abdica sem hesitar da própria personalidade em proveito do alienígena ou, ainda menos, um ente adverso por natureza e inacessível a quaisquer princípios de existência civil. Durante os dois decênios que se seguem ao projeto do padre Teles, tinham realizado progressos razoáveis a crença na bondade natural dos homens e a valorização do primitivo, contraposto ao civilizado. Certamente não se pode afirmar que tais pontos de vista, forjados no Velho Mundo, tornassem os nossos homens doutos e letrados muito mais aptos a compreender os antigos naturais da terra, pois é indiscutível que a exaltação literária do índio se fundava unicamente, entre eles, sobre as ideias de um Rousseau ou de um abade Raynal, assim como o indianismo romântico, no século seguinte, seguiria os passos de um Chateaubriand e de um Fenimore Cooper. Mas, de qualquer maneira, eles serviam para suscitar a possibilidade de uma aquiescência mais simpática a tudo quanto fazia o índio brasileiro distinto do europeu e teimosamente apegado a essa distinção. A docilidade deixara de constituir uma virtude. Virtude seria, bem ao contrário, a insubmissão e a revolta.

O projeto de uma epopeia brasileira, que Teles, aparentemente, não chegou a realizar, deveria retomar, no entanto, passados vinte anos, outro religioso, natural de Minas Gerais: frei José de Santa Rita Durão. Seu herói já não será Pedro Álvares Cabral, o descobridor, mas outro português, Diogo Álvares — o Caramuru —, que, desgarrando-se dos seus entre o gentio da Bahia e confundindo-se com este, pode dizer-se que pertenceu à colônia tanto quanto à metrópole, e àquela, talvez, mais do que a esta.

Assim como Antônio José ou Matias Aires, o poeta do *Caramuru*, nascido em 1722 no sítio da Cata Preta, do arraial de Nossa Senhora de Nazaré, em Minas Gerais, passou a maior parte de sua vida longe do país de origem. Ao Brasil pertence pela naturalidade e também pela família materna, procedente da cidade de São Paulo. Ainda na meninice, entretanto, seguiu para o Velho Mundo, de onde nunca mais deveria voltar. Tinha apenas nove anos de idade quando o pai — um sargento de milícias reinol chamado Paulo Rodrigues Durão — o mandou à Europa a fim de fazer seus estudos. Mais tarde, as circunstâncias de uma carreira nem sempre tranquila devem ter servido para nele preservar e enaltecer a imagem que levara da terra natal. Durão quis ao seu Brasil com o nostálgico encantamento daqueles que se viram desterrados quando a infância ainda mostrava uma aparência ditosa e descuidada. Esse sentimento — o "amor da pátria", como escreverá depois, lembrando-se de sua terra brasileira — encontra-se à origem da inspiração épica a que cedeu de bom grado. Em realidade, foi o *Caramuru* que o salvou definitivamente para a literatura brasileira, onde se inscreve com títulos menos discutíveis do que as óperas do "Judeu", por exemplo.

O MITO AMERICANO 49

Do que terá sido sua vida na Europa, estamos hoje muito mais seguramente informados do que há meio século, quando os dados fornecidos por Teófilo Braga representavam a principal fonte de quantos tratavam desse poeta e ainda o ponto de partida de numerosos erros ou inexatidões que se têm impresso a seu respeito. Não haverá mesmo exagero em dizer-se que, de nenhuma outra figura de nossas letras coloniais, exceção feita do padre Antônio Vieira, dispomos presentemente de informações tão circunstanciadas.[3]

Segundo se colhe de sua *Pœnitens Confessio*, aos dezesseis anos de idade professava ele na Ordem dos Eremitas Calçados de Santo Agostinho, depois de já ter começado o curso de teologia. Em seguida é enviado ao Colégio de Nossa Senhora da Graça, em Coimbra, onde cursará novamente e durante sete anos consecutivos filosofia e teologia. Cogita-se então em reformar a província lusitana dos Eremitas de Santo Agostinho e é ele incluído na lista dos reformadores. Tendo sido, durante cinco anos, leitor de teologia em Braga, passa em 1754 a Coimbra, onde lecionará a mesma disciplina no colégio dos Agostinhos. Em 1756 doutora-se na universidade.

Durante os anos imediatos, toda a sua atividade desenvolve-se entre Coimbra e Leiria. Nesta última cidade faz-se amigo do bispo, d. João de Nossa Senhora da Porta, futuro cardeal da Cunha, que muito se empenhou em conservá-lo junto a si. Na contenda áspera que se travará entre o ministro Sebastião de Carvalho e a Companhia de Jesus, toma inicialmente o partido daquele, e um dos seus primeiros sermões pregados em Leiria, em ação de graças por el-rei d. José ter escapado com vida do atentado de 1758, constitui todo um desfiar de invectivas contra os padres perseguidos. De sua autoria é também a *Carta pastoral*, impressa em nome do bispo d. João, em que se reiteram as críticas e acusações tradicionais à moral probabilista, bem como à famosa teoria do regicídio lícito. Ainda em nome do bispo, compõe carta repleta de lisonjas ao futuro conde de Oeiras, abrangendo um violento libelo, escrito — ele o dirá depois em sua *Confissão* — "mais com veneno que com tinta", contra os padres da Companhia.

O fruto que esperava de tantos agrados, colhe-o d. João nesse mesmo ano de 1759 ao ver-se nomeado arcebispo de Évora. Apenas alcançada a promoção, parece, no entanto, abandonar à sua sorte aquele que fora o mais decisivo instrumento para o favor com que agora o trata Sebastião de Carvalho. E como não se cumprissem logo as promessas que fizera a Durão o prelado, no momento de deixar a antiga diocese, decide-se ele a ir procurá-lo pessoalmente em Lisboa com o fito de fazer-se lembrado. Recebido friamente, mal consegue conter o próprio ressentimento. Sabe que, doravante, já não poderá esperar grande coisa do "protetor". Recorre então, e por conta própria, a Paulo de Carvalho, irmão do ministro, o qual logo obtém sua nomeação para professor de hebraico. Ao ser informado, entretanto, pelo já então conde de Oeiras do novo obséquio que este julgava prestar-lhe, o arcebispo teria retrucado:

> — Eu é que não faria isso, pois ainda que tive esse frade comigo por algum tempo, foi mais por desenfado que para dele servir em coisas de importância. Lá talentoso ele é, mas creio que em pouco mais deve ser empregado que em coisas galhofeiras, como são poesias e assuntos de igual jaez. De fato eu nunca lhe utilizei os serviços em coisas de maior monta.

Convertera-se assim o protetor em sério embaraço às grandes ambições de Santa Rita Durão. Informado das palavras do arcebispo pelo próprio irmão deste, o frade Carlos da Cunha, também agostinho, perde de súbito a paciência e lança ali mesmo mil impropérios à pessoa do prelado e ao seu informante, acrescentando que "já estava sentindo a mão vingadora de Deus por haver condenado a alma ao inferno" com as caluniosas acusações que proferira contra os jesuítas. Em seguida a uma cena de recíprocos insultos, corta violentamente a discussão e retira-se sem se despedir de seu interlocutor. Pouco tempo depois, no dia exato do aniversário da prédica onde maltratara aos inacianos, cai Durão em grave enfermidade. Vendo em tudo isso um claro sinal da cólera divina, faz, timidamente embora, um voto de retratação.

Não cessam aqui, porém, suas desgraças. Eleito provincial da Ordem, em resultado de sugestão que, a pedido do novo arcebispo de Évora, dera ao capítulo Sua Majestade Fidelíssima, o padre Carlos da Cunha endereça uma carta cheia de azedume a seu novo desafeto e, imediatamente em seguida, ordena um inquérito sobre sua vida privada em todos os lugares onde tinha estanciado. As perseguições e vexames que só por momentos pareceram amainar-se, em consequência de intervenção de amigos comuns, não tardarão em recrudescer. Sentindo-se agora seriamente ameaçado, resolve Durão fugir do convento e de Portugal. Em Ciudad Rodrigo, onde se acolhe em janeiro de 1762, irá surpreendê-lo a guerra entre Portugal e Espanha. Convidado por um padre a servir de espia do exército português, repele a sugestão. E como, depois disso, se acha mal seguro em Ciudad Rodrigo, parte para Saragoça, onde, sabendo-o afeiçoado aos jesuítas, seus próprios confrades o recebem mal. Dirige-se então à França. Em Tolosa, onde se detém durante o inverno, já entra em contato com os padres da Companhia, que se mostram, no entanto, desconfiados e reticentes às suas manifestações de solidariedade. Encaminha-se à Itália e, depois de muitas dificuldades, pois se vê inteiramente privado de recursos financeiros, consegue chegar a Viterbo. Aqui, entretanto, recebe ordens de seu geral para regressar à Espanha. Obedece para não parecer pertinaz ou desobediente, embarcando em 1763 com destino a Cádiz. Deveria ser breve, porém, a nova estada na península Ibérica. Sabendo-se perseguido pelos espiões do marquês de Pombal, atravessa a pé a Catalunha e entra mais uma vez na França. Preso em Montpellier, é conduzido ao parlamento de Tolosa e ali sujeito a minucioso interrogatório. Após quatro meses de prisão benigna, obtém enfim o salvo-conduto necessário para o prosseguimento da viagem até a Itália. De Marselha dirige-se a Montefiascone, onde o bispo, seu amigo e protetor, facilita-lhe o plano de ir a Roma e ser recebido pelo papa. Agora pode, afinal, cumprir o voto feito em Leiria, e a Clemente XIII apresenta pessoalmente o *Epitome*, antecedido do *Pœnitens Confessio*, onde, à conclusão, pede misericórdia para "o mais infeliz e perverso dos homens". "Se lanço os olhos para a minha vida e miséria, e considero a enormidade dos meus pecados", conclui, "mal posso alentar o meu espírito para não cair em desesperação."

Sobre sua atividade durante os anos que se seguiram à retratação, existem outros documentos divulgados principalmente pelo seu paciente biógrafo. Em uma carta escrita em 10 de agosto de 1773 ao bispo de Beja, do Conselho de Sua Majestade, narra por exemplo como, naquela data, fora ele jubilado na Biblioteca Pública Lancisiana, onde obtivera nove anos antes o cargo de bibliotecário a pedido do então cardeal Ganganelli, depois Clemente XIV. Segundo seu próprio depoimento, servira nessas funções "com muito favor de todos estes sogeitos literatos de Roma, donde sou associado aos mais respeitáveis Congressos e Academias tanto de Istoria Eclesiastica como de Canones".

Pesquisas realizadas entre os papéis da Lancisiana, que hoje se guardam no Arquivo de Estado em Roma, não autorizam a confirmar os dados contidos na carta publicada por Arthur Viegas. Em nenhum dos documentos examinados, relativos ao período entre 1764 e 1776, em que Durão teria servido na citada livraria, pôde ser encontrado sequer seu nome. Em verdade não foram encontrados elementos que permitam saber-se quem fosse o bibliotecário durante aquele mesmo período. Ao que parece, o cargo era en-

O MITO AMERICANO

tão confiado invariavelmente a um religioso hospitalário,[4]
o que dificulta particularmente a confirmação da notícia
prestada por Durão. Aliás, em outro depoimento, confiado
ao padre Vicente Giorgi, teólogo da sagrada Penitenciária,
diria o frade poeta que o Santo Padre (Clemente XIII e não
Ganganelli, que seria depois Clemente XIV), desejando dar-
-lhe provas de seu especial afeto, lhe concedera "um lugar
entre os escritores e conservadores da biblioteca Lancisiana", onde permaneceu algum tempo, mas "vendo que não
era bem-aceito dos colegas" e pretendendo fazer dos seus
pecados mais rigorosa penitência, entrou na congregação
dos Passionistas.[5] Não foi possível também saber-se a que
academias ou sociedades doutas foi acolhido como sócio.
Não pertenceu certamente à Arcádia Romana, onde seria
recebido, pela mesma época em que viveu na Itália, seu
conterrâneo José Basílio da Gama.

Em 1777, morto el-rei d. José, regressa ele a Portugal,
onde logo toma posse de uma cadeira de teologia. No ano
imediato, imprime-se a oração latina de Sapiência, que re-
citou em Coimbra, na inauguração dos cursos, com o seguinte título: *Josephi Duram, Theologi Conimbricensis.
O. E. S. A., pro annua studiorum instauratione Oratio*,
Coimbra, 1778.

É possível que, ainda na Itália, estimulado pelo notável
êxito do *Uraguai* de José Basílio, já tivesse principiado seu
Caramuru, que se publicaria pela primeira vez em 1781.
De qualquer modo, foi em Coimbra e em Lisboa que o con-
cluiu. Do poeta português José Agostinho de Macedo, seu
confrade, então, no convento da Graça, Costa e Silva, em
seu *Ensaio biográfico e crítico*, citado por Arthur Viegas,
reproduz curioso depoimento acerca da maneira pela qual
Santa Rita Durão compunha sua obra. "Eu ouvi repetidas
vezes a José Agostinho", escreve o autor do *Ensaio*,

contar o modo por que o Poeta Brasileiro compunha
o seu Poema: pela manhã, metia-se no banho, porque

ele conservou sempre esse costume de sua terra, e ali ditava com facilidade pasmosa as Estâncias que José Agostinho ia escrevendo, e esse trabalho levava horas. De tarde e pela fresca, dirigia-se à cerca do Mosteiro, e ali, sentado em um assento de pedra, lhe ia lendo José Agostinho as Estâncias compostas pela manhã e ele, fazendo-lhe as emendas que lhe pareciam necessárias, dava ordem ao amanuense para as pôr a limpo.

Ao oportunismo e à ambição mundana do antigo pregador de Leiria, entusiasta de Pombal e das ideias de reforma, devia ter sucedido, no frade sexagenário, o empenho de criar alguma obra cujo alcance transcendesse os cuidados do momento. Pode compreender-se — e a tanto nos encaminha a história de sua vida — como o Novo Mundo se impregnasse, sobretudo agora, para ele, da magia idílica de que o Setecentos europeu dotava as terras e os homens primitivos, ainda não contaminados pelos vícios e artifícios de uma civilização exausta. E se aquele mundo remoto, cenário de sua infância, lhe ressurgiu como a imagem invertida das desilusões do homem maduro, o fato é que essa experiência própria nada tinha de privativa ou exclusivista. A partir das navegações de Bougainville, principalmente, a vida americana se tornara um motivo geralmente prestigioso, tendo já inspirado as fantasias filosóficas de Diderot, de Voltaire e dos moralistas "iluminados". A rude simplicidade daqueles povos era comparada com vantagem aos mimos e requintes das cidades europeias e fornecia mesmo o primeiro combustível para as doutrinas revolucionárias. Para esses motivos acena frei José nas reflexões que precedem o poema, onde, dez anos antes do abade Raynal, manifesta a pretensão de mostrar "o que a natureza inspirou a homens que vivem tão remotos das que eles chamam *preocupações de espíritos débeis*". E, no canto II do *Caramuru*, há de ponderar

O MITO AMERICANO   55

Que o que a nós faz fracos, sempre estimo
Que é mais que pena e dor, melindre e mimo.

Nada sugere, certamente, que Durão, admirador e defensor da Companhia de Jesus, fosse um adepto de ideias avançadas e perigosas às instituições dominantes. Todavia, não parece indiferente notar, no seu caso, que, se o pombalista do primeiro momento poderia ter sido animado de um sincero entusiasmo pelas inovações do ministro de d. José — não apenas de uma ambição pessoal, desmedida e interesseira —, a afeição atual pelos jesuítas também se teria inspirado, por sua vez, e sobretudo, na aversão ao arbítrio tirânico. E talvez não seja excessivo presumir certo apreço pelos "filósofos" do iluminismo ou — como já se dizia ao seu tempo — pelas "ideias francesas", em quem, tratando da suposta viagem de Diogo Álvares Correia à França, onde se casaria com a índia Paraguaçu, tendo por madrinha a rainha Catarina de Médicis, exclama, em certo passo:

Tome o Brasil a França por madrinha.

Sua idealização do índio, que os nossos românticos iriam retomar, é bem própria de uma época em que se acalentava o mito do homem natural. E não o é menos, cumpre repeti-lo, sua idealização da terra distante — "Portugal [...] no Brasil renascido" —, que deixara para não mais rever. Ele mesmo, ao expor a gênese de seu livro, tinha dito que os sucessos de seu Brasil não mereciam menos um poema heroico do que os de África e Índia. E acrescentava, recorrendo à palavra — "pátria" — de sabor já quase revolucionário: "Incitou-me a escrever este o amor da Pátria".

É certo que, se o puderam seduzir, talvez, algumas ideias do tempo, não chegariam a perturbar, nele, o temor de Deus e nem a fé na santa Igreja católica. Um alto pensamento missionário associa-se constantemente, em sua obra, à confiança nas virtudes peculiares àquelas populações pagãs, que deveria comparar intimamente, como o padre Nóbrega, dois séculos antes, a um papel branco, onde tudo se poderá escrever. Já no pórtico do poema, falando ao príncipe do Brasil, aponta para as nações que ainda "a Fé não doura", e acrescenta:

> Gente vereis, e Terras escondidas,
> Onde se um raio da verdade assoma
> Amansando-as, tereis na turba imensa
> Outro Reino maior que a Europa extensa.

E no último canto, dissentindo do sentimento geral, que, mesmo após a morte de d. José I e a queda de seu ministro, não cessava de mostrar-se adverso à extinta Companhia de Jesus, enaltece expressamente a ação de Nóbrega e de Anchieta na catequese do gentio para a fé cristã e a vida civil:

> Muitos deles ali, velando pios
> Dentro às tocas das árvores ocultos,
> Sofrem riscos, trabalhos, fomes, frios,
> Sem recear os bárbaros insultos:
> Penetram matos, atravessam rios,
> Buscando nos terrenos mais incultos,
> Com imensa fadiga e pio ganho
> Esse perdido e mísero rebanho.

Por outro lado, nos próprios moldes em que decidira vazar a sua epopeia americana, pode pensar-se de Durão que foi o oposto de um renovador. Para os portugueses do século XVIII, no entanto, as formas métricas e estróficas dos *Lusíadas*, que fora nesse ponto o modelo do brasileiro, teriam uma parte conspícua na glória imortal da obra de Camões. Seguir um semelhante modelo não era praticar um ato de servil humildade, nem, e muito menos, ceder a uma convenção caduca. No caso de Durão, equivalia a di-

O MITO AMERICANO

latar no espaço o reino da poesia eterna, mostrar, nas palavras do Metastasio a Basílio da Gama, como até nas remotas plagas do Novo Mundo Apolo podia ter seu Delos, seu Cinto, seu Hélicon. Retomar, ainda palpitantes de vida, os motivos da epopeia camoniana, dando à mesma inspiração que a animara, com dois séculos de distância, um objeto não menos digno dela do que o tinham sido os sucessos da Índia, essa a santa missão que se impôs o frade brasileiro.

Todavia, a consideração de tantas afinidades aparentes, principalmente formais, não há de dissimular as diferenças em muitos casos consideráveis que separam as duas obras. Uma dessas diferenças, bem visível já ao primeiro relance, está em que, nos *Lusíadas*, se exalta, essencialmente, um empreendimento coletivo, de onde a figura e os gestos do Gama parecem apenas sobressair. No poema do brasileiro, ao contrário, toda a ação se desenvolve em torno da figura central e somente dela. É expressamente o valor, "na adversa sorte" de uma única personagem, de *"um* Varão em mil casos agitado, que [...] descobriu o Recôncavo afamado..." o tema da obra. Esse herói, nada aparatoso, antes discreto e prudente, pode parecer estranho às convenções épicas mais geralmente admitidas. Santa Rita Durão não se compraz em pintar façanhas imponentes ou grandiosas com arroubos de imaginação e nem o seduz a glória tantas vezes iníqua que elas podem suscitar. Pouco lhe importa se os aplausos do século brindam de preferência aquele que "tirano ganhava um nome augusto" — assim dizia, lembrado talvez dos seus perseguidores —, pois o anima a certeza de que mais vale

> [...] *que em douta lira*
> *Se cante por herói quem, pio e justo,*
> *Onde a cega nação tanto delira,*
> *Reduz à humanidade um povo injusto!*

Não parece exato dizer-se que, em tudo isso, ele fuja à convenção épica. O certo é que, ao compor seu poema, deve ter tido presente, constantemente, a tradição mais venerável do gênero e que, através e além do modelo camoniano, procura beber nas mesmas fontes de que bebeu Camões. Seu Diogo Álvares é, na verdade, um herói civilizador típico: não o fora também, e de modo eminente, o herói do poema que, desde o Renascimento, servira de paradigma a todas as mais famosas epopeias? Eneias, o pio Eneias, tem sua réplica americana, digna de ocupar a "douta lira" e o zelo religioso e apostólico de Durão, naquele que, "pio e justo", tratava de reduzir à humanidade um povo injusto. Sem maior dificuldade podem apontar-se, ao longo de todo o *Caramuru*, as transposições, sem dúvida voluntárias, de motivos virgilianos. E, contudo, a presença de tais motivos e toda a ampla moldura épica só visam, com efeito, a valorizar e dignificar, dando-lhes excelso brilho, os homens e coisas do mundo americano. Através da fachada heroica deparamos, sem cessar, com o programa atentamente seguido.

No canto I,[6] após o exórdio e a invocação ao príncipe do Brasil, d. José, começa-se logo pela narração do naufrágio que padeceram na costa da Bahia Diogo Álvares e alguns companheiros. À sua arribada a terra, cerca-os imediatamente a turba americana, pasma ante o aspecto daqueles adventícios, que lhes parecem, num primeiro momento, estranhos à espécie humana. Quando um dos náufragos, "rota a cabeça numa penha aguda", expira ali mesmo, é que se liquidam todas as suas dúvidas. Cientes, enfim, de que os adventícios pertencem a uma raça mortal, tratam de dividir a vítima em mil pedaços e iniciam então o "pasto horrendo".

Já aqui, embora sem poupar apodos à "gula infame" dos selvagens, não deixa o poeta de sugerir que, se a Europa não conhece mais aquela ignomínia, deve-o sobretudo à fé do Redentor. E em nota explicativa refere, reportando-se a Homero, que eram antropófagos os antigos habitantes da Itália. "Os fenícios e cartagineses", acres-

O MITO AMERICANO

centa, "usaram de vítimas humanas e Roma própria, nos seus maiores apertos. São espécies vulgares na história." E ao narrar como, cevando os marinheiros com frutos da terra, aquele gentio só cuidava em "pingues ter os pastos horrorosos", trata logo de minorar o significado de seu delito, lembrando que mais monstruosos, muitas vezes, seriam os ânimos dos moradores da culta Europa:

E em corrupta razão, mais furor cabe,
Que tanto um bruto imaginar não sabe.

Enquanto aguardavam os homens do mar o tremendo sacrifício que deveria vitimá-los, um deles distrai-os contando a lenda da antiga estátua da ilha do Corvo, nos Açores, onde aparece o "sacro enviado", Áureo, a socorrer e a doutrinar um velho índio americano, já moribundo, que uma santa vida dispusera a conhecer através da prédica do divino mensageiro, que lhe ministra o batismo, a religião cristã, que sempre praticara, sem saber-lhe o nome. Mal sobrevivendo à conversão, seu corpo, carregado numa nuvem até o cume da montanha, lá, convertido em estátua de pedra, ficou voltado para as partes do Ocidente,

Donde o áureo Brasil mostrava a dedo,
Como ensinando à lusitana gente,
Que ali devia navegar bem cedo.

Não se consumou o sacrifício dos náufragos, porque, estando já encadeados aos lenhos fatais "entre prisões de embira", deles se compadeceu, enfim, o Padre Onipotente, tão invocado em suas orações, e fez com que Sergipe, o príncipe valente, inimigo de Gupeva que, tirano, reinava no ameno recôncavo da Bahia, irrompesse de súbito com seus homens no terreiro, de modo que "a gente crua, transformada a sorte, quando cuidou matar, padece a morte".
Vendo-se enfim só, pois os companheiros, desatados

pelo bom Sergipe, tinham sido mandados à escravidão mais branda na terra dos vencedores, ocorre ao prudente Diogo armar-se inteiramente à europeia para enfrentar qualquer hostilidade dos vencidos. E é assim que surge ao encontro destes. Sua simples aparição, com a fronte coberta de ferro, o peito de aço, uma alabarda na mão de ferro, espada à cinta e arcabuz ao ombro, é o bastante para encher de pânico os bárbaros. O próprio Gupeva, espavorido, e os que o seguiam caem por terra, julgando divisar no estrangeiro algum dos seus anhangás.

Diogo, no entanto, vendo assim prostrada a gente bárbara, suspende o furor do duro Marte e concebe a esperança de amansá-la, ora com o terror, ora pela arte. O aturdimento dos índios ao contemplá-lo abre o primeiro caminho para esse intento. Abatendo a tiro de arcabuz uma ave em voo, durante a caçada que, solícito, preparou Gupeva, a fim de banqueteá-lo, ganha ele dos gentios, com um atemorizante preito, o nome de Caramuru, que desde então ele conservaria. Já agora não há obstáculos que o impeçam de levar adiante o propósito de infundir um peito humano naquele povo, tão adverso, antes, à luz da razão. Até mesmo o antigo e cruel tirano do Recôncavo acha-se transformado no "bom Gupeva".

É certo que esse milagre não se realizaria se a aparência rude daquela gente não escondesse uma alma naturalmente inclinada ao bem e à luz da razão. Não seriam diversos dos brutos americanos muitos dos heróis cuja lembrança ficara preservada em gestas imortais. Ao poeta não repugna o confronto e, aos que só reconhecem nos índios uma fereza indômita e inumana, responde convicto:

Nós, que zombamos deste povo insano
Se bem cavarmos no solar nativo
Dos antigos heróis dentro às imagens
Não acharemos mais que outros selvagens.

O MITO AMERICANO 61

Através do canto II e do III, onde se mostra o afã do Caramuru, convertendo e domando o gentio, deparamos com um minucioso relato dos usos indígenas, destacando-se aqueles que mais vivamente possam ferir as imaginações europeias. Característica, por exemplo, é esta descrição da "couvade", que o autor conheceria através de informações de terceiros, escritas ou orais:

Ali chegando a esposa fecundada
A termo já feliz, nunca se omite
De pôr na rede o pai a prole amada
Onde o amigo e parente o felicite;
E como se a mulher sofrera nada,
Tudo ao pai reclinado então admite
Qual fora, tendo sido em modo sério
Seu próprio e não das mães o puerpério.

Ou, então, esta, da "saudação lacrimosa", outro uso de que já se ocupavam largamente os cronistas do século XVI:

Acabada a comida, a turba bruta
O estrangeiro bem-vindo, outra vez grita
E a tropa feminina, que isto escuta,
Cobre a face com as mãos e o pranto imita.

Embora o contato dos naturais da terra já o tivesse habituado a entender sua linguagem, o feliz encontro da formosa filha de Taparica irá permitir ao Caramuru comunicar-se melhor com Gupeva e sua gente. Paraguaçu — assim se chamava ela —, que de um português cativo em sua terra aprendera a língua de Diogo, dará assim ao seu futuro esposo, servindo-lhe de intérprete, o meio de melhor conhecer a bondade natural daquele povo, dissimulada sob tão enganadoras aparências. O discurso de Gupeva, onde este expõe os argumentos que o convencem da existência de um ente supremo, possante Tupã que tudo faz e tudo rege, revela ao Caramuru, na eloquência de tão alto pensamento, como a "Eterna Sapiência a face a todos mostra da virtude".

A virtude acessível a todos: eis aí um pensamento antigo a que os "filósofos" do Setecentos tinham dado novo vigor, explicando-a por um obscuro sentimento, que impresso nas almas dos homens de todos os quadrantes e condições, há de incitá-los naturalmente ao bem. Em casos extremos, essa lei e religião universais apresenta-se emancipada da lei divina e substitui-se mesmo a ela. Salva-se Durão de tais excessos referindo constantemente as virtudes dos seus índios à ação da Sabedoria Celeste e invocando a história de Sumé, do "santo emboaba", o apóstolo daqueles gentios, que, além de revelar-lhes a doutrina sagrada, ensinara-lhes a plantar e moer a raiz de que se sustentam. Sobressai de qualquer modo, em seu quadro da vida primitiva, uma visão idílica, e no "povo confuso" que ali se apresenta ao primeiro relance, uma humanidade singularmente bem disposta à existência civil e conversável.

O canto IV e o V, descrevendo a guerra movida pelos chefes indígenas confederados sob o manto de Jararaca, príncipe dos caetés, contra Gupeva, são certamente os mais animados do poema. Amando perdidamente Paraguaçu, o caeté via-se impelido por um cruel desejo, que

[...] *à razão, batendo as asas,*
Apaga o claro lume e acende as brasas.

Mas a paixão não o impede de discorrer com plausíveis razões aos seus comandados, mostrando-lhes como a presença do Caramuru era sinal de que em breve se encheria de emboabas a Bahia, e de como isso significaria para os tupis o exílio, a morte e a escravidão, pior que a morte. No embate, de onde sairão vencedores os do Recôncavo, ajudados por Diogo e até por Paraguaçu — esta com seu exército de briosas amazonas —, uma fúria homérica se

O MITO AMERICANO 63

apossa dos chefes guerreiros. Tombando ao solo, quando ainda sangrava de um tiro de flecha que lhe alcançara o pé, mesmo Jararaca, o inimigo implacável de Gupeva, parece copiar os heróis da *Ilíada*:

> *Qual penhasco, que do alto se derroca*
> *Quando o raio, que o arroja fulminante*
> *Desde cima o arrancou da excelsa roca.*
> *Num rio a terra se banhou fumante*
> *Do negro sangue donde pondo a boca*
> *Morde raivoso a areia em que caíra...*

A tranquilidade que se seguiu à vitória trazia, porém, outros riscos. Entre as remotas nações sertanejas que corriam a prestar homenagem ao Caramuru pelos seus notáveis feitos, não faltavam aqueles que aspiravam a ter na sua prosápia a descendência do adventício branco. Às muitas donzelas que pretendiam, por isso, a mão do claro Diogo, e entre elas estava a formosa Moema, filha de Xerenimbó, "já negada a muitos príncipes", respondia-lhes ele com mostras humanas, sem, todavia, "a fé lhe obrigar", que desejavam. Isso bastou para que se voltassem todas contra Paraguaçu, causa principal dessas esquivanças, e conspirassem com o ânimo de tirar-lhe a vida. Para fugir a essa ameaça, Caramuru e sua amante, depois de se entranharem pelas margens do rio que se chamaria mais tarde de São Francisco, e de socorrerem, já na costa marítima, a um grupo de náufragos castelhanos, que lhes dão notícias do fabuloso país das Amazonas, embarcam numa "formosa nau da gálica bandeira", que veem ancorar junto às praias do Recôncavo.

No canto VI, onde se situa, entre essas peripécias, a da partida de ambos para o Velho Mundo, perseguidos, a nado, pelas belas ninfas da Bahia, com o célebre episódio da morte de Moema, há a narrativa que Diogo faz ao comandante francês Du Plessis da história do descobrimento do Brasil, além de uma resenha geográfica da América lusitana. O elenco das grandezas e riquezas da terra ocupa, por sua vez, grande parte do canto seguinte, em que Diogo e Paraguaçu, já em Paris, "esse orbe na cidade abreviado", passam por ser, ele, o rei do Brasil, ela, a rainha. Depois de prostrar-se ante o trono cristianíssimo, Caramuru não deixa de evocar a parte que, através da dinastia burgunda, coubera à França na fundação do reino lusitano.

Nada lhe parece mais justo, assim, do que fazer também partícipe nas origens do Brasil cristão a terra que, hospitaleira, o agasalhava agora com tão insignes honras. E, indicando sua Paraguaçu, apela para a "mãe pia" a fim de que regenere, com as águas do batismo, aquela que fora Princesa do novo mundo. É bem, diz,

> É bem que a mãe primeira o Brasil veja,
> Donde a gente nasceu que lhe é senhora.
> E, quando Lusitânia lhe é rainha,
> Tome o Brasil a França por madrinha.

A soberana acede prontamente ao convite e, quando o sol seu curso luminoso, três vezes repetir na esfera clara,

> [...] dando o nome a augusta à nobre dama
> Põe-lhe o seu próprio e Catarina a chama.

Esse ardente preito à grandeza espiritual da França, que o batismo de sua esposa consagraria, Caramuru não o levará, certamente, a um ponto em que possa comprometer a fidelidade devida ao seu rei. Assim, quando já de volta para a América, lhe propuser o capitão Du Plessis, industriado de antemão pelo monarca cristianíssimo, "erguer as lises no país buscado", fazendo, com isso, "francesa pelo trato a gente bruta" que ainda o povoa, a negativa será cautelosa, mas nem por isso menos peremptória.

O MITO AMERICANO   65

Ainda em França, e atendendo a um convite do próprio soberano, procedera — segundo o uso que se tornara quase inevitável em nossa poesia épica e que Durão não é o primeiro a seguir — à enumeração das plantas e animais de sua pátria adotiva. Entre as espécies vegetais que mais vivamente excitaram, no Novo Mundo, as imaginações europeias, pelo insólito das formas ou propriedades, distingue a "sensitiva" que é objeto, no poema, de toda uma estrofe:

Sensível chama-se a erva pudibunda
Que quando a mão chegando, alguém lhe ponha
Parece que do tato se confunda
E que fuja ao que a toque por vergonha.
Nem torna a si da confusão profunda,
Quando ausente o agressor se lhe não ponha
Documento à alma casta, que lhe indica
Que quem cauta não foi, nunca é pudica.

Não é de admirar a presença aqui da "flor da paixão" e causa estranheza, apenas, verificar-se que, tão celebrado dos antigos viajantes, o emblema vivo dos tormentos do Senhor, que nela viram aqueles observadores, devesse esperar até Santa Rita Durão para ingressar, enfim, em nossa poesia. O fato é que se acha ausente dos catálogos de um Botelho de Oliveira e de um frei Manuel de Santa Maria Itaparica, embora não deixassem eles de nomear seu fruto — o maracujá —, que o segundo chamou celeste, comparando-o ao néctar de Jove. E, no entanto, a reputação dessa maravilha natural das terras americanas pudera, pelo menos desde o século XVII, inspirar mesmo a poetas europeus. Um deles, o marinista Claudio Achillini, que muito antes do nosso Botelho aludira aos seus "frutos celestes" —

e da terreno fior, frutti celesti,

— não deixara de evocar o indefectível "livro da natureza" a propósito dos funestos caracteres impressos em suas pétalas.[7]

É bem explicável que nas estâncias onde faz seu herói explicar ao soberano essa flor milagrosa, Durão tivesse presente, no espírito, a mesma noção do "sermão natural", do *"codex vivus"*, cara aos seus contemporâneos:

> *Prodígio raro, estranha maravilha,*
> *Com que tanto mistério se retrata!*
> *Onde em meio das trevas a fé brilha,*
> *Que tanto desconhece a gente ingrata!*
> *Assim, do lado seu nascendo filha*
> *A humana espécie, Deus piedoso trata,*
> *E faz que quando a graça em si despreza*
> *Lhe pregue co'esta flor a natureza.*

A mangueira, por outro lado, cuja folhagem Silva Alvarenga substituirá à do verde louro, ou a jaqueira, que são Carlos não hesita em introduzir no seu pomar paradisíaco, estão ausentes do elenco do *Caramuru*. O silêncio é explicável, no caso, pela simples circunstância dessas plantas adventícias não se acharem provavelmente naturalizadas em nossa paisagem durante a infância brasileira de frei José.

Uma escassa familiaridade com a natureza americana, própria de quem, já antes da adolescência, se passara definitivamente para o Velho Mundo, de onde não mais regressaria, é sobretudo manifesta onde ele trata de descrever as espécies animais de sua pátria. Embora faça alusão aos "raros viventes" que ali se encontravam —

> *Em número sem conta, e em natureza*
> *Dos nossos animais tão diferentes,*
> *Que enchem a vista da maior surpresa,*

O MITO AMERICANO

—, o que lhe parece realmente digno de atenção em nossa fauna não são os aspectos singulares e pitorescos, que tantas vezes impressionaram os primeiros cronistas e historiadores e que levaram um Acosta, por exemplo, a sugerir que Deus teria procedido ali a uma segunda criação, em tudo diversa da primeira, e infundiram em Mercator a crença de que o Dilúvio Universal não alcançara o Novo Continente. São, de preferência, as formas agressivas e implacáveis que lhe parece assumir ali todo o reino animal e que se exprimem simplesmente no conceito vago de fereza. Conceito que não lhe é ditado tanto pela observação quanto pela reflexão. Pela reflexão, em particular, de que em terra onde a luz da divina sabedoria não clareou os entendimentos humanos, mal se poderia esperar a brandura nos brutos irracionais:

Nem era lugar próprio ao nosso gado
Que fora o bruto manso e fera a gente.

Feras parecem-lhe, indiferentemente, a anta americana, o caititu, a monstruosa jiboia e a jararaca atroz. Nenhum daqueles bichos que poderiam melhor satisfazer, entre europeus de seu tempo, a sede do exótico, exceção feita daquele

[...] *animal torpe, de figura imunda*
A que o nome pusemos de preguiça,

provoca mais do que uma rápida referência. Sobre o tamanduá, o célebre "urso formigueiro", que tão intensamente impressionara os antigos viajantes, seu silêncio é completo. Quanto a essa outra singular personagem, ao gambá — o "sareué" do poema — que para Florian, o fabulista, pudera simbolizar o amor materno, ocupando o posto reservado tradicionalmente, na iconografia cristã, ao pelicano — símbolo também, para alguns, da imprudência e da loucura —, faz-lhe uma passageira menção, mas apenas para aludir à sua rapacidade: "pirata, da criação doméstica inimigo".

A tendência, que partilha com tantos autores de sua época e, ainda mais, de épocas anteriores, para conceber o mundo criado por Deus como uma espécie de código moral, de modo que as formas mais profanas da natureza se projetem num plano simbólico, quase se limita aqui às plantas. Do reino animal, só o bicho-preguiça parece ter títulos suficientes para inscrever-se no "livro da natureza", comportando, até certo ponto, um significado figurativo ou tropológico, não apenas imitativo, pois nele se vê "o espelho da gente que é remissa".

Mas não seria essa irredutibilidade à expressão simbólica e espiritual a condição própria de um mundo ainda imerso na ignorância mais treda? Se Deus fez os animais destituídos do lume da razão, não foi por um capricho gratuito e sim para que, através deles, de sua aparência e conduta espontâneas, agisse a própria luz da razão divina. É por isso mesmo que eles facilmente se convertem em símbolos edificantes de grandes verdades morais. De modo que, ao lado do significado literal sugerido pela sua simples contemplação, prestam-se às diferentes interpretações — alegórica, tropológica e anagógica — que a emblemática discernira e de que os poetas fizeram tão largo uso. É bem claro, porém, que essas mensagens divinas só podem ter sentido para uma humanidade já de certo modo espiritualizada e apta a decifrá-las. Nos novos continentes, parece lícito supor que a "Bíblia da Natureza" há de permanecer um livro fechado, ao menos no que diz respeito ao reino animal, enquanto não soe também para eles a hora da redenção. O resultado é que, ali, os brutos não chegarão a propor nenhuma parábola e se apresentam unicamente em sua fereza primitiva.

Se tais considerações podem servir para dispensar, no autor do *Caramuru*, a necessidade da observação e expe-

O MITO AMERICANO   69

riência diretas, que ele mal poderia ter daquela natureza
ultramarina, isto é, do primeiro passo para uma inteligência figurativa de suas formas aparentes, o fato é que
a ambição de compor, em todo caso, um grande poema
americano o leva a tentar supri-las com informações de
segunda mão, incoerentes e incompletas. O camaleão,
"que pasta o vento", segundo vulgar crendice — portento
do Velho, não do Novo Mundo —, ele o desterra sumariamente para aquelas incultas paragens, talvez por lhe
parecerem seus hábitos só compatíveis com uma paisagem onde tudo há de ser paradoxal e insólito. E como
só raramente se pode esperar da obediência deliberada a
um programa que se possa substituir na poesia, mesmo
na poesia épica, ao registro virginal das próprias experiências ou dos próprios sentimentos, resulta que algumas
daquelas passagens se inscrevem entre as mais toscas e
menos convincentes de toda a obra. Quando ele trata da
baleia, por exemplo, é para dedicar-lhe uma espécie de
relatório que, mesmo com a maior boa vontade, ninguém
ousaria colocar muito acima do que, sobre o assunto, escreveu um autor como Santa Maria Itaparica, certamente
muito menos dotado do que Durão:

De junho a outubro para o mar se alarga,
Qual gigante marítimo a baleia,
Que palmos vinte e seis conta de larga,
Setenta de comprido, etc.

O longo inventário da América lusitana que Diogo
apresentara aos reis cristianíssimos e depois ao comandante francês, ficaria incompleto, no entanto, sem alguma visão profética onde aquele mundo novo se mostrasse
em tudo digno de tão altos pais e padrinhos. Para atender
a isso, sem ferir mortalmente a cronologia dos acontecimentos — a anacronismos que se poderiam chamar ve-
niais numa epopeia, Durão não se mostra, aliás, demasia-

do sensível —, serve-se o poeta de um expediente velho e todo-poderoso, ou seja, do sonho augural. Assim é que, na viagem de regresso, quase à passagem do equador, faz com que a esposa do Caramuru, já liberta do grosseiro paganismo — "Paraguaçu, já Catarina" —, caia subitamente em êxtase, à vista dos passageiros boquiabertos, mostrando em sua fisionomia aquele "arraiar do lume eterno que no céu goza quem já logra a palma". Tornando depois a si e instada por Diogo a contar tudo quanto sucedera no sonho, narra-lhes ela o que vira, na medida em que a mortais é lícito revelar os divinos segredos, "quando o lume cessou e a ciência falta".

Principia por um verdadeiro compêndio da história do Brasil a contar das primeiras lutas contra os que disputavam a Portugal o domínio do seu império americano. Não silencia sequer sobre a guerra movida aos invasores franceses, embora acentuando que se tratava, no caso, de inimigos da fé e de seu soberano:

Era de França, sim, a adversa gente,
Mas por culto inimigo ao rei contrária
E ao rito calvinístico aderente.

Na descrição dos embates contra esses intrusos, não deixa de salientar o papel desempenhado pelo índio Arariboia, aliado dos Sás, na vitória final que, ao Brasil, deveria assegurar a

[...] paz constante
Por setenta anos de um governo justo,
Tendo tranquila a terra e o mar sem susto.

Passa a referir, contudo, como, submerso em sangue, na Líbia ardente, o lusitano império, suas terras americanas se tornariam o alvo da cobiça e a presa do ambicioso batavo. A campanha terrível contra esses novos invasores,

O MITO AMERICANO

primeiramente na Bahia, onde veem frustrado seu intento, depois em Pernambuco e nas capitanias do norte, ocupa em parte o oitavo e todo o nono canto. Em nenhuma outra parte da obra a fantasia do autor se mostra mais dependente do que nesta da verdade histórica, tal como a viram os cronistas lusitanos. Aqueles lances homéricos em que pudera comprazer-se na descrição, esta inteiramente fantástica, dos combates entre a gente de Gupeva e seus inimigos confederados, cedem lugar a uma longa e exaltada crônica dos triunfos obtidos pelas armas portuguesas ou brasileiras sobre o "fero belga". E não deixa de dar-lhes um fecho moral e profético, onde afirma sua esperança nos altíssimos destinos que a Providência reservara à sua pátria americana:

Triunfou Portugal; mas castigado
Teve tal permissão severo ensino,
Que só se logrará feliz reinado
Honrando os reis da terra o rei divino;
E que o Brasil, aos lusos confiado
Será, cumprindo os fins do alto destino,
Instrumento talvez, neste hemisfério
De recobrar no mundo o antigo império.

No décimo e último canto celebram-se os episódios que, na América lusitana e particularmente na Bahia, se sucedem durante a ausência e após o regresso de Diogo. Antes mesmo de aportarem ao Recôncavo, são os viajantes informados por um português, salvo, juntamente com outros conterrâneos, de bárbaro cativeiro entre o gentio, pelo capitão de uma nave hispana — o mesmo que o Caramuru socorrera às vésperas de embarcar para a França —, das graves desordens que então lavravam em terra. A chegada de Pereira Coutinho, seus esforços, só a princípio frutíferos, para reduzir à lei civil a rude gentilidade, o desamparo de Gupeva pelos seus, a morte de Taparica, a fuga do donatário para uma capitania vizinha, sua volta, frustrada por fatal naufrágio: todos esses sucessos, uns verídicos, outros inteiramente fabulosos, introduzem-se, assim, na narração poética.

Sabemos que a ausência de Diogo da Bahia durante a odisseia que ali padeceu Coutinho (sem falar na própria viagem à França) carece, com efeito, de qualquer fundamento histórico. No poema, entretanto, a chegada triunfal do herói serve para reforçar o papel que lhe assiste na concepção épica do autor. Recebendo-o e à sua Catarina entre aplausos jubilosos,

Mostrando pelo amor e reverência
No antigo afeto a nova obediência,

a turba indígena, que acorre desde o sertão para revê-lo e aclamá-lo, submete-se espontaneamente a seu comando. E prepara-se, desse modo, para acolher a "redenção que o céu na terra intenta", de que Diogo fora escolhido para instrumento. E a mesma Providência que o fizera aportar às praias baianas quando mais precisa ali se fazia sua assistência quer que, em meio ao regozijo geral com que celebram os íncolas ao seu principal, arribe, ostentando as quinas, a armada que traz o governador Tomé de Sousa.

A cerimônia pela qual Catarina Paraguaçu, rainha do Brasil, desce do trono herdado dos seus maiores e, diante da assembleia dos tupinambás, ali convocada, entrega o marraque, insígnia de império, que por cetro usava, ao delegado da Coroa lusitana, reafirma um direito que à mesma Coroa já fora de antemão outorgado pelos decretos divinos.

As passagens em que, nesse canto final, Durão busca fazer a justiça devida ao "exército que Inácio à Igreja alista", deixam transparecer os mesmos motivos que já o haviam levado à retratação pública após a atitude que antes assumira contra as vítimas da campanha pombalina.

O MITO AMERICANO 73

E, embora velada, reponta em dado momento a intenção polêmica de quem encontrara razões para volver-se afinal contra os algozes: na estrofe LI, sugere que aquele bando de varões apostólicos teria conquistado à Fé todo o imenso gentio,

> *Se cuidasse fervente o santo zelo*
> *Sem humano interesse em convertê-lo.*

Tão velada, em realidade, é a censura que o autor se julga obrigado a esclarecê-la em nota: não quisera referir-se, escreve, "aos sujeitos de que se fala, que fora uma contradição, mas vagamente a quem houvesse sido causa do decaimento das missões".

O plano que ele se impusera, de elevar a nível heroico os sucessos reais ou imaginários de sua pátria remota, não era, certamente, dos mais próprios para alimentar um poema de proporções épicas. E, todavia, nos lugares onde consegue emancipar-se do programa traçado, não raro alcança resultados mais eficazes, como sucede, por exemplo, no episódio, já lembrado, da morte de Moema, uma das ninfas belas da Bahia, que perseguem a nado a embarcação onde Diogo viaja para a França. É provável que toda a cena derive do motivo de Ariadne abandonada por Teseu e, ainda mais, do episódio virgiliano de Dido abandonada pelo pio Eneias. Mas tudo faz crer que Durão, ao compô-lo, também se lembrou das transfigurações várias a que alguns épicos renascentistas submeteram o mesmo motivo. A apóstrofe de Moema ao amante fugitivo lembra, sem dúvida, a de Dido, mas como não evocar, também, os lamentos de Olímpia? Os apodos ariostescos, a lembrança da ingratidão de Bireno, sobretudo sua falsidade requintada, o confronto clássico, em verdade virgiliano, entre o amante esquivo e as feras bravias —

> *Ma quai fere crudel potriano farmi*
> *Fera crudel, peggio di te morire?*
> (Orlando Furioso)

reproduzem-se integralmente no poema brasileiro.

E se a aproximação com o Ariosto é significativa, não o será menos a que se pode tentar com o Tasso. Moema descende de Olímpia, mas descende também de Armida. As palavras da índia desdenhada são, em realidade, como um eco das invectivas a Rinaldo. A passagem onde se fala na insensibilidade do fugitivo —

> *Forse cambió color? forse al mio dolo*
> *Bagnó almen gli occhi, o sparse um sospir solo...*

— amplia-a Durão, onde escreve:

> *Enfim tens coração de ver-me aflita,*
> *Flutuar moribunda entre estas ondas;*
> *Nem o passado amor teu peito incita*
> *A um ai somente com que aos meus respondas...*

E assim como as palavras da Armida tassiana se afogam afinal em seu próprio soluço —

> *Volea dir più, ma l'interrompe il pianto,*

— as de Moema irão perder-se nas ondas do mar:

> *E indo a dizer o mais, cai num desmaio.*

Camões, que neste passo cedera lugar a Virgílio e principalmente aos épicos italianos, só ressurgirá no final. O lamento das "ninfas belas" após a morte da infeliz Moema é, com efeito, o mesmo pranto das ninfas do Mondego quando se consuma o sacrifício de dona Inês.

O MITO AMERICANO 75

Mas, apesar de todo o seu classicismo ou quinhentismo deliberado, Durão não se mostra de todo infiel ao seu século. Sem insistir nos traços que aqui e ali sugerem possíveis simpatias pelo racionalismo e pelo iluminismo francês de parte do agostinho poeta, não será muito observar que os mesmos característicos formais por onde sua obra se prende mais diretamente aos esquemas renascentistas estão longe de representar, como se pode supor, um elemento anacrônico. Precisamente um dos aspectos mais típicos da literatura do século XVIII não terá sido a ambição — realizada até onde são realizáveis, em prática, tais propósitos restauradores — de curar-se das complicações seiscentistas voltando aos modelos ilustres do Renascimento? A própria oitava-rima, não a desdenharam — ao contrário — seus principais representantes, a começar pelos árcades. O que constituía, sem dúvida, um anacronismo, por aquele tempo, não era a oitava, era a própria poesia épica. O século XVIII, em sua primeira metade, vivera demasiado da vida presente, ao passo que na segunda já se volve, inquieto e insatisfeito, para o futuro. Ora, nem esta, nem aquela atitude — a insegurança ou a simples frivolidade — servem para animar um gênero literário que se alimenta naturalmente da retrospecção.

É certamente lícito objetar que, se a retrospecção perdera algum terreno no Velho Mundo, ainda menos adequada deveria parecer, à primeira vista, em terras sem pesadas tradições e entre homens sem passado remoto. Mas sabemos igualmente como a ardente exaltação do passado, a fabricação de mitos e tradições veneráveis constituiu sempre um expediente compensatório favorito para aqueles que não se podem gabar de longas e ilustres tradições. E além disso é compreensível que, onde essas tradições são mais escassas, a fantasia literária ganha liberdade para recriá-las a seu jeito. Por tudo isso, as razões que tornariam o estilo épico anacrônico para um autor europeu não prevaleceriam com o mesmo vigor no hemisfério ocidental. A América do século XVIII ainda era demasiado provinciana para ser espontaneamente frívola. E era ainda suficientemente juvenil para poder participar sem grande artifício das mesmas inquietações que já começavam a dilacerar o velho mundo europeu.

O próprio modelo da *Eneida*, que Santa Rita Durão tentou seguir até certo ponto na trama de seu poema, tanto quanto seguira, na forma, os *Lusíadas*, não era muito menos vivo e atual no século XVIII do que o fora para os épicos quinhentistas. Entre os autores mais reputados da época, o favor de que continuavam a desfrutar os motivos virgilianos só tinha paralelo no culto universal aos preceitos e aos exemplos de Horácio. Desse favor serve de testemunho, em Portugal, o êxito alcançado por um contemporâneo de Durão e, como este, vítima da facção pombalina: Correia Garção, com sua "Cantata de Dido". O mesmo tema fora utilizado, aliás, pelo Metastasio no melodrama que melhor contribuíra para sua consagração. E não será demais supor que o poeta que compôs o episódio de Moema, onde aparece o tema da amante abandonada, prefigurado na *Eneida*, conhecesse bem essa versão metastasiana, e nela se teria inspirado, tanto quanto se inspirara, talvez, nas lamentações de Armida.

Contudo, o Metastasio que o poderia ter estimulado, no caso, será menos o da *Dido abandonada* do que o de *Achille in Sciro*. Tanto quanto o pio Eneias — ou Teseu, infiel a Ariadne —, esse Aquiles, o Aquiles de saia, Aquiles arcádico, seria caro aos autores setecentistas de língua portuguesa. A ele reporta-se, entre nós, Tomás Antônio Gonzaga, onde diz, em uma das suas liras:

Também o grande Aquiles veste a saia
Também Aquiles fia.

E o autor anônimo das *Cartas chilenas*, que muito provavelmente seria o mesmo Gonzaga, escreve versos como estes:

A mesma que obrigou o forte Aquiles
A que, terno, vestisse a mole saia.

Quem se dispusesse a tentar o estudo das fontes do Caramuru tiraria proveito, sem dúvida, em comparar os epítetos de Moema, na fala do amante esquivo, com os da Deidamia metastasiana, onde invectiva o seu Aquiles:

Barbaro! traditor! Parti? E son questi
Gli ultimi tuoi congedi? Ove s'intese
Tirannia più crudel? Va scellerato!
Va pur, fuggi da me...

E as próprias palavras de Moema, ao clamar, contra seu amante fugitivo, pela cólera dos elementos —

Fúrias, raios, coriscos que o ar consomem,
Como não consumis aquele infame?

— parecem um eco das apóstrofes desesperadas de Deidamia, quando pede, "se há justiça no céu, ou se há piedade", a vingança dos numes, e já vê na imaginação os raios que hão de prostrar o Aquiles infiel.

Em realidade, na sua transposição do episódio de Dido, Santa Rita Durão transige com o gosto do tempo, muito mais do que pode parecer a princípio. Eneias, colocando sua obrigação civil acima de sua paixão pessoal, ainda é caracteristicamente um herói de epopeia clássica. No conflito inconciliável entre o amor e o dever de quem estava fadado a uma missão superior, decide-se a sacrificar o primeiro. No Caramuru, tomado em seu conjunto, não se negará que, segundo a intenção do poeta, existem a mesma missão e o mesmo dever, mas a verdade é que nada nos prepara eficazmente fora deste episódio para admitir a presença do sacrifício. Ao lado de Eneias, se fosse lícito o confronto, ele desempenha um pouco o papel de um herói de melodrama. A eloquência de Moema nas invectivas, o desdém, real ou fingido, que ela professa pela rival feliz, o silêncio a que o fugitivo se acha condenado, ou sua insensibilidade aparente, não têm por contrapeso nenhuma cena onde Paraguaçu ganhe igual ou maior realce. O resultado é que a amante abandonada irá ocupar de modo inevitável o primeiro plano.

Embora sua tragédia apareça no poema como um aparte decorativo, sem preparativo e sem maiores consequências do que a morte da amada e o pesar das ninfas belas, não há dúvida que ela domina o resto pela intensidade sem par em toda a obra. Paraguaçu é quem parece converter-se, aqui, na improvisada heroína, na intrusa providencial, que haverá de permitir o *coup de scène* melodramático. E o comportamento do herói será julgado, afinal, de acordo com a acusação que ouve dos lábios de Moema moribunda:

> *Bem puderas, cruel, ter sido esquivo*
> *Quando eu a fé rendia ao teu engano.*

Caramuru não fala, não cuida em defender-se, e se quisesse ou pudesse defender-se é possível que exclamasse assim como uma das personagens do Metastasio:

> *Non ha ragione amore*
> *O se ragione intende*
> *Sùbito amor non é...*

E tudo seria muito humano, não há dúvida, mas justamente por isso, muito pouco épico. Aliás, o próprio mutismo do protagonista serve para sugerir que, ao menos

O MITO AMERICANO 79

neste ponto, o drama rococó ficou incompleto. Porque o herói setecentista normal é gárrulo por excelência: ou há de confessar e exibir cinicamente seu diletantismo amoroso — pense-se na *"beata infedeltà"* do abade Frugoni — e mesmo heroico, ou então tratará de encobri-lo para os outros e para si mesmo, segundo o reclame a situação, graças ao seu diletantismo da virtude. O verdadeiro idílio arcádico, além disso, exclui por princípio o trágico e busca, onde possível, encerrar-se com um happy end.

Durão só consegue chegar, assim, até ao meio do caminho, na complacência com os gostos estéticos ou com os padrões éticos de seu tempo. Esses padrões e aqueles gostos, não custa repeti-lo, são radicalmente incompatíveis com o gênero poético que elegera. Mal poderíamos imaginar um Caramuru frívolo em obra tão solene e que visava, não a deleitar, mas a edificar os contemporâneos e os pósteros. Também não esperaríamos fatalmente, dele, que em tudo se comportasse como um herói de sobre-humana grandeza. Ariosto ainda pudera exaltar o seu Rogério, quando este renunciou à fiel Bradamante por obediência à santa lei da Cavalaria. Mas no século XVIII, e mesmo entre gente ibérica, onde os ideais da Cavalaria se mostrariam mais obstinados, a verdade é que eles já estavam mortos. Até numa epopeia eles deveriam parecer tão postiços e pouco convincentes quanto o são nos melodramas da época.

Em todo esse episódio de Moema, sente-se, aliás, que a intenção heroica há de ter frustrado em Durão o que nele haveria de um poeta árcade. E não parece excessivo pensar-se que a popularidade maior desse episódio se prenda precisamente à espontaneidade mais intensa com que nele chegou a exprimir-se o autor. No restante do poema, ele nos parece constantemente freado pelas suas altas intenções, mais altas do que suas próprias possibilidades e talvez mesmo do que as possibilidades da época e da terra em que viveu. Nas suas estrofes, muitas vezes

ilegíveis para nós sem uma alta dose de paciência, sente-
-se o peso de um pensamento, do "programa", capaz de
bloquear inevitavelmente todos os livres movimentos. Só
nas ocasiões, e não são numerosas, em que o programa
parece mais transigente, ganha a expressão em vigor e se
torna mais eficazmente comunicativa. Assim se explica,
na obra, a presença de passagens tais como aquele trecho
célebre do canto VI, onde o poeta consegue afirmar-se
apesar e acima das suas grandiosas intenções.

Mas foram, em verdade, essas intenções, boas para um
pregador ou para um cronista — e Durão, em muitos casos, não foi mais do que isso —, que ele julgou à altura de
merecerem todos os seus cuidados. A tal ponto que, segundo uma tradição recolhida pelos seus primeiros biógrafos,
chegou a destruir os originais de numerosas poesias líricas
que compusera em diferentes épocas, desencantado com a
repercussão aparentemente escassa que, apenas publicada,
alcançou sua epopeia. Pode-se perguntar se esse gesto não
nos teria privado de conhecer um Durão mais autêntico e
fiel a si mesmo do que aos ideais que podem alimentar um
bom patriota, mas raramente inspiram um bom poeta. Em
Durão, o patriota brasileiro, se não matou, ao menos terá
dissimulado esse poeta.

Mas sua obra não mereceria o interesse que até hoje
tem suscitado, se a distinguissem apenas suas qualidades
poéticas negativas ou ocultas. O êxito que, bem depois
de sua morte, e sobretudo a partir do nosso romantismo,
pôde conhecer essa obra, mostra que ela não foi infecun-
da em nossa história literária. A Santa Rita Durão, tanto
quanto ao seu contemporâneo e, em realidade, predeces-
sor, José Basílio da Gama, e mais do que a este, devem
nossas letras um incitamento notável, sejam quais forem
as reservas que hoje lhes possam ser feitas.

O mito americano, de que ele foi, na literatura brasileira, um dos responsáveis iniciais, representou com efeito
a primeira voz articulada desse sentimento nacional que,

O MITO AMERICANO 81

passado um período como que de hibernação, não cessará mais de aspirar à expressão artística. Aquela pausa era certamente indispensável para que a mensagem moral e espiritual de que foi, apesar de tudo, portador o poeta do *Caramuru*, pudesse ser integralmente assimilada; para que seus ideais deixassem de apresentar-se sob a forma de um dever imposto, convertendo-se em genuína necessidade e independente de qualquer arbítrio; para que sua prédica, em suma, e o seu "programa" ficassem aptos a transfigurar-se em poesia.

Se nos dias atuais a obra de frei José de Santa Rita Durão nos deixa muitas vezes insensíveis, não se pode dizer que o mesmo terá ocorrido em outras épocas. O prestígio de que desfrutou, quando, proclamada a nossa independência política, se cuidou de completá-la através de nossa emancipação intelectual, ao menos em face da antiga metrópole, já fala por si só. No *Uraguai*, que pode figurar igualmente entre as composições poéticas prenunciadoras de uma orientação nova em nossas letras, não falta, é certo, o enaltecimento caloroso do natural da terra, mas esse enaltecimento representa como que o reverso quase necessário da celebração do triunfo lusitano sobre os guaranis das missões e principalmente sobre os padres que os tinham chamado ao grêmio da Igreja.

Por esse lado, a obra de José Basílio da Gama inscreve-se de algum modo na copiosa literatura antijesuítica estimulada pela ação do marquês de Pombal. Por outro, é bem superior às razões polêmicas que a animaram e, mais do que o poema de Durão, tem por onde interessar ao leitor de hoje, mesmo ao leitor exigente.

O ESPÍRITO E A LETRA
[V. I]

O lado oposto e outros lados

Qualquer pessoa que compare o Brasil intelectual de hoje com o de há dez anos não pode deixar de observar uma divergência apreciável entre os dois momentos, não só nos pontos de vista que os conduzem como ainda mesmo nos indivíduos que os exprimem. Não quero insistir na caracterização dessa divergência, que me parece profunda, nem vejo em que poderia ser útil mostrando o motivo que me leva a preferir um ao outro.

Está visto que pra mim os que exprimem o momento atual neste ano de 1926 contam muito mais do que os de 1916. A gente de hoje aboliu escandalosamente, graças a Deus, aquele ceticismo bocó, o idealismo impreciso e desajeitado, a poesia "bibelô", a retórica vazia, todos os ídolos da nossa intelligentsia, e ainda não é muito o que fez. Limitações de todos os lados impediam e impedem uma ação desembaraçada e até mesmo dentro do movimento que suscitou esses milagres têm surgido germens de atrofia que os mais fortes já começam a combater sem tréguas.

É indispensável para esse efeito romper com todas as diplomacias nocivas, mandar pro diabo qualquer forma de hipocrisia, suprimir as políticas literárias e conquistar uma profunda sinceridade pra com os outros e pra consigo mesmo. A convicção dessa urgência foi pra mim a melhor conquista até hoje do movimento que chamam de "*modernismo*". Foi ela que nos permitiu a intuição de que carecemos, sob pena de morte, de procurar uma arte de expressão nacional.

Não se trata de combater o que já se extinguiu, e é absurdo que muitos cometem. Mesmo em literatura os fantasmas já não pregam medo em ninguém. O academismo, por exemplo, em todas as suas várias modalidades — mesmo o academismo do grupo Graça Aranha-Ronald-Renato Almeida, mesmo o academismo de Guilherme de Almeida — já não é mais um inimigo, porque ele se agita num vazio e vive à custa de heranças. As figuras mais representativas desse espírito acadêmico e mesmo as melhores (como é o caso dos nomes que citei) falam uma linguagem que a geração dos que vivem esqueceu há muito tempo.

Alguns dos seus representantes — refiro-me sobretudo a Guilherme de Almeida e a Ronald de Carvalho —, graças a essa *inteligência aguda e sutil* que foi o paraíso e foi a perda da geração a que eles pertencem, aparentaram por certo tempo responder às instâncias da nossa geração. Mas hoje logo à primeira vista se sente que falharam irremediavelmente. O mais que eles fizeram foi criar uma poesia principalmente brilhante: isso prova que sujeitaram apenas uma matéria pobre e sem densidade. De certo modo continuaram a tradição da poesia, da literatura "bibelô", que nós detestamos. São autores que se acham situados positivamente *do lado oposto* e que fazem todo o possível para sentirem um pouco a inquietação da gente da vanguarda. Donde essa feição de obra trabalhada conforme esquemas premeditados, essa ausência de abandono e de virgindade que denunciam os seus livros. *Toda a América* e *Raça* seriam talvez bem mais significativos para a gente se não fosse visível a todo o momento a intenção dos seus autores de criarem dois poemas geniais. Essa intenção é sobretudo manifesta em *Toda a América*. É um dos aspectos que tornam mais lamentável e pretensioso o movimento inaugurado pelos nossos acadêmicos "*modernizantes*". Houve tempo em que esses autores foram tudo quanto havia de bom na literatura brasileira. No ponto em que estamos hoje *eles não significam mais nada para nós.* Penso naturalmente que poderemos ter em pouco tempo, que teremos com certeza, uma arte de expressão nacional. Ela não surgirá, é mais que evidente, de nossa vontade, nascerá muito mais provavelmente de nossa indiferença. Isso não quer dizer que nossa indiferença, sobretudo nossa indiferença absoluta, vá florescer por força nessa expressão nacional que corresponde à aspiração de todos. Somente me revolto contra muitos que acreditam possuir ela desde já no cérebro tal e qual deve ser, dizem conhecer de cor todas as suas regiões, as suas riquezas incalculáveis e até mesmo os seus limites e nos querem oferecer essa sobra em vez da realidade que poderíamos esperar deles. Pedimos um aumento de nosso império e eles nos oferecem uma amputação. (Não careço de citar aqui o nome de Tristão de Athayde, incontestavelmente o escritor mais representativo dessa tendência, que tem pontos de contato bem visíveis com a dos acadêmicos "modernizantes" que citei, embora seja mais considerável.)

O que idealizam, em suma, é a criação de uma elite de homens, inteligentes e sábios, embora sem grande contato com a terra e com o povo — é o que concluo por minha conta; não sei de outro jeito de se interpretar claramente o sentido dos seus discursos —, gente bem-intencionada e que esteja de qualquer modo à altura de nos impor uma hierarquia, uma ordem, uma experiência que estrangulem de vez esse nosso maldito estouvamento de povo moço e sem juízo. Carecemos de uma arte, de uma literatura, de um pensamento enfim, que traduzam um anseio qualquer de construção, dizem. E insistem sobretudo nessa panaceia abominável da *construção*. Porque para eles, por enquanto, nós nos agitamos no caos e nos comprazemos na desordem. Desordem do quê? É indispensável essa pergunta, porquanto a ordem perturbada entre nós não é decerto, não pode ser a *nossa ordem*; há de ser uma coisa fictícia e estranha a nós, uma lei morta, que importamos, senão do outro mundo, pelo menos do Velho Mundo. É preciso mandar buscar esses espartilhos pra que a gente aprenda a se fazer apresentável e bonito à vista dos outros. O erro deles está nisso de quererem escamotear a nossa liberdade que é, por enquanto pelo menos, o que temos de mais considerável, em proveito de uma detestável abstração inteiramente inoportuna e vazia de sentido. Não me lembro mais como é a frase que li num ensaio do francês Jean Richard Bloch e em que ele lamenta não ter nascido num país novo, sem tradições, onde todas as experiências tivessem uma razão de ser e onde uma expressão artística livre de compromissos não fosse ousadia inqualificável. Aqui há muita gente que parece lamentar não sermos precisamente um país velho e cheio de heranças onde se pudesse criar uma arte sujeita a regras e a ideais prefixados.

Não é para nos felicitarmos que esse modo de ver importado diretamente da França, da gente da *Action Française* e sobretudo de Maritain, de Massis, de Benda talvez e até da Inglaterra do norte-americano T. S. Eliot comece a ter apoio em muitos pontos do esplêndido grupo *modernista* mineiro de *A Revista* e até mesmo de Mário de Andrade, cujas realizações apesar de tudo me parecem sempre admiráveis. Eu gostaria de falar mais longamente sobre a personalidade do poeta que escreveu o *Noturno de Belo Horizonte* e como só assim teria jeito pra dizer o que penso dele mais à vontade, pra dizer o que me parece bom e o que me parece mau na sua obra — mau e sempre admirável, não há contradição aqui —, resisto à tentação. Limito-me a dizer o indispensável: que os pontos fracos nas suas teorias estão quase todos onde elas coincidem com as ideias de Tristão de Athayde. Essa falha tem uma compensação nas estupendas tentativas para a nobilitação da fala brasileira. Repito entretanto que a sua atual *atitude* intelectualista me desagrada.

O LADO OPOSTO E OUTROS LADOS

Nesse ponto prefiro homens como Oswald de Andrade, que é um dos sujeitos mais extraordinários do modernismo brasileiro; como Prudente de Moraes Neto; Couto de Barros e Antônio Alcântara Machado. Acho que esses sobretudo representam o ponto de resistência necessário, indispensável contra as ideologias do construtivismo. Esses e alguns outros. Manuel Bandeira, por exemplo, que seria para mim o melhor poeta brasileiro se não existisse Mário de Andrade. E Ribeiro Couto que com *Um homem na multidão* acaba de publicar um dos três mais belos livros do *modernismo* brasileiro. Os outros dois são *Losango cáqui* e *Pau-Brasil*.

O ESPÍRITO E A LETRA
[V. 2]

Missão e profissão

Ao deixar a atividade regular de crítico literário, há mais de seis anos, eu não imaginava retomá-la algum dia. Preferi por muito tempo conservar-me o que fora sempre, um "bissexto" da crítica, sem mais obrigações e responsabilidades do que escrever em horas vagas sobre livros que ocasionalmente me interessavam. E livros que, a bem dizer, pouco tinham a ver, em sua generalidade, com a literatura, no sentido mais limitado e corrente da palavra.

O próprio desmentido da pura literatura, das "belas letras", pareceu-me não raro participar de algum vício de nossa formação brasileira, que inábil para denunciar nos outros, tentei frequentemente contrariar em mim mesmo. Refiro-me naturalmente a esse gosto que se detém nas aparências mais estritamente ornamentais da expressão e que tende a conferir aos seus portadores um prestígio estranho à esfera da vida intelectual e artística.

Fiados no poder mágico que a palavra escrita ou recitada ainda conserva em nossos ritos e cerimônias, e que será sempre de interesse para quem se proponha pesquisar o complexo folclore dos civilizados, não faltam os que veem no "talento", no brilho da forma, na agudeza dos conceitos, na espontaneidade lírica ou declamatória, na facilidade vocabular, na boa cadência dos discursos, na força das imagens, na agilidade do espírito, na virtuosidade e na vivacidade da inteligência, na erudição decorativa, uma espécie de padrão superior de humanidade. Para estes a profissão de escritor — se assim já se pode dizer entre nós — não constitui, em realidade, apenas uma profissão, mas também e sobretudo uma forma de patriciado.

Semelhante ponto de vista, nascido em grande parte do preconceito romântico que conferia ao poeta, ao letrado, ao orador, uma dignidade de exceção, grassou e ainda grassa largamente no Brasil em resultado, talvez, das próprias peculiaridades de nossa formação histórica. As virtudes que hão de representar em grau eminente aqueles privilegiados são as mesmas que se encarnam tradicionalmente nas profissões liberais e em certos empregos públicos: profissões e empregos que não sujam as mãos e não degradam o espírito, por conseguinte se colocam hierarquicamente acima dos ofícios tidos por desprezíveis em uma sociedade oriunda de senhores e escravos.

Ao autêntico escritor, que, sempre de acordo com o mesmo ponto de vista, só o é por uma espécie de dom de nascença, superior a qualquer contingência prosaica ou terrena, competem prerrogativas particulares. Não há dúvida que em nossos dias já se fala com muita insistência nas obrigações e responsabilidades dos intelectuais. A missão que a estes caberia não é um caminho cor-de-rosa e de ouro; ela impõe, ao contrário, deveres próprios e a que nenhum pode fugir sem grande perda de dignidade. Mas quem não percebe que tais "deveres" constituem simplesmente o reverso forçoso, inevitável, de outros tantos privilégios que só não se proclamam com a mesma ênfase, porque isso não é verdadeiramente preciso, porque todos já os admitem tacitamente e de bom grado?

Essa moderna encarnação da doutrina de que o escritor é uma criatura eleita e em tudo excepcional foi, em certo sentido, reforçada pela predicação de certos teóricos que imaginam ter encontrado súbita e milagrosamente a chave capaz de abrir a porta de todos os mistérios da existência. Para esses simplificadores, os problemas universais podem ser facilmente resolvidos graças a meia dúzia de fórmulas precisas e de meridiana clareza. Se nem todos as podem ver, é que tiveram os olhos vendados, sem dúvida, por mesquinhos interesses de classe, tomando-se, conscientemente ou não, os servos de algum imperialismo implacável. Se o intelectual tem, com efeito, uma sagrada missão a cumprir, será esta de elucidar os que não sabem ver por inocência e denunciar os que não querem ver por conveniência. Para os que assim pensam, todos os escritores hão de mobilizar-se espontaneamente em benefício de alguma causa, e isso em nome da própria dignidade profissional. O patriciado converte-se desse modo em milícia.

Reconhecer o contrário, isto é, reconhecer que a atividade literária e cultural tem seu campo particular, e que em outros domínios ela não é diferente, nem mais eficaz, nem forçosamente melhor do que qualquer outra, não significa pretender fazer das chamadas "elites" da inteligência um clericato displicente e egoísta. É sempre excelente que os homens de boa vontade, e entre eles os escritores, coloquem eventualmente suas capacidades ao serviço de alguma causa de interesse coletivo. E é ainda melhor que cheguem a congregar-se em torno de semelhante causa. Mas para isso não se torna indispensável que falem do alto da torre da dignidade profissional, tão vaidosa e, ao cabo, tão inútil como qualquer torre de marfim.

Não há como negar, em todo caso, que esse novo empenho de valorizar a profissão literária, empenho ambíguo, é certo, e de alvo mais nitidamente político do que intelectual, teve algumas consequências valiosas e plausíveis. Colocado o escritor em face das realidades que antes pareciam indiferentes e mesmo avessas ao seu mundo, ela veio emprestar um vigor novo a tendências que já militavam por dar uma dimensão mais humana às suas atividades. Pode-se dizer que nos dias atuais ele vive menos de sonhos e frases feitas do que há vinte e há trinta anos.

É verdade que o movimento modernista de 1922 já tinha dado alguns passos nesse rumo. Por numerosos aspectos constitui uma inversão meticulosa dos graves padrões formais outrora consagrados. Ao verso alexandrino opuseram-se os ritmos inumeráveis e dissolutos. À solenidade parnasiana, o prosaico, o coloquial, o anedótico. À linguagem rebuscada, o falar simples e rústico. Liberdade, liberdade total e sem limites: esse o slogan permanente dos novos revolucionários. Diante das constrições e artifícios imperantes, não parecia restar, com efeito, mais do que tal alternativa.

Contudo não entraria, por sua vez, nessa palavra de ordem, um novo e talvez malicioso artifício? A genuína, a intolerante opressão, contra a qual se levantavam, não vinha propriamente do rigor, vinha da rotina. A forma severa dos parnasianos, que Manuel Bandeira soube retratar e satirizar nos "Sapos", tinha morrido já havia muitos anos, mas deixara em seu lugar um fantasma: convertera-se em fórmula. O que agora se impunha não era tanto uma *liberdade de*, como uma *liberdade para*. Quanto a isso não se iludem, aliás, as figuras mais expressivas do movimento, mas a generalidade deixou de compreender a distinção sutil e, por fim, submeteu-se ao acalanto da palavra mágica.

O grupo de escritores novos que ainda há pouco deliberou reagir contra a herança de 22, e para isso chegou a organizar em São Paulo um Congresso de Poesia, tampouco a compreendeu, e tomou por característico de todo o movimento o que era característico apenas dos seus epígonos secundários, sem dúvida a imensa maioria. Em certo sentido tinham sua razão para isso, porque tomado em bloco o modernismo foi um movimento negativista, e não poderia deixar de sê-lo. O lema orgulhoso que ostentava prestou-se a fatais equívocos e representava, em suma, um simples toque de reunir; não procurou direções ou caminhos. E a liberdade sem rumo pode bem ser a fonte de uma nova rotina, mais perigosa, talvez, do que a antiga, porque de todo irresponsável.

No momento atual em que nada concorre para limitar nossas incertezas, faz-se necessário terreno menos instável. E por isso o simples ideal negativista já proporciona poucos encantos. À complacência distraída das negações, substitui--se, assim, e cada vez mais, a demanda de novas posições. Demanda exigente, sem dúvida, porque para dominar o inesperado faz-se sempre mister uma vontade vigilante e um obstinado rigor. Não é certamente com a simples canonização de tumultuosos delírios da sagrada liberdade, da ignorância criadora, que será dado enfrentá-lo.

Mas justamente o sentido positivo que vai aparentemente empolgando as gerações atuais há de definir-se menos por fins de antemão determinados do que pela maneira de chegar a eles, pois o roteiro que escolheram talvez ainda não esteja nos mapas, e o futuro pode trazer surpresas. A cega adesão às doutrinas salvadoras, não por convicção profunda, mas pelo empenho de fugir às inseguranças do presente, também é fonte de negações. Na órbita da política temos visto como ela conduz frequentemente aos falsos heroísmos, às falsas disciplinas e às grandezas falsas. O mesmo ocorre de algum modo em outros domínios, e não menos nos da cultura e da arte. À base de qualquer alternativa possível para a liberdade imoderada há de encontrar-se invariavelmente um apelo ostensivo ou implícito à despersonalização. Mas não é forçoso que essa despersonalização se exprima na aquiescência a algum código exterior, arbitrário e caprichoso.

Existem também disciplinas intelectuais feitas de modéstia, inquirição metódica e perseverança, que têm sido quase sempre o apanágio ideal do chamado "espírito científico". Até que ponto poderiam incorporar-se a elas os próprios valores da imaginação? Sabemos que no Brasil a deliberação paciente, o trabalho pertinaz e penoso, sem perspectivas de pronto êxito, nunca tiveram suficiente prestígio para se erigirem em virtudes "poéticas". Ou se o tiveram — como no caso dos parnasianos — foi expressamente em função do decoro e do brilho exterior.

Comparado ao que era há seis anos, o panorama de nossa atual literatura já parece comportar melhor aquelas disciplinas. É cedo, talvez, para dizer-se que isso representa mais do que o fruto de influências adventícias e passageiras. Não faltam indícios, contudo, de que poderá significar o ponto de partida de uma orientação nova em nossa vida intelectual, e tão significativa e fecunda quanto o foi o movimento modernista de 22. Orientação que não se limitaria, em verdade, à literatura no sentido estrito, mas procuraria abranger outros setores da atividade espiritual.

Nesse ponto ainda caberia uma referência particular à afinidade que existe indiscutivelmente entre esses novos rumos e a ação que vêm exercendo sobre certas inteligências o método e o ensino universitário, sobretudo o das Faculdades de Filosofia. A eles se deve, em parte considerável, a desconfiança crescente, em toda uma geração de estudiosos, pelo autodidatismo e pelo personalismo exacerbado. Sua vontade deliberada de vivenciar e retificar, se preciso, a sabedoria infusa ou a inspiração sublime, é fato com o qual, daqui por diante, deveremos contar. E fato de algum modo novo em nossa literatura e, em geral, na literatura de língua portuguesa, tão amiga das excitações líricas e das exaltações retóricas.

Ao retomar o ofício de crítico literário, são esses alguns dos sinais de transformação que julgo discernir em nosso horizonte intelectual. Transformação que pretenderei acompanhar daqui, não como um profeta, mas como um monitor ou exortador, nem mesmo como um juiz sempre atento a leis rígidas e inflexíveis, mas antes como uma testemunha de boa-fé, empenhada em bem compreender e bem interpretar.

LIVRO DOS PREFÁCIOS

O operário em construção
e outros poemas

Vinicius, o bem-amado

Não sei se a palavra constrangimento, no meu entender uma das mais feias desta nossa língua inculta e bela,
diz bem da dificuldade que sinto ao rabiscar este pobre
acompanhamento para aquilo que *is supposed to be o*
melhor de sua obra poética. Outra coisa talvez fizesse, se
dado me fosse voltar àquelas eras já remotas em que da
vez primeira nos encontramos e nos falamos, sem haver
ninguém que nos apresentasse. Há quanto tempo!? Trinta
anos? Quarenta? Desceu-me de súbito uma inspiração do
Céu. Fui dar uma rebusca no meio de meus livros antigos
e tive o gosto de ali achar, muito bem encadernado, um
exemplar de seu *Forma e exegese*, com dedicatória datada:
novembro de 1935. Mal contados já lá vão 44 anos, mas
a dedicatória, pelo jeito, é de quem já me conhecia bem.
Lembro-me de que o encontro aconteceu na José Olympio — ou não teria sido na Garnier, ali bem em frente? —,
você pouco mais do que teenager, mas já autor de um ou
dois livros publicados, e eu apenas meio contador de histórias do Brasil, além de esforçado crítico, um tanto bissexto, e sem livro publicado. Sei também que a partir daquele
dia nos fizemos amigos. Amigos, pois, de há perto de meio
século, vale dizer quase amigos de infância, de amizade
que nunca sofreu pausa, e que ainda guarda nítida a mar-

ca da boniteza espontânea e sem-cerimoniosa do encontro primeiro, em algum lugar da rua do Ouvidor, ali a dois passos da Avenida. Nada nos separou mais, nem, a rigor, sua itinerância em longes terras, ao tempo em que você melancolicamente seguia aquela carreira, de que foi salvo graças ao malquerer de um imaginoso burocrata, mais imaginoso do que gostaria de o ser.

O fato é que, quando menos esperávamos, nos encontramos entre suas andanças. Foi assim em Roma, onde juntos tratamos com a marquesa misteriosa sobre o serem abertas as portas de um Open Gate Club, como se chamava o segundo lar da dita senhora, para uma semana de música popular brasileira. A Roma das noitadas em meu apartamento do Quartiere Nomentana onde, entre boas prosas e canções napolitanas, ressoavam os tchin-tchins... Ou a daquele bar do hotel da Vittorio Veneto, em que o fui surpreender em ditoso pappo com a Irene Pappas, e foi essa a minha primeira viagem à Grécia... Ou a da Osteria del Orso, que em idos tempos hospedou Rabelais e Montaigne, mas no nosso também abrigava um músico francês louco por aprender sambas. O qual, de muito desmunhecar, transformou-o Jove em colibri, de sorte que saiu adejando, adejando, adejando, até ir pousar, tão mimoso, no lugar que tomou o nome de Caracas, por mal de seus pecados. Depois foi Genebra, onde, como já me ocorreu dizer e até publicar, redigimos um telegrama em sueco, pois não estávamos para menos, com o endereço de Estocolmo, propondo o nome de Ungaretti para o Prêmio Nobel. O qual Ungaretti, presente à nossa mesa, fingia desaprovar a ideia, mas bem que estava gostando, e a murmurar sorridente: *questi sonno pazzi da legare*. Ou então: *Ils sont fous ces brrrrésiliens... ils se soûlent comme des...* e o resto não se ouvia. Também em Paris, onde assisti à primeira execução de sua feijoada que até música parecia e em música se tornará. E quase em Los Angeles, quase porque, achando-me a caminho e detendo-me em

Chicago, lá me avisou Josias Leão que o poeta havia ido para o México. Los Angeles, afinal, não vale San Francisco, e sem Vinicius nem vale Los Angeles. É tão somente aquele Jardim América de não acabar mais. Ainda poderia contar coisas do Rio (à noite no terraço do Alcazar) e de São Paulo. Vou contar coisa de Belo Horizonte, do tempo em que havia lá um prefeito chamado Juscelino Kubitschek. Você havia ido a Oxford para estudar poesia inglesa. Entrementes o curso foi interrompido por causa da Segunda Grande Guerra, mas o Juscelino que, além de prefeito, era o presidente em Belô da Cultura Inglesa, promoveu uma conferência sua, dando-lhe a obrigação de levar tantos convidados quantos lhe aprouvesse. O poeta, contudo, foi modesto. Formamos apenas um trem de catorze pessoas, a "embaixada" como éramos chamados. Lá chegando, uniu-se ao bando alguma gente da terra: Fernando Sabino, Otto Lara Resende, Paulo Mendes Campos e outros visitantes. Criou-se, pois, naquela Belo Horizonte, já sem Bar do Ponto, mas com Pampulha etc., uma verdadeira Frente Ampla onde ao lado do Juscelino não faltava sequer o Carlos Lacerda. Faltava o Jango, mas podia fazer-lhe as vezes o nosso Astrojildo Pereira, que a cada descarrilamento da embaixada não fazia senão comentar escandalizado: Cambada de malucos! A turma, sob a batuta do Osvaldinho Penido e do próprio Juscelino, esbaldou-se o quanto pôde durante uma semana. Ao voltar aos penates, ainda telegrafamos gratos ao nosso anfitrião, dizendo lamentosos: Como poderemos viver sem a tua, sem a tua, sem a tua companhia! No dia imediato chegou-nos, também em telegrama, a resposta, na mesma toada de Diamantina: "Os pastores desta aldeia já me fazem zombaria, por me ver assim tão triste, sem a vossa, sem a vossa, sem a vossa companhia (assinado) Juscelino Kubitschek, prefeito municipal".

E haveria outras histórias de Juscelino para contar, mas estou devendo a você uma explicação, porque não ouso alongar mais esta missiva. O caso é que, quando fazia meus exercícios de crítica um tanto bissexta, conforme já foi dito, nenhum livro seu saiu do prelo, homem preguiçoso. Se saísse, eu não deixaria de escrever sobre, e menos mal do que o faria hoje, se possível me fosse. O certo é que perdi já o hábito, e não creio que o recupere, desde que, em mim, o contador de histórias do Brasil se profissionalizou, tudo avassalou e acabou por devorar o crítico. Verdade é que a imagem do poeta, meu irmão mais moço e já hoje irmão mais velho de meus filhos, com eles formando a álacre família dos Buarque de Moraes, continuo a tê-la tão presente, que a vou encontrar, não raro, nos próprios livros que minha profissão me leva a consultar. Quantas vezes me surpreendo a tentar descobri-la até naquele retrato de seu tetravô Mello Moraes (A. J. de) que tenho, junto à portada de sua *História do Brasil-Reino e Brasil-Império*! E você me perdoe se eu jurar, como juro, que até encontrei alguma parecença entre os dois por trás das barbas mais que patriarcais do velho. (Não tanta, é verdade, como a que achei entre o nosso Tom e o retrato, que também tenho comigo, do conselheiro Jobim, o qual foi médico de sua majestade o imperador, que Deus guarde. Pois apesar das muitas rugas do conselheiro, ou mesmo com ruga e tudo, o que ali há, como se diz, é cara de um, focinho do outro.) Também travei algum conhecimento, menos do que com o tetravô, com um dos filhos dele, o que foi folclorista ou coisa parecida, mas tive muitas notícias, contadas ao Prudente e a mim pelo velho Alberto de Oliveira. Sim, pelo mesmo Alberto de Alma em Flor, que costumava chamá-lo de "seu" Mellinho da Gávea. Creio que não é bisavô, mas já que falo em flor direi que é Mello Moraes também.

Em compensação tive o prazer de deparar, no elenco de seus avoengos, com um nome que sempre me intrigava muito, quando lia que foi o ouvidor desta capitania de São Paulo, já antes da Independência e que pertenceu à junta de governo desta dita capitania que substituiu o capitão-general Marquez de Alegrete. Chamava-se apenas d. Nuno Eugênio Lossio e Seiblitz, e parece que, com esse nome solene e positivamente impronunciável, como convém a personagem de tão subida categoria, acabou indo parar em Alagoas, ou melhor, "nas Alagoas", como então se dizia. Naturalmente com muita honra para o venerando A. J., delas natural, conforme não deixa de advertir-nos. E eis como, do mesmo Seiblitz, que outrora só conhecia de nome — e que nome! —, de súbito me fiz íntimo, por artes de quem recebe esta carta.

Não podendo, como não posso, escrever de autores ou, se teimasse em escrever, o resultado ficaria muito abaixo do homenageado, contentei-me aqui em contar um punhado de lembranças, que sempre guardarei, daquele que consegue sentir, e compor, e cantar e viver uma poesia das mais altas desta terra e deste tempo.

DO IMPÉRIO À REPÚBLICA

O PÁSSARO E A SOMBRA

O poder pessoal

PEDRO II E JORGE III

É sobretudo durante a guerra que alguns ministérios parecem o reflexo da vontade imperial, e é quando mais desabusadas se fazem as críticas ao poder do monarca. Durante a questão com o Estado Oriental, quando no poder o Ministério Furtado, essa crítica, outrora predominantemente liberal, ganha terreno entre os conservadores da velha guarda. Um desses, aludindo, em carta a Nabuco, à campanha movida pelos do Progresso contra o Gabinete, aliciado na ala dos "históricos", adverte contra a inutilidade do combate ao Ministério por parte dos que simulam ignorar a entidade suprema, que tinha a maior culpa no sistemático falseamento do regime representativo. "É preciso", dizia, "que se atire ao pássaro e não à sombra, e que levemos o responsável, o autor, ao grande tribunal da opinião pública."

Todavia não eram novidade as invectivas contra o "poder pessoal" do monarca. Elas principiaram, de fato, na primeira década da Maioridade. Inicialmente, criticou-se a política "de reposteiro", acusando-se os áulicos de se valerem do imperador para fazer prevalecer sua vontade. Pouco depois, porém, é o imperador que se vê acusado de servir-se dos áulicos. A mudança foi fixada por Melo Matos em escrito de 1870. Referindo-se ao célebre panfleto de Firmino Rodrigues Silva, dizia o autor:

A expressão "facção áulica", porém, é empregada neste panfleto de 1847 em um sentido absolutamente diferente do que a circular do sr. Teófilo Otoni e a biografia do senador Furtado emprestaram à mesma expressão. Com efeito, o panfleto de 1847 representa o imperador subjugado pela facção áulica; nas outras duas publicações o imperador é apresentado como o chefe da facção, dirigindo-a e empregando-a apenas para realizar suas impenetráveis vontades.

O opúsculo de Firmino é de 47; de 60 e 67 são respectivamente a circular de Otoni e o livro de Tito Franco de Almeida. Quer dizer que, por volta de 60, se tinha completado a evolução.

Entretanto, já em 1849 surgira pela primeira vez a lembrança de comparar o jovem imperador ao rei Jorge III da Inglaterra, que pretendera ultrapassar a limitada esfera de ação traçada aos monarcas ingleses depois de duas revoluções vitoriosas, e o símile passará a ser obrigatório, nas críticas à prática do regime ao longo de toda a história do Império. Antes de cristalizar-se na Inglaterra a interpretação whig da história do reinado do terceiro rei da dinastia de Hanôver, certos estereótipos criados pela oposição a esse monarca poderiam ter sido tomados, por exemplo, de passagens de Walpole e talvez de trechos de Burke, diretamente ou através de publicistas britânicos, e também franceses do tempo de Luís Filipe, e utilizados como arma contra o alargamento dos poderes da Coroa. Alguns, no Brasil, se satisfariam, no mesmo intuito, com ilustrações tomadas, por exemplo, a Cesare Cantù, cujo liberalismo católico facilmente granjearia adeptos, e cuja *História universal*, acabada de publicar-se em 1846, irá ser, com a *Revue des Deux Mondes*, inesgotável repertório de dados aplicáveis a qualquer situação política pelos nossos homens públicos do Segundo Reinado.

O PODER PESSOAL

Com o tempo, muitos dos argumentos usados pela oposição inglesa a Jorge III pareceram altamente prestativos na polêmica dirigida contra o "poder pessoal" de d. Pedro e anexaram-se em definitivo ao nosso folclore político, independentemente da filiação partidária dos que deles se valiam. Não custava, por exemplo, invocar exemplos como o de Lord Bute, a propósito de nossa facção áulica dos tempos em que d. Pedro ensaiava os passos na arte de reinar. Paradoxalmente, as primeiras arremetidas contra os "amigos do rei" partiram, aqui, dos conservadores, que se intitulavam, e neste caso por uma inspiração francesa, o Partido "da Ordem", o que é explicável quando se tenha em conta que os manejos dos "áulicos" se fizeram mais clamorosos durante o "primeiro quinquênio liberal". É efetivamente de uma trincheira saquarema que sai o panfleto sobre a dissolução do Gabinete de 5 de maio, primeiramente impresso em 1847, e atribuído durante algum tempo a Bernardo de Vasconcelos e até a Honório Hermeto, antes de se identificar seu verdadeiro autor, Firmino Silva.

Logo depois, porém, com a ascensão do Ministério de 29 de setembro de 1848 (visconde de Olinda), os *disjecta membra* da seita "luzia", que passavam agora para a oposição, tratam, por sua vez, de retomar as armas que utilizaram antes os seus contrários, e pela pena de Timandro, que aliás colaborara ativamente com os "áulicos" e destes fora protegido, lançam-se contra os que deram ensejo ao triunfo dos conservadores. O alvo tinha mudado, porque desta vez os "amigos do rei" já não são mais Aureliano Coutinho e seus companheiros do Rio da Joana, mas o visconde de Macaé e o dr. Cruz Jobim, que passavam por emissários solícitos da "patrulha" saquarema junto ao Paço de São Cristóvão. Tinham mudado também as posições respectivas do rei e dos palacianos. Dissera-se antes que d. Pedro se prestara a servir à política destes; agora começaria a apegar-se aos áulicos para deles obter um acréscimo de poder. É ao menos o que sugere a evocação de Jorge III no *Libelo do Povo*.

As primeiras críticas à chamada "facção áulica" tinham surgido a propósito da retirada do Gabinete de 23 de janeiro de 1843, quando o imperador não quis anuir à exigência de Honório Hermeto, o titular da Fazenda (e de Estrangeiros), e já, por assim dizer, primeiro-ministro — embora só mais tarde surja no Brasil a figura do presidente do Conselho —, no sentido da demissão de Saturnino de Oliveira de inspetor da Alfândega. Posteriormente, e em mais de uma ocasião, tentará o imperador justificar a atitude que tomara na ocasião, dizendo que, se anuísse à exigência, seria tido como fraco. Numa das suas anotações à margem da biografia de Furtado, escreve: "Ninguém influiu no meu espírito para assim proceder e, depois que meu caráter foi conhecido, eu teria acedido...". Cabe, no entanto, um reparo a este comentário: a influência julgada prepotente sobre o ânimo do monarca adolescente não era a de Honório Hermeto, mas a de Aureliano Coutinho, irmão do funcionário que este quisera demitir. Em todo caso, a tentativa de explicação do imperador já sugere a força e prematuridade de seus zelos de independência. Só cede verdadeiramente aos ministros, quando, e porque, já eles estão cientes de que seu ceder não é prova de fraqueza. Cede como quem concede e tem autoridade para não precisar mostrar que a tem.

A ERA DA TRANSAÇÃO

A conciliação de 1853, inaugurando a época da transação, segundo o nome que lhe deu Justiniano José da Rocha, se por um lado entorpece a fúria das contendas partidárias, deixa, por outro, liberdade mais ampla à Coroa na escolha dos ministros. Durante treze anos, a contar de 1850, não houve necessidade de recurso às dissoluções da Câmara (a última fora decretada em 1849), a princípio por causa do desbarato dos liberais ou luzias, que deixou os conservadores ou saquaremas donos quase incontestados da situação, depois porque praticamente tendia a esvair-se, graças à iniciativa conciliatória, muito aprovada por Sua Majestade, a linha divisória entre ministeriais e oposição. Resultava, do meio dessa política sonolenta, sobressair-se a Coroa que, dispensada de atender ao jogo das facções, era convertida em fator decisório por excelência. Tentou-se golpear o poder das oligarquias provinciais com a introdução do sistema de eleições por distritos de um só deputado (lei nº 842, de 19 de setembro de 1855), logo atenuado nos seus efeitos pelo dos círculos de três deputados (nº 1082, de 18 de agosto de 1860), mas nada impedia, ao contrário, que se desenvolvesse um poder oligárquico centralizado, que ia girar em volta de São Cristóvão. A disputa entre facções mudara-se na disputa pelos favores do Paço.

Todavia a vantagem que tirava aparentemente a Coroa da eliminação das contendas partidárias tinha seu reverso necessário. Uma vez que os sucessivos governos não surgiam naturalmente delas, era fácil à oposição dirigir suas baterias contra o poder que, já agora ostensivamente, fazia e desfazia governos. O próprio d. Pedro ii, se alguma vez alimentou ilusões sobre as consequências que poderia retirar do desaparecimento ou deterioração das forças políticas, acabou convencendo-se do contrário, quando já em fins da década de 1850-60 começou a desenvolver-se uma oposição crescente contra os "instrumentos" da Coroa, os cortesãos, contra a própria Coroa. A Caxias, que pouco tempo depois lhe observou como a falta de partidos organizados lhe era favorável, retrucou que muito se enganava: não existindo partidos organizados, as acusações iriam recair sobre ele próprio. Porque, acrescentava, sempre se procura alguém "sobre quem descarregar a própria responsabilidade, sobretudo quando a falta de juízo é muita".

A POLÍTICA AUSTRÍACA

É significativo que justamente por essa época começa a tomar impulso novo a imprensa satírica onde se põem a ridículo os "validos" do Trono e ao cabo a figura do imperador. Esse tipo de oposição é representado, principalmente em 1859, por publicações como o *Charivari Nacional*, e logo depois o *Charivari*, que ambos tentam seguir o mesmo modelo parisiense. Em 1860 um fogoso liberal da Bahia, Landulfo Medrado, serviu-se do pretexto da viagem do imperador às Províncias do Norte do Império e das cortesanias a que dera lugar, para desenvolver com desusada virulência uma crítica aos que, esquecidos da origem popular da única Monarquia americana, só queriam cobri-la das "faustosas e mal ajeitadas vestes das velhas monarquias europeias". Ainda que em algumas páginas o autor chegue confusamente a apelar para a solução revolucionária, em outras parece inclinar-se de preferência para os métodos pacíficos, nascidos da calma reflexão e do resoluto intento de se corrigirem os erros do presente.

Sem outro mérito que não fosse aparentemente o de atender a um apelo do momento, esse escrito que se pretende, já no próprio subtítulo, um "ensaio político sobre a situação", não se atém ao figurino satírico difundido a partir de 1859 em alguns periódicos. Talvez por isso incomodou a amigos da situação. Impresso na província depois de várias dificuldades, especialmente com uma tipografia que, por ter "relações tão especiais com o governo", achou de melhor alvitre destruir a primeira edição, levando o autor a valer-se de outro estabelecimento que a reimprimiu, foi logo reproduzido na Corte pelo *Diário do Rio de Janeiro*, agora sob a direção de Saldanha Marinho. É verdade que saiu no jornal veterano com a advertência de que não se responsabilizava este pelas opiniões do autor, considerando-as errôneas e de fatais consequências: cautela inútil do futuro republicano, que se assim fosse não precisaria contribuir para a maior divulgação do texto subversivo. Três folhetos pelo menos, ao que se sabe, saíram prontamente em defesa das instituições rudemente criticadas pelo foliculário: um de Justiniano José da Rocha, jornalista talentoso, mas um tanto desacreditado, Pinto de Campos, o inflamado áulico, e por fim um terceiro, o médico e deputado Davi de Canavarro, bisonho libelista contra libelos e que nada tem a ver com o general quase homônimo.

Denuncia Medrado especialmente o que lhe parece uma insidiosa manobra da Corte: a desmoralização sistemática dos partidos para que só um indivíduo se salve do naufrágio geral. Já descrente dos *outros* seus delegados, descrente de si, se decidiria a nação a abdicar de sua soberania nas mãos do único poder que não se maculou, na pessoa "inviolável e sagrada". Para isso cunha o autor uma fórmula: chama-lhe "política austríaca". Numa época em que Francisco José, com a derrota de Solferino, acabava de relaxar um pouco seu regime autocrático, evitando, embora, o uso da palavra "constituição", a fórmula não tinha muito sentido, pois o que Landulfo quer retratar é a afirmação crescente do poder pessoal do chefe de Estado que busca emergir todo-poderoso da ruína dos partidos. Nem d. Pedro tem semelhança com o primo vacilante e birrento, nem a verdadeira política austríaca era suficientemente conhecida do grande público para garantir, no Brasil, a popularidade da fórmula. O mais provável é que o paralelo tenha sido sugerido pelas ligações de família entre os dois imperadores: filho de uma arquiduquesa, o brasileiro era neto de Francisco i da Áustria, como Francisco José e também como Maximiliano, que andava, por sinal, na Bahia, ao tempo em que se compunha o panfleto.

O fato é que as glosas à política "austríaca", atribuída a d. Pedro ii, não impressionaram por muito tempo o público, contrariando previsões de Justiniano José da Rocha.

"É a primeira vez que semelhante expressão aparece: não duvidamos que seja aceita", escreveu o insigne jornalista. Apenas o nome de seu autor, panfletário e durante algum tempo deputado geral por sua província, passou a exercer singular sedução sobre várias gerações de políticos liberais. Dele muito esperaram os adversários das oligarquias e do poder pessoal do monarca, mas pouco sobreviveu à publicação do panfleto. Efetivamente, no mesmo ano em que sai o opúsculo sobre "os cortesãos e a viagem do imperador", o ano também da "circular" de Otoni, sua voz cala-se para sempre. A razão de uma celebridade, que de outra forma não se explicaria para o leitor de hoje, devia estar no ter sabido exprimir no momento certo um sentimento de que muitos partilhavam.

IMPERIALISMO

Mas se aquela sua "política austríaca" não encontrou a repercussão que se tinha esperado, um outro nome — "imperialismo" — alcançará longevidade incomum e servirá, mesmo depois da República proclamada, como um dos designativos prediletos para o famoso "poder pessoal" do imperador do Brasil. Nesse sentido especial nada tem a ver, como seria possível pensar, com a política imperial no Prata, que muito denunciada, embora, pelos propagandistas da República, estaria mais de acordo com o uso moderno da palavra. No Brasil já se fala em "imperialismo" como sinônimo de "poder pessoal" do imperador, durante a década de 1860-70, ao passo que o significado hoje mais usual dessa palavra só vai surgir, segundo alguns historiadores, depois de 1890 na Inglaterra.[1] Outros, que procuraram data mais recuada para seu aparecimento, não a encontram, em todo caso, antes de 1878,[2] localizando-a igualmente na Inglaterra. Tendo aparecido no Brasil em era mais remota ainda que com outro sentido, não quer isso dizer que seja

O PODER PESSOAL

criação original. Como tantas outras palavras de nosso vocabulário político, durante o Império, essa é de procedência francesa. "Imperialismo" também significava, na França, o poder pessoal de Napoleão III, depois de ter designado simplesmente o partido desse imperador, em contraste com os partidos do rei — legitimista e orleanista — e o republicano.

No Brasil, e em 1867, denunciava Tito Franco de Almeida, o biógrafo do conselheiro Furtado, a existência de uma esfinge que ia "arruinando o Império desde Marabitanos e Cabo Branco até Castilhos e Javari. Imperialismo chamo-a eu". Mas embora o autor pareça com essas palavras aspirar à glória do achado, o certo é que já com antecedência de alguns meses havia saído na Corte, do prelo da Laemmert, um folheto anônimo intitulado *A revolução e o imperialismo*, que erradamente se atribuiu a A. C. Tavares Bastos. Tinha a data de 1866. Mas já em 1865 aparecera, também no Rio, impresso pela Tipografia Perseverança, outro escrito, igualmente anônimo, porém de autoria do deputado A. A. de Sousa Carvalho, que trazia o título de *O imperialismo e a reforma*. O ano 1865 bem pode ter sido aquele em que a palavra se introduz no Brasil, dado que na França, como sinônimo de "poder pessoal" do chefe de Estado, ela toma corpo aproximadamente com os clamores que suscitara a dispendiosa aventura mexicana de Napoleão III, forçando este afinal a tentar substituir pela chamada "monarquia liberal" o inveterado cesarismo dos Bonapartes.

Desses panfletos, se o primeiro e o último, escritos respectivamente por um liberal histórico e um "liberal" que muitas vezes está mais perto dos conservadores, dão ambos sentido depreciativo à expressão, designando por meio dela a abusiva hipertrofia do poder do chefe de Estado, o de 1866, embora sem que precise o autor o que entende por ela, pois emprega-a no título apenas, não no texto, o que pede é exatamente essa hipertrofia. Segundo o anônimo, que é refratário a qualquer filiação partidária, nada praticamente se salvava no país, a não ser o imperador. É em suma a teoria que Landulfo expusera seis anos antes, mas para condená-la, ao passo que o novo libelista trata de coonestá-la por julgar d. Pedro o "mais brasileiro dos brasileiros, o mais liberal dos liberais". Não quer isso dizer que seja ele próprio um adepto do liberalismo tal como geralmente se entende essa palavra. Aceita de bom grado o rótulo, mas reclama de d. Pedro que se desfaça das forças políticas que tradicionalmente o cercam — "mate por vez o filhotismo conservador, progressista ou liberal" — para enfim governar entre os aplausos da multidão. Também aceita a base democrática para as instituições nacionais, mas o que deseja é uma democracia plebiscitária, através de nova investidura popular, que situe o imperador, não os partidos, não os ministros, não o Parlamento, à origem de todas as decisões políticas.

O folheto ilustra bem certa mentalidade que começara a difundir-se no Brasil, e não só no Brasil, durante a década que se iniciou em 1850, principalmente no meio militar, impressionado diante da boa fortuna aparente, e ainda não refutada pelos fatos, do Segundo Império francês. Só ao entardecer da Monarquia brasileira é que ela se alastrará mais facilmente entre elementos civis, mas agora já não servirá para fortalecer a posição do imperador, identificado cada vez mais como parte ou causa na corrupção geral. Baseados em casos comprovados de malícia ou inépcia de homens públicos, os representantes dessa mentalidade formulam uma imagem genérica e homogênea do inimigo a combater, que não precisa corresponder à realidade, mas funciona facilmente como bode expiatório para todos os ressentimentos individuais ou coletivos, inclusive os que resultam do crônico atraso nos pagamentos dos soldos ou da demora nas promoções. Os que assim pensam não estão longe de julgar que um poder muito diluído e sujeito a contestações tende a corromper-se, ou a corromper, ao passo que o poder discricionário, concentrado em uma só ou em poucas mãos, é menos suscetível de cair em erro. Por serem mais puras as mãos?

Nessa curiosa inversão de um famoso conceito de Lord Acton pode estar a origem de todos os despotismos. Mesmo quando usa a capa do liberalismo, como se vê em *A revolução e o imperialismo*, numa época em que liberais eram os padrões políticos de maior crédito. Seria ilusório querer relacionar a ideia central desse panfleto com as de José de Alencar, por exemplo, apesar de certas semelhanças de superfície. Do José de Alencar de antes de 1870, bem entendido, de antes do malogro das pretensões à senatoria. Nas *Cartas de Erasmo*, publicadas, por sinal, naquele mesmo ano de 66, o que se quer é que exerça, enfim, o imperador as atribuições que lhe competem, isto é, tanto as do Poder Moderador, a ele delegado privativamente, como as de chefe do Executivo e primeiro representante da nação. Todas se acham estatuídas, aliás, na Constituição do Império e são esposadas pelas alas intransigentes do Partido Conservador, tendo como lema a fórmula de Itaboraí: o rei reina, governa e administra. O que está longe de ser autorizado pela Constituição é a fórmula de Thiers, segundo a qual o rei "reina e não governa". No entanto, foi essa fórmula introduzida no Brasil em 1841 por dois representantes ilustres de ambos os partidos: a 19 de maio, na Câmara dos Deputados, pelo liberal Antônio Carlos[3] e, exatamente dois meses depois, a 19 de julho, pelo conservador Justiniano José da Rocha na gazeta *O Brasil*, que dirigia.

Convém notar, a propósito do "imperialismo", que não era este um termo unívoco, pois tanto podia indicar a hipertrofia do poder imperial como as pessoas ou o partido que parecessem dar respaldo à ação do imperante. O biógrafo do conselheiro Furtado declarava, por exemplo, em seu livro, que pretendia reconhecer e denunciar com esse nome a causa "verdadeira e única da decadência política e social do país, embora deva incorrer no *anathema sit* de todos os cortesãos (ou que se presumem tais) passados, presentes ou em perspectiva, quer nascidos de sangue azul (espécie que não reconheço no Império), quer *parvenus* ou fidalgos em caricatura". Linhas adiante ainda nota que "o imperialismo é o que Chattam qualificava de influência perversa e Rockingham de desastrosa e maléfica. Idêntica a causa, idêntico o efeito no Brasil". E ao abordar a ascensão em 1841 dos conservadores, sucedendo ao Gabinete liberal da Maioridade, atribui o acontecimento a mero capricho do imperialismo.

D. Pedro, que anotou copiosamente seu exemplar do livro, escreveu à margem desta última passagem: "Se o imperialismo não é o imperador, mas o partido que se serviu da inexperiência dele, concordarei, embora cumpra recordar os erros cometidos pelo Ministério da Maioridade, ou antes por alguns de seus membros, e as discussões que houve antes de ser dissolvida a primeira Câmara da Maioridade". O biógrafo admitira esta inteligência da palavra, mas em alguns lugares também aponta o imperador como o principal responsável pelos vícios que corroem a vida política no país. Se não os acalentasse a Coroa, como poderiam crescer e vicejar? A respeito pode-se ter presente o que disse também Melo Matos da chamada "facção áulica": antes afirmou-se que se servira do imperador; mais tarde pretendeu-se que os áulicos serviam ao imperador.

Nos últimos tempos da monarquia vai prevalecer com frequência a última interpretação. Cada vez mais passam a ser acusados do crime de imperialistas os homens ou facções sobre cujos ombros d. Pedro parece fazer descansar a sorte do trono, ou os que sustentam, contra quem tente subverter, a ordem estabelecida. E como o decisivo predomínio, tanto na Casa vitalícia como no Conselho de Estado, pertence a conservadores que, instalados nessas altas posições, podem estorvar medidas que não sejam do gosto do monarca, é natural que o rótulo fosse aplicado de preferência aos grandes expoentes do partido da "Ordem". Imperialistas passavam a ser, em suma, os homens do imperador, e na sua concisão sugestiva e cômoda servia a palavra à polêmica antimonárquica. O último a usá-la nessa acepção será provavelmente o conselheiro Rui Barbosa, na introdução de 1921 aos volumes onde reuniu seus artigos sobre a queda do Império.

AS CONTRADIÇÕES DO SISTEMA

É também no ocaso do Império que vão aparecer mais nitidamente as contradições de um sistema pretensamente parlamentarista, mas onde a decisão última cabia ao chefe de Estado, que em algumas oportunidades a tomou de forma ostensiva. De vez que a explicação para a queda de um Ministério, que dispunha de maioria na Câmara, ou para a sustentação de outro que a não tinha, era dada, quando muito, a círculos restritos, e não resultava, senão raramente, de acurada investigação ou debate de órgãos responsáveis, ficava o imperador, que não respondia perante ninguém, erigido em juiz único e sem apelo de sua conveniência. Podia acontecer que, para salvar as aparências, "houvesse por bem" Sua Majestade pedir a convocação do Conselho de Estado antes de adotar a medida. Tratava-se, contudo, de simples formalidade, pois que as consultas não alteravam necessariamente uma decisão já tomada, e o discutido deveria ficar entre quatro paredes. Sabia-se, e foi ultimamente dito, que fossem quais fossem os pareceres dos conselheiros, o que acabava por prevalecer era a vontade imperial. Mesmo se contrariassem essa vontade, não mudariam a decisão final, e o decreto rezava invariavelmente: "[...] tendo ouvido o Conselho de Estado, hei por bem dissolver a Câmara dos senhores deputados".

Em parte é impossível separar a preeminência quase tranquila da vontade do monarca de vestígios ainda persistentes do velho princípio de que, pela simples filiação ou pela unção real, dispõe o soberano de uma espécie de poder sagrado, de qualquer forma sobranceiro a razões humanas e que, por si só, lhe dá força para convalidar suas decisões pessoais. Por outro lado, é fora de dúvida que, mesmo adotando o regime monárquico, o Brasil fora e continuava a ser afetado pelas consequências de um longo esforço intelectual tendente a eliminar da coisa pública esses créditos ao sobrenatural e ao arbitrário, que procuram intervir de modo negativo sobre uma sociedade política, agora edificada em bases racionais e modernas. É verdade que o chefe supremo da nação era solenemente declarado imperador "pela graça de Deus e unânime aclamação dos povos", mas justamente o dualismo equívoco dessa fórmula, inscrita já à página inicial da Carta outorgada, pôde permitir que não se dê à sua primeira parte senão valor comparável ao de certos sinais de cortesia ou respeito exterior mantidos apenas por uma convenção ancestral.

Nem os conservadores mais intemeratos pensavam, entre nós, de outra forma,[4] e deles, tanto quanto dos liberais, procedem muitas das recriminações crescentes contra o chamado poder pessoal do monarca. Quando, em 1884, o conservador Ferreira Viana apostrofou com violência inusitada o "príncipe conspirador", "César caricato", seu principal alvo era a constância com que o imperador se valia, sem razões plausíveis, do recurso extremo das dissoluções da Câmara: "Quarenta anos de usurpações bem--sucedidas, de liberdade constitucional quase suprimida, terão talvez animado o poder até fazê-lo arrostar a opinião pública do país e desferir sobre a Câmara o golpe mortal da dissolução". Aludindo ao trabalho sistemático do chefe da nação para debilitar os partidos, com o fito de impunemente governar sobre os destroços da opinião pública, teve o cuidado, o orador, de precisar que a ninguém envolvia na denúncia, fazendo-a em nome pessoal, sob sua própria e exclusiva responsabilidade; teve de imediato o apoio de seus correligionários, principalmente de Andrade Figueira,

O PODER PESSOAL

o mais irredutível dos conservadores fluminenses, que exclamou: "Pode associar também a minha".

Dissipada a auréola sagrada do monarca, em que ninguém acreditava seriamente, o normal era que as decisões da Coroa fossem ressentidas de todos os lados como atos perfeitamente caprichosos e, mais do que isso, nefastos ao bom funcionamento das instituições. Ao cabo de algum tempo, sua reiteração excessiva tomava o aspecto de fastidiosa e monótona pantomima. De um dos ministros do 24 de maio dizia-se, por exemplo, que despedido o efêmero Gabinete, desabafou ante os amigos, exclamando: "Acabou-se a farsa. Estamos demitidos". De outro, que pertenceu ao Ministério Itaboraí de 16 de julho, constou que teria declarado logo em seguida à renúncia coletiva resultante de uma verdadeira conspiração do Paço: "O imperador já não nos podia tolerar".

As mudanças intempestivas de governos, motivo de eternas especulações nas gazetas, nas tribunas, na praça pública, por se prenderem a motivos insondáveis, quando não eram atribuíveis aos simples fastios do imperador, cansado de despachar todas as quartas-feiras e sábados com os mesmos homens, haviam de deixar um rastro de insatisfação que não atingia apenas os que se julgassem preteridos pelo arbítrio da Coroa. Por ocasião das dissoluções, que a todos indiscriminadamente ameaçavam, porque se hoje feriam os conservadores, lembravam aos liberais que a vez deles podia vir amanhã, devia agigantar-se o desalento. Segundo os costumes políticos que se introduziram com o Segundo Reinado, não segundo a Constituição, a arma visava sobretudo a mudar ou manter alguma situação partidária, a critério sempre do poder irresponsável. Na última fase do Império, longe de amenizar-se, à vista de clamores como os de 68, pode dizer-se que se tornou, ao contrário, mais insistente o recurso a ela.

O fato é que, entre meados de 1868 e fins de 1889, todas as legislaturas, menos uma, vão ser interrompidas pela medida extraordinária. Nesses 21 anos só completarão normalmente seus mandatos os deputados para a 15ª legislatura, eleitos, aliás, para a preservação do Ministério Rio Branco das consequências de um repto da oposição conservadora que se separara do governo. A última Câmara da Monarquia, que deveria corresponder à 21ª legislatura, tendo resultado das eleições de 31 de agosto de 1889, durante o Ministério liberal do visconde de Ouro Preto, também vai ser dissolvida abruptamente. Desta vez, entretanto, por efeito de um movimento sedicioso que, segundo a primeira intenção de seu chefe, visava apenas a mudar o Gabinete, mas acabará deitando por terra a Monarquia.

SOBERANO POPULAR E SANÇÃO DIVINA

É nas duas décadas anteriores à proclamação da República que mais claramente sobem à tona numerosas contradições íntimas do sistema político do Império: contradição entre o princípio moderno da soberania popular e o da sanção divina; entre um sistema nominalmente representativo e a carência de verdadeira representação; entre um regime de natureza aristocrática e a inexistência de aristocracias tradicionais; entre um liberalismo formal e a falta de autêntica democracia; finalmente entre uma Carta outorgada, de cunho acentuadamente monárquico, e uma Constituição não escrita que pende para o parlamentarismo. A presença de alguns desses contrastes não constituiria uma novidade, pois não faltam na história das nações modernas exemplos de como eles podem por algum tempo coabitar; a novidade está em terem conseguido equilibrar-se tão longamente, quase três quartos de século, e em tamanha profusão, em terra onde tudo pareceu conspirar, desde o começo, contra sua sobrevivência.

A própria Carta constitucional do Império já oferece problemas embaraçosos, cuja solução se presta a infindáveis controvérsias. De conformidade com o artigo 102, para citar um exemplo, o imperador é o chefe do Poder Executivo e o exerce através dos seus ministros de Estado. Mas o artigo 99 declara que a pessoa do imperador é inviolável e sagrada, não se sujeitando a responsabilidade alguma. A dificuldade de dissociar de uma ação, com todas as suas consequências, aquele que a exerce legalmente, tentariam alguns resolvê-la, pretendendo que a chefia seria puramente honorífica, e então toda iniciativa cabe aos agentes que, assim, justamente, podem responder por elas. Nessa direção procura argumentar o liberalismo mais consequente. Houve também quem tentasse superar o obstáculo julgando que o chefe apenas preside, inspeciona ou fiscaliza os ministros quando agem em seu nome, mas aqui já se introduz um non sequitur. Outros finalmente entendem que o imperador, ainda que irresponsável, também decide, envolvendo-se no governo ativo, e é preciso confessar que nada se opõe na Carta de 24 a este modo de ver.

Além disso, como a Carta não estabelece, mesmo para os ministros, uma responsabilidade política, pois a responsabilidade que estipula é simplesmente criminal, parece claro que seus autores não previram a exigência da confiança da maioria parlamentar para que se mantivesse um Ministério. Em discurso de 2 de agosto de 1869 na Casa vitalícia, o barão do Bom Retiro não toca neste último ponto, quando, ao abordar a questão da responsabilidade dos ministros, só toma conhecimento da responsabilidade criminal. Ao dia seguinte, porém, falando também no Senado, o conselheiro Nabuco de Araújo reporta-se à oração de seu colega para advertir que, segundo os "usos modernos do sistema representativo", se entende como responsabilidade dos Ministérios a responsabilidade política, traduzida pela censura parlamentar. Em todo caso, prossegue, "o que queremos é que a Coroa fique resguardada pela responsabilidade dos ministros, qualquer que ela seja, moral, política ou legal". O fato, porém, é que nem todos, a começar por d. Pedro II, pareciam confiar na bondade desses "usos modernos" que eram os do parlamentarismo inglês.

É mister redizer que, embora o primeiro imperador tivesse anunciado que sua Carta constitucional haveria de ser "duplicadamente mais liberal" do que o projeto de 1823, tudo mostra que seus autores tiveram muito mais presente o espírito da Carta francesa de 1814 do que os princípios do parlamentarismo da Inglaterra. O próprio Benjamin Constant, em cuja doutrina largamente se inspiraram os homens de 24, entre nós, se achava ainda estreitamente ligado ao ideal da distinção dos poderes, incompatível com a prática do sistema parlamentar e não chegou assim a desenvolver cabalmente uma teoria da responsabilidade dos Ministérios. E Royer-Collard, o "filósofo" da *Charte*, pretendera expressamente, em 1816, que os ministros são ministros do rei, não ministros da Câmara. "É uma ideia ao mesmo tempo francesa", dizia, "e constitucional, essa de que o rei há de governar o seu reino e de falar e agir por intermédio de seus ministros, salvo quando os atos e palavras destes contrariem a lei do Estado."

Assim pensava o Royer-Collard de 16 e assim o julgaram muito provavelmente os nossos constitucionalistas de 24, embora não se pudesse dizer do francês que tivesse uma doutrina monolítica. No meio das cambiantes oferecidas pela *Charte* a que se resignou o legitimismo contrarrevolucionário dos Bourbons, havia sempre onde buscar soluções que se adaptassem às circunstâncias mutáveis. Assim é que pelo ano de 26, após a ascensão de Carlos X, mais inflexível do que seu antecessor, o próprio filósofo da Carta de 1814 já se inclina para a teoria dos Ministérios politicamente responsáveis. A vantagem desse sistema se imporia na França principalmente depois de 30, sob Luís Filipe, embora a lei fundamental não falasse em responsabilidade política dos ministros, repetindo apenas, nesse particular, dispositivos da *Charte*, de que é apenas uma revisão. As dúvidas suscitadas em torno da latitude dos poderes da Coroa suscitaram-se ali de imediato e irão tomando vulto até a queda do rei-cidadão, menos de vinte anos depois.

A TEORIA DO PODER MODERADO

No Brasil, a prática do governo das maiorias, que não vem da Constituição, principia a ser tentada por volta de 1837, dando margem às mesmas incertezas, que persistirão sem mudança sensível através de meio século e mais. Ainda existiu aqui, além dos três poderes clássicos, um quarto, inspirado, como se sabe, por Benjamin Constant, que o declarara implícito em todas as Constituições verdadeiramente liberais e a que deu o nome de poder neutro ou real. Pela Constituição imperial brasileira ele se torna explícito, e passa a chamar-se Moderador. Até aqui não se altera substancialmente o espírito do original, porque no texto de Constant o poder real tem função mediadora, tutelar, moderadora (não ativa, imperante e reguladora, como o Executivo). Entretanto, os autores da Carta de 24 decretam que o Moderador é a "chave de toda a organização", ao passo que o tratadista que os inspirara dissera que a chave de toda a organização política é a *distinção* entre esse poder e o Executivo. A questão também não é muito importante à primeira vista, porque o próprio Benjamin Constant, apesar de seu liberalismo, também situa o rei no vértice do sistema. Mas o fato de nossa Constituição não marcar com ênfase a diferença entre um poder neutro e outro ativo dará lugar a dúvidas, sobretudo porque a linha de separação entre ambos deve parecer menos nítida a homens pouco afeitos à inovação.

No entender de Benjamin Constant, os ministros haveriam de dispor, até certo ponto, de um poder que propriamente lhes pertence e não devem considerar-se agentes meramente passivos ou cegos, porque, se assim for, sua responsabilidade, mesmo limitada, será injusta e absurda. Ou então só serão responsáveis perante o monarca, pela execução de ordens recebidas, mas isso não está na Carta constitucional. Diz ela que são responsáveis perante a nação pelos delitos praticados, e ainda estipula expressamente que nem os pode salvar dessa responsabilidade uma ordem do imperador, vocal ou escrita. Para o inspirador francês — ou mais exatamente suíço — da Constituição brasileira de 24, o poder ministerial, emanado embora do real (moderador), passa a ter depois vida própria e separada deste, que fica neutralizado. Com a distinção, assim marcada, entre um poder ativo e responsável e outro neutro, investido de inviolabilidade, desapareceriam as dificuldades que passariam a ter os intérpretes de nossa Constituição a esse respeito.

No entanto, apesar do empenho que pusera Benjamin Constant no distinguir os dois poderes, existiu constantemente no Brasil, e até o fim da Monarquia, uma tendência para sua confusão. Isso não se dá apenas com alguns conservadores que, pela boca de Itaboraí — embora não se pudesse falar exatamente em doutrina deste ou daquele partido —, queriam um imperador agente, mas também com bom número de liberais. Montezuma que, embora sem filiação partidária claramente definida, era muitas vezes mais radical do que os antigos luzias, havia dito, antes mesmo de Itaboraí, que o rei reina e governa. E Tavares Bastos, que formava, como hoje se diria, na ala esquerda do Partido Liberal, parece ter pensado dessa forma, ao menos durante algum tempo. Furtado, por sua vez, sustentou que a fórmula célebre de Thiers, de que o rei reina e não governa, era inaplicável no Brasil. Quanto a Zacarias de Góis, pretendia que se estendesse até a atos da pessoa inviolável e sagrada, no exercício do Poder Moderador, a responsabilidade ministerial.

Efetivamente, em tratado de 1860, que se reimprimiu em 1862, sobre a natureza e limites do Poder Moderador, sustentara ele que onde o texto constitucional dispõe que esse poder é "privativamente" delegado ao imperador, deve ser entendido que o advérbio se refere à delegação, não à execução. Quanto à escolha dos senadores em listas tríplices, julgava que, segundo a jurisprudência do sistema representativo, não poderá ser admitida nas monarquias constitucionais sem a garantia da responsabilidade do Ministério. O mesmo já acontecia com a Fala do Trono, à abertura e ao encerramento das sessões legislativas. É sabido que as Falas, envolvendo semelhante garantia, se presumem obra do Ministério no poder. O significado desse ponto de vista é tanto mais considerável quanto a ele está diretamente relacionada a grande crise de 68, em virtude da qual o Gabinete Zacarias se retira julgando desacertada a escolha de Torres Homem para senador do Rio Grande do Norte.

DA TEORIA À PRÁTICA

O segundo imperador do Brasil jamais quis renunciar totalmente aos direitos e prerrogativas que a lei lhe conferia como chefe de Estado, ainda quando fizesse muitas vezes o possível para adoçá-las na prática. Renunciou, isto sim, a privilégios e títulos, que não pertenciam à essência da realeza constitucional, mas eram atributos por assim dizer ornamentais, exteriores a ela. Concordou, desde cedo, com o não ser chamado soberano, porque a soberania pertencia teoricamente ao povo. Depois de visitar a Europa pela primeira vez, fez questão de ver extinto o velho costume português do beija-mão que, depois de parecer desterrado desde 1831 com d. Pedro I, fora restabelecido antes mesmo da Maioridade pelo regente Araújo Lima. Ao lado disso, a imprensa pôde ter imunidades de que no Brasil nunca mais desfrutaria no mesmo grau. Com tudo isso, soube resistir sempre às constantes pressões dos que, na crítica ao regime, se deixavam guiar por uma Constituição ideal, atenta à prática parlamentarista.

Entretanto, não ousaria Sua Majestade rasgar a teia de um parlamentarismo fraudulento, que se impôs apesar da Constituição, para não merecer a pecha de arbitrário. Que outro nome poderia merecer entretanto o poder que se escorava numa trama de embustes e que, exercido embora com moleza, viria a ser por força caprichoso? D. Pedro II tinha ciência, evidentemente, de que, em nosso sistema, um Ministério, que para viver dependia da Câmara, fazia a Câmara segundo seu interesse partidário. Sabia também que só dele, imperador, dependia a dissolução dessas Câmaras, quando entendesse que convinha sustentar um governo, pois este haveria de ter os meios decisivos para fazer "eleger" os representantes que quisesse e quando o quisesse. Assim surgiam os Gabinetes onipotentes apoiados pelas Câmaras obedientes. Quando as burlas se tornassem clamorosas, então podia usar Sua Majestade da prerrogativa de livremente despedir o Ministério e nomear outro que, por sua vez, iria retomar iguais métodos se não pretendesse perecer. Também podia não anuir a um pedido de dissolução ou aconselhar os ministros a restringirem os abusos de poder que levavam a Câmaras unânimes. Só até esse ponto ia sua ação moderadora: não queria — não podia? — ultrapassar certos limites para não o terem como "imperialista".

Eram esses alguns lados negativos do sistema. O lado positivo estava na possibilidade de se revezarem no poder os agrupamentos partidários, sob o comando de uma entidade que se presumia estranha a eles. Sem a rotação, dificilmente se poderia evitar que um desses agrupamentos, elevado ao governo, nele se entrincheirasse e afinal se perpetuasse. Os partidos existentes estavam longe, certamente, de representar ideias muito consistentes ou professadas e realizadas, quando chegasse a ocasião de fazê-lo, mas ao menos nesse ponto não se pode dizer que destoassem da prática do parlamentarismo: outro tanto sucedia na própria Inglaterra, onde o sistema teve seu berço. Na Inglaterra não se conheciam também diferenças profundas entre os dois grandes partidos: conservadores e liberais tinham as mesmas bases políticas, sociais, religiosas. Para os outros, os "partidos de ideias", não havia, salvo no caso do trabalhismo, como disputar com bom êxito o poder, e a própria ascensão do Labor Party já pertence ao século xx.

Por onde mais se distanciava a ficção parlamentar brasileira do modelo britânico era pelo fato de a subida ou de a queda de um Ministério depender só idealmente, entre nós, de uma eventual maioria na Câmara popular. De fato dependia só, em última análise, de uma opção mais ou menos caprichosa da Coroa. Como as eleições só produziam, no Brasil, resultados que pudessem interessar aos elementos que Sua Majestade houvesse por bem conservar no governo da nação, tem-se que todos os recursos possíveis para a estabilidade ou a substituição dos grupos dirigentes ficavam enfeixados nas mãos de um homem só. Pode-se, pois, dizer que a ação do imperador vinha a suprir neste ponto o papel dos órgãos mais normalmente autorizados a dar expressão à vontade popular e tinha função semelhante à de um corpo eleitoral, do corpo eleitoral que o Brasil não conhecia. Ou cujas manifestações eram sistematicamente distorcidas para aproveitar a algum agrupamento político. A vontade do povo ficava reduzida em última instância à vontade do imperador.

Por essa forma dificultava-se — mas a que preço! — a tranquila consolidação de oligarquias uniformes e todo--poderosas, pois haveria sempre quem disputasse o domínio aos poderosos do momento. O contrário acontecerá depois com a República, sobretudo com a Primeira República, que, a rigor, vai começar com a Presidência de Campos Sales. E aconteceu um pouco na Monarquia durante os "catorze anos da oligarquia saquarema", onde se incluem a Conciliação e o marasmo político resultante, que aproveitaram principalmente ao bando já senhor, sem contraste, da situação. Em ambos os casos a oligarquia sustenta-se sobre um sem-número de influências locais interessadas na preservação desse estado de coisas. Isso vai ser particularmente verdadeiro na República, quando desaparece a emulação partidária. Na Monarquia, ainda quando parecessem extintos os partidos, sujeitavam-se as forças políticas ativas ao corretivo potencial que lhe vinha de uma entidade sobranceira.

FICÇÃO DEMOCRÁTICA

Os malefícios de qualquer governo fundado no consentimento ativo e efetivo dos governados dificilmente porão em grave risco a estabilidade do regime, uma vez que não se oferece um alvo definido para os que contestem a situação, na grande massa dos que participam, através dos sufrágios, do processo político. Outro tanto não ocorre quando a causa dos maus governos e dos abusos de poder é identificável num personagem de carne e osso, que tudo comanda e tudo pode. Sobretudo quando se dissipou a crença na legitimidade das monarquias hereditárias, que reivindicavam a sanção divina para sua autoridade e dignidade. Desaparecida, no Brasil, essa espécie de anteparo sobrenatural, sustentado em provecta tradição, resta apenas, para os apologistas do regime, o argumento de que o chefe de Estado costumava escolher com o mais elevado critério os agentes do poder. Mas como negar que é argumento falível e de pouco peso? Como deduzir a bondade de um regime da bondade de quem nele ocupa a posição decisiva?

Com todas as suas limitações, o imperador era o primeiro a não encarar com serenidade olímpica a insegurança cada vez maior da sua posição. Nada impediria que, com o correr do tempo, viesse a recair nele o peso dos ressentimentos e frustrações a que daria lugar o funcionamento

O PODER PESSOAL

do sistema. Melhor não seria se a responsabilidade de tal situação, em vez de descansar nos ombros de um homem só, capaz de errar como qualquer mortal, vulnerável a censuras como qualquer mortal, se diluísse sobre um conglomerado amorfo de vontades inumeráveis e anônimas, protegidas pelo próprio número e pelo próprio anonimato? Por mais que procurasse auscultar os vaivéns da opinião pública, através das queixas recebidas ou das campanhas da imprensa de oposição, que não raro o feriam, seus critérios de escolha seriam julgados aleatórios e eram certamente antidemocráticos.

A onda de críticas aos ministros e à Coroa, que se avoluma na esteira da tentativa conciliatória e culmina em 1862 a propósito da inauguração da estátua do primeiro imperador, podia ser uma advertência de que o pior estaria por vir, e d. Pedro não se mostrou indiferente a esse clamor. No mesmo ano de 62 manifestou por mais de uma vez o desejo de ver reorganizados os partidos, com base em pleitos, limpos, onde quer que os houvesse. Já a 1º de janeiro escrevera em seu diário íntimo: "Haja eleições como elas devem ser, e o Brasil terá certo o futuro e o *monarca dias serenos*". Pouco tempo depois, em palestra com Saião Lobato, ministro da Justiça, perguntou-lhe por que razão não se apartavam os bons conservadores dos elementos mais apaixonados. O futuro visconde de Niterói, que não era um modelo de cordura, logo respondeu: "Por causa das eleições". E ao registrar essa resposta Sua Majestade comentou: "Eis como em geral se entende a política entre nós, que vem a ser quase a arte de achar meios de coonestar injustiças". O imperador jamais se conformara inteiramente com o abandono das eleições por círculos de um deputado, em que pusera as melhores esperanças, e mostra-se agora desencantado ante a impopularidade dos últimos Ministérios, que também o atingia.

Mas embora condenasse um sistema que não se fundava no livre sufrágio, acabava tornando-se prisioneiro dele. Se os governos não podiam considerar-se expressão da vontade popular, melhor seria que a escolha fosse encaminhada segundo os desejos de quem não estava sujeito a influências e injunções partidárias. Saraiva, que acabaria por alcançar notável prestígio junto ao trono, principalmente depois de um pleito excepcionalmente correto, realizado durante seu governo, disse uma vez que a Coroa, no Brasil, tinha poder absoluto, igual ao que na França exercia Napoleão III. Havia uma diferença porém, a seu ver, a de que a lei facultava semelhante poder ao imperador dos franceses, e o mesmo não se dava com o imperador do Brasil. Tudo porque eram inexistentes aqui eleições livres. Resultado: d. Pedro podia convidar quem bem lhe aprouvesse para formar um Ministério, e este teria como governar arbitrariamente se lhe fossem dados meios para arranjar maioria, quando não unanimidade, na Câmara dos Deputados.

Mas os bons resultados da reforma eleitoral que traz o nome do mesmo Saraiva só se tornaram manifestos na medida em que o seu próprio Ministério e talvez o seguinte trataram de conduzir os pleitos com isenção. Depois dessa experiência primeira, todos os antigos abusos que ela se propusera abolir surgiram de novo, e agora com a agravante de uma drástica redução no número de eleitores introduzida pela lei de 1880.

> Um professor estrangeiro da Escola Politécnica da Corte, Louis Couty, apontou pouco mais tarde algumas das falhas principais do sistema eleitoral que veio encontrar no Brasil, quando disse: "O que falta aqui é um povo fortemente organizado, povo de trabalhadores e pequenos proprietários independentes de qualquer oligarquia, povo de eleitores capazes de pensar e votar por si, sem um estado-maior constituído de comandante de toda espécie ou de coronéis da Guarda Nacional".

O resultado dessa situação, que as últimas reformas, longe de corrigir, só serviram para patentear ainda mais os velhos e arraigados vícios, não difere substancialmente do que assinalara o conselheiro Saraiva. Publicando suas observações já ao tempo da Terceira República francesa, não ocorreu a Couty invocar, como o conselheiro baiano, o símile de Napoleão III, mas refere-se com estas palavras à posição especial que ocupava d. Pedro II na Monarquia brasileira:

> Uma personalidade resume esta nação de 10 milhões de habitantes: todos aqui, os que desejam avançar e os que preferem estacionar, dela reclamam, de seu impulso, as reformas fecundas ou os paliativos ilusórios de que o país tem urgente necessidade e, a não ser numa província, a de São Paulo, a iniciativa privada nem ao menos tenta abordar seriamente os problemas cuja solução se impõe. Tudo depende de uma vontade só e todos ficam à espera dela.

Concluindo, ainda escreve: "Nunca, talvez, um homem esteve em condições de fazer tanto por um povo. Segue-se que nunca, talvez, acumulou um homem, sobre seus ombros, o peso de tamanhas responsabilidades".

AS RESPONSABILIDADES DO IMPERADOR

A uma distância de mais de vinte anos, e agora quase às vésperas da queda do regime, a espécie de autoridade tutelar que pode exercer sobre o Brasil o seu monarca é reportada aos mesmos fatores, ou seja, à imperfeição do sistema eleitoral. E o acúmulo de responsabilidades que de semelhante condição resultava para o imperador, segundo a observação de um estrangeiro que se afeiçoara ao país, assim como os perigos a que com isso o expunha parecem ter sido entrevistos pelo próprio d. Pedro II naquela passagem do seu diário de 1862, onde falara em eleições como "devem ser", para ter o monarca, no futuro, dias serenos. No intervalo, mais de uma reforma chegou a tentar-se, visando a reparar mal de tão funestas consequências, mas não iam muito além dos paliativos ilusórios de que falaria o professor francês em seus "esboços sociológicos" de 1884. Ilusórios e, diga-se mais, contraproducentes.

A singularidade da Monarquia brasileira está nisto sobretudo, que procura ser um regime liberal — apesar de comportar o trabalho "servil" e impor algumas restrições políticas aos que não sigam a religião do Estado —, mas é destituído de base democrática. Por esse lado é mal escolhido o paralelo com o sistema de Napoleão III, pois a ditadura exercida pelo segundo imperador dos franceses é quase até os seus últimos anos de teor nitidamente antiliberal, sem que isso o impeça de assumir traços democráticos: um deles está no sufrágio universal, e não é o único. Há nele como um compromisso entre o velho regime francês, liquidado pela grande revolução, e certas fórmulas democráticas, que a própria revolução consagrou. Seja como for, o recurso a essas comparações presta-se facilmente a mal-entendidos e é instrumento de pouca serventia para o historiador de hoje.

Não é demais lembrar aqui a crítica de Marx, no prefácio do *18 Brumário de Luís Napoleão*, ao emprego abusivo da palavra "cesarismo" para definir-se um fenômeno moderno como o do Segundo Império francês. Os que apelam para essa analogia histórica superficial deixam de parte o mais importante no seu entender. Esquecem-se de que, na Roma dos Césares, a luta de classes se verificava sobretudo no meio de minorias privilegiadas, isto é, entre ricos livres e pobres livres. Os escravos, que formavam a grande massa produtiva, representavam a bem dizer o pedestal inerte para a luta. Mas se o nome de "cesarismo" parece inadequado para designar os regimes bonapartistas, seu emprego a propósito do Brasil bragantino resultaria numa simplificação polêmica e traidora, mesmo quando se tenha em conta a presença nele de uma notável massa de escravos totalmente excluída de qualquer participação ativa nos negócios públicos.

REFLEXOS EUROPEUS

Exteriormente, e para um observador superficial, o Brasil do Segundo Reinado se apresenta menos como um reflexo do Segundo Império francês do que como uma espécie de decalque da Monarquia do rei-cidadão. É efetivamente uma tentativa de cópia da Monarquia de julho, mas Monarquia de julho sem 48, pois irá persistir até muito depois da deterioração e queda do modelo. Mesmo o título (e a figura) de presidente do Conselho que se dava aqui aos chefes de Gabinete, veio da França, da França tanto de Luís Filipe como da Restauração, e chega-nos às vésperas da revolução que, na França, o irá suprimir. Outro exemplo dessa curiosa forma de mimetismo anacrônico é oferecido pelos nossos conservadores, que se atribuem de bom grado o título de Partido da Ordem, mais mavioso do que o de Regresso, no momento em que, com a queda do Ministério Odilon Barrot, ia ser esse nome banido do vocabulário político em sua terra de origem. Lá servira ele, no entanto, de lema para a resistência aos sediciosos de toda origem e agrupara os representantes do grande capital financeiro. Aqui, serve aos que pretendem opor um paradeiro aos motins libertários e que, tendo começado por aliciar um poderoso elemento urbano, oriundo em parte dos antigos restauradores e "caramurus", tratará de congregar depois, e nunca o conseguirá completamente, o patriciado rural.

Mas ao lado desse influxo francês não se pode esquecer um outro, igualmente importante, que continuava a vir da antiga mãe-pátria lusitana. Porque, se o nome de Partido da Ordem é de inspiração francesa, também houve em Portugal os "ordeiros", ala moderada dos setembristas, nascida com a "revolta dos marechais", que data de 1837, o mesmo ano em que surge no Brasil o Partido Conservador. E nomes atribuídos no reino a alguns dos matizes liberais, que incluem, de um lado, os "vintistas", adeptos da constituição das Cortes, até os cartistas que se batem pela Carta outorgada de 1826, por sua vez de origem brasileira, irão ter seus correspondentes no aquém-mar. Assim os nossos "progressistas", que surgem no Brasil depois de 60 em oposição aos do "regresso", têm antecedentes portugueses desde 1836 pelo menos, embora como organização partidária aparecessem em 42. E mesmo os "históricos" brasileiros, que surgem aqui para contrapor-se aos progressistas, já têm precedentes portugueses, com esse nome, por volta de 56, embora não se oponham eles necessariamente aos progressistas, pois há até progressistas históricos em Portugal.

Entretanto, não há que se fiar demais nessa fachada europeizante, que pode servir antes para esconder do que para revelar as verdadeiras condições da sociedade brasileira, que por força haveriam de refletir-se na vida política. O movimento de emancipação nacional teve naturalmente efeitos positivos, que tendiam a favorecer essa ilusão, e que puderam impressionar mesmo observadores isentos. Todavia, afirmações como a do inglês Armitage, de que, apesar dos muitos erros do primeiro imperador e de seus ministros, o Brasil fez mais progressos nos dez anos de sua administração do que nos trezentos do regime colonial, afirmações que todavia devem ser acolhidas aliás, cum grano salis, apresentam apenas uma parte da verdade. A modernização, se foi considerável, limitou-se de fato aos centros urbanos mais importantes. Na esfera das relações rurais a situação era idêntica, em suma, à da era colonial e do absolutismo.

O PODER PESSOAL

A presteza com que na antiga colônia chegara a difundir-se a pregação das "ideias novas" e o fervor com que em muitos círculos elas foram abraçadas às vésperas da Independência, mostram, de modo inequívoco, a possibilidade que tinham de atender a um desejo insofrido de mudar, à generalizada certeza de que o povo, afinal, se achava amadurecido para a mudança. Mas também é claro que a ordem social expressa por elas estava longe de encontrar aqui o seu equivalente exato, mormente fora dos meios citadinos. Outra era a articulação da sociedade, outros os critérios básicos de exploração econômica e da repartição de privilégios, de sorte que não podiam essas ideias ter o sentido que lhes era dado em partes da Europa ou da antiga América inglesa e que atendessem sempre a iguais exigências.

O resultado é que as fórmulas e palavras são as mesmas, embora fossem diversos o conteúdo e o significado que aqui passavam a assumir. É particularmente importante para o historiador essa consideração se quiser fugir aos descaminhos a que pode conduzir facilmente uma similitude mais aparente do que real, quando for tentado a servir-se de expressões como "camponês", por exemplo, ou até "burguesia" e "classe média", que, no entanto, costumam confundir-se com frequência no leito de Procusto a que pode submetê-las a imprecisão vocabular. Sem falar, para recorrer a um dos casos mais flagrantes de impropriedade, na palavra "feudalismo", só aplicável quando muito com um sentido metafórico e polêmico a condições especificamente brasileiras. E não é preciso redizer que designações como, por exemplo, "democracia" e "democracia coroada", empregadas com notável insistência pelos apologistas da Monarquia brasileira, são totalmente inadequadas com a significação que, nesse caso, lhes é atribuída.

A democracia improvisada

OS PARADOXOS DA ORGANIZAÇÃO POLÍTICA

No Brasil colonial e na maior parte do Brasil imperial existe, para começar, uma grande massa de população, a população escrava, sobre a qual assenta praticamente toda a vida econômica, mas que está à margem do processo político. Semelhante situação não há de sofrer mudança com a Independência, porque aqui, como sucedeu em todo o restante da América, exceção feita ao Haiti, a rebelião emancipadora foi efetuada a partir da cúpula para a base, e aqui só permaneceu na cúpula. Mesmo a gente livre das camadas mais pobres só foi afetada superficialmente pela transformação, e de ordinário não chega a ser afetada, porque a mudança veio encontrá-la desprevenida. E o simples fato de se terem as fórmulas sediciosas desenvolvido à revelia desses desamparados da fortuna já não bastaria para dar uma direção sui generis à solução finalmente adotada?

Existe ainda um elemento urbano correspondente de certa forma à burguesia europeia, que eventualmente poderia aderir às reivindicações populares, na medida em que lisonjeassem seu desejo de ascensão, à custa, se possível, dos grupos privilegiados. No entanto, bastou que se evidenciasse o cunho nativista da revolta para que esses grupos fossem passados para o outro lado das barricadas, visto serem constituídos predominantemente de naturais do reino europeu. A burguesia, classe revolucionária em outros países, vai converter-se, assim, no Brasil, em classe eminentemente conservadora, em objeto, não em sujeito, das iras reivindicadoras. Justiniano José da Rocha, que testemunhou e admiravelmente retratou as várias fases do movimento emancipador, irá escrever depois que, logo chegara a ser voz corrente que, "por mais liberal que fosse o português em sua terra, no Brasil era perfeitamente *corcunda*", isto é, recolonizador e absolutista.

Tínhamos finalmente uma espécie de aristocracia rural, que Antonil, escrevendo ao iniciar-se o século XVIII, já dissera que se podia bem estimar como "proporcionadamente se estimam os títulos entre os fidalgos do reino", e fazia, com efeito, por viver à lei da nobreza, apesar de estarem muitas vezes carregados de dívidas os seus representantes. Paradoxalmente é essa a gente que às vésperas da emancipação tende a reclamar para si o monopólio da revolta, mostrando-se aparentemente a mais permeável às novas tendências, conforme se viu por ocasião da revolução de 17, em Pernambuco. A explicação está nisto, que sendo constituída geralmente de naturais da terra, podiam absorver as aspirações dos que desejam ver liquidadas as opressões da metrópole, que mais diretamente os atingiam, mantendo ao mesmo tempo seus tradicionais privilégios. Do mesmo modo, e através de todo o processo de descolonização, os comerciantes reinóis eram por ela facilmente identificados com os antigos opressores. Assim também as ideias sediciosas, sem oferecer maior prejuízo a essa "aristocracia", traziam o prestígio natural da novidade, e só por isso pareciam ajustar-se à ordem nova que se queria inaugurar num mundo novo.

Proclamadas com eloquência, e abraçadas aparentemente com sinceridade, as doutrinas revolucionárias foram, assim, condicionadas no Brasil a fatores que não existiram, ou existiram de maneira diferente, em seus

A DEMOCRACIA IMPROVISADA   143

lugares de origem. Apesar de tudo isso, só a eliminação necessária da pesada herança colonial pôde abrir caminho para a infiltração, em alguns setores, daquelas doutrinas, desaparecido, como se achava, o obstáculo mais visível ao seu bom sucesso. Mas se a derrocada do absolutismo e a afirmação da independência ajudavam a remoção do obstáculo, o certo é que não poderiam, por si somente, suprir algumas lacunas sérias da organização preexistente. Em alguns casos iriam servir, ao contrário, para agravá-las. E, assim sendo, a democracia só haveria de ser por força de aparência vã.

A REVOLUÇÃO UNE "CLASSES MÉDIAS"

A mais notável, entre essas lacunas, era a inexistência de uma numerosa camada social intermediária entre os grandes senhores e a parte ínfima da população livre, que pudesse fazer as vezes de classe média e que, pela sua naturalidade, fosse apta a bem exprimir o sentimento nacional de um povo que pretendia livrar-se da tutela externa. Como entender, com efeito, um sistema representativo digno desse nome onde faltava o elemento que em toda parte vinha constituindo o nervo das democracias? O problema já se tinha apresentado em Pernambuco, aliás, por ocasião da revolução de 17. Entre vários modelos de Constituição conhecidos dos principais chefes rebeldes, agradava-lhes em particular, segundo depoimento de uma testemunha, Tollenare, o modelo francês de 1795. Não sabiam, contudo, decidir sobre qual a base para a representação, porque os inquietava o problema dos homens de cor. Tinham em mente, talvez, o perigoso fenômeno a que mais tarde, mormente após a Revolta dos Malês na Bahia, se dará o nome de "haitianismo". O padre João Ribeiro mostrava-se mesmo adverso a tudo quanto fizesse pensar em governo popular.

Entretanto, o estrangeiro, nada simpático, aliás, ao movimento rebelde, em que seu conterrâneo Stendhal viu o único sucesso alvissareiro num mundo que se entregava cada vez mais à reação contrarrevolucionária, pergunta se era dado esperar coisa melhor de uma representação só feita de senhores de engenho, gente bronca, desdenhosa de toda lei, acostumada a fazer justiça com as próprias mãos. O caso era que, abstraídos os maiores proprietários de bens rústicos, no geral estavam as posições eminentes ou influentes do país confiadas a portugueses europeus por efeito do sistema colonial. Deles eram os bons empregos públicos, com especialidade os da judicatura e da milícia, naturalmente sem falar nas ocupações mercantis mais ou menos rendosas. A única solução estava no afastamento dos que não tratassem de mostrar de forma ostentosa sua adesão à causa do Brasil, e em sua substituição por gente de mais confiança, de preferência naturais do país.

AS IMPOSIÇÕES NATIVISTAS

A substituição nem sempre foi fácil durante o Primeiro Reinado, sobretudo quando os europeus passaram a amparar-se no imperador, como eles filho do reino, contra os excessos dos nativos. Onde houve menos problemas foi nos lugares em que se prolongaram as lutas de independência. Na Bahia, por exemplo, uma das medidas iniciais dos vereadores da capital, quando nela entraram os independentes, foi, além das medidas para a expulsão de quantos combateram a causa nacional, inclusive carmelitas descalços e barbadinhos, a sumária demissão e substituição dos funcionários que houvessem colaborado com o inimigo. No Pará, a Junta Provisória demitiu, logo de começo, 105 civis e militares, inclusive o procurador da Coroa, os administradores da Alfândega, das Fazendas

A DEMOCRACIA IMPROVISADA

Nacionais, dos dízimos, dos correios e oficiais militares de primeira e segunda linhas, por desafetos ao Brasil.

A clientela de que os adeptos do príncipe d. Pedro necessitavam para sustentar a rebelião contra as Cortes, e afinal contra o rei velho, não se compunha só e forçosamente de brasileiros natos, embora estes, provavelmente, fossem contemplados de preferência nos tempos iniciais com larga messe de empregos remunerados e mercês honoríficas. Os naturais da Europa, ainda quando aderentes, tácita ou expressamente, à causa, não pareceriam de fidelidade inconcussa ao movimento emancipador. Mas, se o príncipe d. Pedro recrutou lealdades principalmente entre filhos da terra, o imperador, europeu de nascimento, não terá as mesmas razões para ceder à prevenção antilusitana de muitos brasileiros, mormente quando começarem estes a volver-se contra ele próprio. Sua tendência há de ser agora mais no sentido de resistir, tanto quanto possível, à onda de recriminações contra os portugueses natos, que continuam encastelados em posições oficiais ou em empregos rendosos, do que de capitular a pressões que já visavam a ele diretamente. O resultado é que só depois do 7 de abril vai haver uma nacionalização mais ampla das funções públicas, que fornecem sempre o contingente maior de eleitores e elegíveis para a representação nacional.

REAÇÃO CONSERVADORA

Por outro lado, é durante a Regência, exatamente quando o poder tende a ser contestado, e os governos centrais vão depender de influências de localidades, animadas, muitas vezes, e alimentadas, pelos mesmos governos, que se produzem condições para a distorção mais acentuada dos princípios democráticos. Os partidos em luta, e as facções com possibilidades de alcançar o poder, tendem agora, naturalmente, a acusar o adversário de se valer de métodos espúrios para subir, o que não os impede de se portarem do mesmo modo ao alcançar sua meta. Faltam-nos elementos quantitativos para precisar a época em que o abuso assumiu proporções mais alarmantes. A afirmativa de Paula Souza, em 1847, de que dataria da reação conservadora dez anos antes, pode ser arguida de suspeita, uma vez que partiu de um velho liberal. Há contudo razões para se dar a ela algum peso, visto como os governos anteriores àquela reação, fiéis ao princípio da separação dos poderes, não deveriam ter grande empenho em dispor de maioria na Câmara, pois julgavam que os governos não dependem dos Parlamentos.

Além disso, o partido que em 1837 subia ao poder e que àquele tempo ainda tinha sua clientela predominante nos centros urbanos, onde tratara de atrair comerciantes de origem portuguesa, precisava agora ampliar seu eleitorado rural, mais naturalmente sujeito ao tráfico de influências. Mas se assim foi, parece indubitável que a dissolução a 1º de maio de 1842 da Câmara eleita sob o Ministério liberal da Maioridade se prende bem ou mal a denúncias sobre corrupção e violências durante o pleito — as eleições "de cacete", como se chamaram —, que foram amplamente documentadas na época. E as revoluções de 42 facilitariam, por outro lado, a tarefa dos saquaremas no poder, permitindo-lhes, sem chamar muita atenção, desmontar os adversários, que acabavam de recorrer às armas, das posições de influência eleitoral e elevar os amigos às mesmas posições.

os "direitos próprios"

Seja como for, as barganhas necessárias à criação e sustento dessas posições deveriam estar bem arraigadas em 1847, quando Manuel Alves Branco, então presidente do Conselho, e o primeiro a ter esse título no Império, desautora palavras de seu ministro Paula Souza contra o abuso, levando este a demitir-se. Afirmara Paula Souza perante o Senado que, para o exercício de empregos públicos, o critério único deveria ser o da competência do candidato e não, como vinha acontecendo, o da sua filiação partidária, fazendo ressalva apenas para cargos de confiança do governo. O presidente do Conselho não pensava dessa forma. Os empregos, disse em circular aos presidentes de província, são criados para serviço do Estado, e por conseguinte só poderiam ser chamados a ocupá-los os que dessem sua adesão plena aos planos de quem dirige o Estado: "Assim, o funcionário público que, esquecido dos deveres da sua posição, ligar-se aos adversários do governo e maquinar contra a sua causa, constitui-se na impossibilidade de continuar a servir". Nessas condições, julgava imprescindível a defesa firme dos "direitos próprios" da administração, que não podem ser comprometidos por uma "tolerância mal-entendida".

A teoria, agora consagrada, dos "direitos próprios", que vai ser fielmente seguida pela maioria dos governos, tornara-se quase inevitável, com a implantação de partidos ou facções rivais, sobre a estrutura de nossa sociedade política. Justamente devido à falta de correspondência no país para as classes médias da Europa ou dos Estados Unidos, os fundadores do Império se tinham visto na necessidade de multiplicar os interesses de setores aproveitáveis para os fins a que se propunham, congregando-os em torno da ideia de afirmação do novo Estado. Como fossem escassos, então, os recursos particulares, consistiu seu primeiro passo em criar condições para que bom número de pessoas pudesse participar ativamente dos pleitos eleitorais. O resultado foi que justamente as classes desprovidas de meios para uma subsistência decorosa segundo os padrões dominantes, e que normalmente poderiam pesar sobre o Tesouro, viram convertidas suas próprias necessidades em prerrogativa.

Um financista belga, que pôde fazer suas observações numa ocasião em que eram ainda visíveis as marcas de origem das camadas dirigentes do Império, chamou atenção para a anomalia dessas circunstâncias. A situação que delas decorre, diz, é de todo alheia ao princípio que rege o sistema representativo, em que a exigência de eleições se prende, entre outras, à exigência de fiscalização do emprego dos dinheiros públicos. O que se dá no Brasil é que tanto o direito de votar e ser votado quanto a fiscalização do orçamento vão caber curiosamente aos beneficiários do orçamento e, a bem dizer, unicamente a estes. Pode-se dizer, acrescenta ainda o conde de Straten-Ponthoz, que o grande Império sul-americano inventou, para uso próprio, uma doutrina absolutamente nova. Mas uma doutrina que, incrustando-se em instituições que se pretendem representativas, irá subverter as bases em que deveriam estas assentar.

Desde o primeiro instante, os representantes do povo, que haveriam de defender o povo, no Brasil, dos abusos dos governos, achavam-se, com efeito, obrigados aos mesmos governos, como detentores, não raro com familiares seus, de empregos públicos remunerados. Já os primeiros senadores do Império tinham sido recrutados, quase todos, entre pessoas cujos meios de subsistência eram tirados de empregos que oneravam os cofres da nação. Apenas cinco, ou seja, 10%, pareciam escapar a essa regra, a julgar por suas ocupações ou qualificações — um proprietário, um advogado, um agricultor, dois médicos —, mas talvez fosse possível reduzir ainda a cifra, se dispuséssemos, a respeito destes, de dados biográficos mais completos. E o que acontecia com a Câmara vitalícia haveria de reproduzir-se, em proporções talvez maiores, na temporária. A Constituição determinava que, para o senador nomeado, cessava o exercício de qualquer emprego, ao passo que, para o deputado, apenas se interrompia este enquanto durasse o mandato. Não chegava a ser uma garantia de independência e, em numerosos casos, o dispositivo se prestava a burlas.

Não só os representantes da nação, também os que os elegiam, vinham ordinariamente dessa "classe média" formada em sua quase totalidade de empregados públicos e que aos poucos se vai aristocratizando por meio de uma série de reformas que, no entanto, se dizem liberais, culminando na Lei Saraiva de eleições diretas. Quando José Bonifácio, o Moço, na chefia da dissidência liberal ao Ministério liberal de Sinimbu, acusou, em 1879, o projeto patrocinado pelo governo de querer limitar o direito de voto a empregados públicos sujeitos a demissão ou aspirantes a acesso na carreira, a empresários desejosos de realizar lucrativos contratos, a todo o séquito de empreiteiros de obras, ao verdadeiro exército de pretendentes a favores do Poder Público, interrompeu-o surpreso o presidente do Conselho: "Mas esses são todos os votantes da atualidade". Sim, retorquiu o orador, mas com as exclusões do projeto a situação se agravará ainda mais, aniquilando, de antemão, todas as resistências e dando às influências locais fácil e ilimitada satisfação de seus interesses.

O PATRONATO

Entre os partidários de tal situação não faltará quem procure justificá-la com a lembrança de que ela também existiu nos países que se jactavam de uma longa tradição democrática. Existiu na França de Luís Filipe, onde, não a quase totalidade, como na Monarquia brasileira, mas seguramente um terço dos deputados, se constituía de empregados públicos, produzindo-se com isso o fenômeno a que um historiador moderno, Félix Ponteil, chamou dos "fiscais fiscalizados". Existiu e continuava a existir na Grã-Bretanha, com o *patronage* ou, como se dizia no Brasil, o "patronato", que maculava a democracia representativa, permitindo aos governos granjear aderentes por meio de favores públicos. E ainda mais nos Estados Unidos, através do famoso "regime dos esbulhos" — o *spoils system* —, que se generalizou durante a Presidência de Andrew Jackson (1829-37), mas assumiu proporções mais sérias depois de 1840, e durante longos anos, segundo o qual a fidelidade ao poder representava condição essencial para o preenchimento de cargos públicos.

Havia, contudo, uma diferença importante entre as condições brasileiras e as desses países. Na Inglaterra e também na França, onde a burguesia era numerosa e poderosa, ao desvio da boa norma democrática estava ligado, em parte, um censo muito alto e discriminatório para o sufrágio, com o que poderiam ser mais frequentes, por mais fáceis e eficazes, os favores oficiais e os empenhos pessoais em benefício de indivíduos em situação que lhes permitisse influir sobre o eleitorado. Na França, onde o poder da burguesia se impusera por meio de duas revoluções, os conselheiros do rei-cidadão diligenciaram por amortecer a influência popular, na esperança de, por esse modo, consolidarem um regime que parecia periclitante quase a partir de sua instauração. A isso somava-se um processo de corrupção generalizada, onde à alta finança coube papel particularmente importante.

Tanto na França, porém, como na Inglaterra, haveria de chegar-se, por diferentes caminhos, a um alargamento sempre maior do eleitorado, de acordo com as exigências do sistema representativo. Na Inglaterra produziu-se esse resultado por meio de reformas paulatinas. No caso da França fizeram-se necessárias mais duas revoluções, revoluções políticas, bem entendido, não revoluções sociais. A primeira estabeleceu já o sufrágio universal, mas ao mesmo tempo instituiu uma Câmara tolhida de influir sobre o Executivo. Só no ocaso do Segundo Império faz-se mais vivamente sentir a conveniência de concessões maiores à vontade nacional. Tão vivamente que, à véspera

A DEMOCRACIA IMPROVISADA   151

de implantar-se a Terceira República, uma república sem republicanos, o próprio pretendente orleanista julgará prudente aceitar, num programa francamente retrógrado por outros aspectos, com o governo das maiorias parlamentares, o sufrágio universal.

Um exame mais acurado das condições brasileiras sugere funda incompatibilidade com as que, tanto na Inglaterra como na França, permitiram, por meio de reformas sucessivas, aperfeiçoar-se o sistema representativo. Em primeiro lugar, o capital financeiro, que se costuma responsabilizar pela corrupção política instalada na França de Luís Filipe, era aqui inexistente ou, ao menos, era excessivamente minguado para ter efeito semelhante. Depois, porque o nosso regime não estipulara os severos requisitos que ali, ou na Inglaterra, durante muito tempo, tenderam a limitar o eleitorado, e nem o poderia fazer, uma vez que entre nós o grande problema estava em retirar quase do nada um corpo de votantes condizente com a fachada democrática. Tanto que nas eleições primárias deveria votar a "massa dos cidadãos ativos". As exclusões virão depois e não servirão para emancipar o eleitorado, ao contrário do que diziam seus proponentes, da prepotência dos governos. Quando começou a ser largamente aventado o sufrágio direto, por volta de 1873, ainda podia dizer o senador Cândido Mendes de Almeida: "Somos um país de pobretões para meia dúzia de ricos. Como levantar a cabeça para eleger Câmaras independentes que possam resistir aos desmandos e ao arbítrio do governo?".

O SISTEMA DE ESBULHOS

O confronto entre o que se dava no Brasil imperial com os Estados Unidos no auge do *spoils system* também se presta a correções. O efeito das demissões maciças de empregados públicos que esse sistema sugere era idêntico, aparentemente, ao que resultava do nosso patronato, mas este paralelo é também enganador. Já se sabe que na antiga América lusitana não existia praticamente o que se poderia chamar de classe média. Ora, nos Estados Unidos não existia, a bem dizer, outra classe. Tudo nos Estados Unidos é classe média, *in America all is middle class*, escreveu Stuart Mill, justamente numa ocasião em que o regime dos esbulhos começava a ser insistentemente denunciado. E não bastaria esse fato para que o mesmo fenômeno tomasse nos dois países direções diferentes?

Na América do Norte, o abuso dos esbulhos visara sobretudo a sustentar uma tal situação contra o perigo de um predomínio de oligarquias e em favor da rotação de ocupantes nos cargos públicos. Dirigiu-se ostensivamente, às vezes com maus modos, contra o monopólio exercido sobre esses cargos por uma *élite* neles colocada pelos primeiros estadistas da República, sobretudo pela "dinastia da Virgínia". Contra esses homens que, segundo um jornalista da época, eram a "natural aristocracia" do país, não podia deixar de volver-se uma administração que procurou retirar sua força dos interesses populares. O presidente Jackson, estranho às tradicionais lides políticas, que ascendera ao poder graças ao prestígio pessoal ganho nos campos de batalha por ocasião da guerra de 1812, não hesitará em valer-se de meios menos democráticos para fazer valer princípios mais verdadeiramente democráticos. Entretanto, aqueles processos continuarão a ser aplicados pelos seus sucessores de maneira imoderada e sem a atenuante invocada pelos antigos defensores. Só a partir de 1883, com a lei do serviço público federal, serão neutralizados os males que resultavam dos periódicos esbulhos.

No Brasil, a caça aos empregos e os sucessivos esbulhos tiveram outras origens e produziram resultados diversos. Pela origem, relacionam-se estreitamente à necessidade de se criarem recursos que possibilitassem o desenvolvimento de atividades políticas regulares. Não se

A DEMOCRACIA IMPROVISADA

153

dirigiu contra uma *élite* de naturais do país, porque não se pode dizer que existisse tal *élite*. No entanto abriu caminho para as distinções hierárquicas ao estipular as eleições de dois graus. Por outro lado, é significativo o empenho posto pela Câmara, sob o Primeiro Reinado, em ver abolida a Lei dos Morgados, que levaria à formação de uma aristocracia. Para serem consequentes com esse empenho, cumpria aos legisladores reivindicar, de um lado, a supressão da distinção estabelecida pela Carta de 24 entre votantes e eleitores e, de outro, embaraçar decisivamente o efeito do patronato, que convertia o sistema representativo numa farsa mal encenada. As sucessivas reformas, que irão culminar na Lei Saraiva, resultarão nas eleições diretas, mas, como se verá adiante, nem eliminarão a trama das dependências, nem contribuirão para tornar realidade o sistema representativo no Império.

Outro ponto há a considerar num confronto entre as condições norte-americanas e as brasileiras, e para ele chamou atenção Straten-Ponthoz, ao lembrar como, no Brasil, a caça ao emprego provinha das próprias entranhas da organização do Estado e do caráter da sociedade na antiga colônia portuguesa, enquanto nos Estados Unidos o sistema de esbulhos e a atividade dos *job seekers*, ao início de cada mandato presidencial, resultavam antes de uma resistência à justa aplicação dos preceitos constitucionais e até aos hábitos de diligência de seu povo. Acresce que as demissões de empregados se efetuavam ali com certa regularidade, de quatro em quatro anos, quando não houvesse reeleição do presidente, e assim podia-se saber de antemão que os cargos seriam objeto de um usufruto limitado no tempo. No Brasil, porém, onde não se conheciam muitos outros meios de subsistência, e onde ninguém podia prever a duração de um Ministério no poder, as demissões valiam por expropriações de patrimônio.

Poderia ainda lembrar o mesmo escritor, precisando este ponto, que na América do Norte os candidatos a empregos públicos teriam a sua disposição, se capazes e empreendedores, alternativas mais interessantes do ponto de vista pecuniário do que as oferecidas por semelhantes empregos, e delas, além de garantias maiores de permanência, retirariam maior prestígio pessoal. Ora, no Brasil, o prestígio pessoal costumava prender-se antes à capacidade de acesso a altos cargos públicos, originada principalmente no grau de relações com os senhores da situação. De um modo geral, os gastos oficiais iam favorecer aqui, além disso, pessoas criadas no mais sobranceiro desamor a qualquer ofício que, calejando as mãos e cansando o corpo, pareceriam, no entanto, as mais apropriadas a uma sociedade em formação. Era como se precisassem de tão grande desamor para tão alto galardão.

AS DERRUBADAS

É compreensível, pois, que causasse surpresa, por exemplo, a observadores norte-americanos, oriundos de terra onde os patriarcas da República, deparando com uma sociedade já muito diferenciada e habituada a dignificar o trabalho livre, não precisaram recorrer a artifícios para a criação de um eleitorado numeroso, a relação íntima que se estabelecia aqui entre a ação política e o exercício de cargos públicos. Assim, um encarregado de Negócios dos Estados Unidos, Ethan A. Brown, que se encontrava no Rio de Janeiro em 1831, estranhou a causa dos tumultos iniciados na madrugada de 12 de julho com o levante do Batalhão 26 de Infantaria e que logo se alastraria pelo restante da tropa aquartelada na Corte, assim como entre parte da população civil, quando lhe foi dito que vinham do propósito de induzir o governo a demitir numerosos empregados militares e civis por parte dos que ambicionavam seus cargos. Erraria, pois, quem pretendesse ver no movimento o fruto de um esforço para mudar a política dominante. O que se queria era a mudança dos ocupantes de cargos públicos.

Não falta seu grão de verdade em semelhante explicação, pois os rebeldes, em representação ao governo da Regência, reclamaram, entre outras medidas, a demissão em massa de empregados públicos, em muitos casos portugueses natos ou amigos do regime decaído a 7 de abril e dados por infensos à ordem nova. E o próprio d. Pedro I dissera em sua proclamação de 22 de fevereiro de 1831, do "partido desorganizador", que se aproveitava de circunstâncias puramente peculiares à França para insultar sua inviolável e sagrada pessoa, e também o governo, com o propósito único de "empolgarem empregos e saciarem vinganças e paixões particulares". Passados três meses, até Odorico Mendes, um dos organizadores da revolução do 7 de abril, também invectiva da tribuna da Câmara com iguais palavras aqueles que se amotinavam, querendo "empolgar empregos e saciar vinganças".

O diplomata norte-americano interpreta a seu modo as origens da rebelião ao dizer que "os brasileiros, ao menos os da capital, são levados pela indolência própria de um clima quente e da abundância de escravos a voltar-se para empregos públicos de onde tiram vencimentos miseravelmente baixos, em vez de preferirem a posição independente que pode corresponder a um aturado e diligente esforço". Observações semelhantes são feitas por outros representantes estrangeiros a propósito das agitações políticas da Regência. Um deles, Gennaro Merolla, duas vezes cônsul, e por fim encarregado de Negócios das Duas Sicílias, manifesta em seus despachos para Nápoles pontos de vista que não diferem muito dos que exprime Brown, sendo, no entanto, representante de um governo absolutista. Em fevereiro de 34 estranha que, sendo o Brasil um país ainda jovem, já sofresse em altíssimo grau do mal de algumas velhas monarquias: a quantidade esmagadora de empregados públicos. Em terra alguma, acrescenta, concorrem tanto para o aumento de seu número a parcialidade, a intriga, o personalismo. E nota como até um jornal governista denuncia o fato dos duzentos contos de réis economizados na lista civil e os mil contos poupados no orçamento militar terem sido absorvidos pelo aumento geral dos ordenados e o custeio de cargos públicos ultimamente criados.

Dado o papel confiado ao Poder Público de grande provedor de recursos de subsistência para extensos setores da população, habilitados, com isso, a participar do processo político, era forçoso que resultassem, com as destituições e nomeações de funcionários, atritos incessantes entre as autoridades e mesmo sérias crises do regime. Em um dos seus despachos ao secretário de Estado das Relações Exteriores das Duas Sicílias, chega Merolla a associar os primeiros desentendimentos entre Bernardo Pereira de Vasconcelos e a Regência Trina Permanente, prelúdio de outro que o separará de Feijó, levando-o à fundação do Partido Conservador, ao ter o governo despedido verdadeira multidão de indivíduos que o mesmo Vasconcelos, quando ministro da Fazenda, colocara na Alfândega, com empregos lucrativos, e nomeado para seus lugares outros que tinham prestado obséquios recentes aos ministros.

A efervescência geral que, no Segundo Reinado, se seguia a cada uma das frequentes mudanças de governo, acarretando não raro demissões maciças de aderentes ou protegidos da situação anterior, tem, pois, antecedentes remotos. É quando a luta pelo poder entre diferentes facções parece simplificar-se pela formação de dois blocos antagônicos que tal situação tende a institucionalizar-se em definitivo. Referindo-se aos homens públicos que pela vez primeira entravam para os Conselhos da Coroa, escreveu o visconde do Uruguai que a preocupação maior, entre eles, consistia em montar o próprio prestígio, adquirindo uma clientela que lhes fosse de alguma serventia na hora do ostracismo. Para isso, o grande recurso de que dispunham era uma farta distribuição de empregos. O resultado, no entanto, era de pouca duração, como se esses políticos tivessem escrito na areia: "É muito fácil aos sucessores apagarem tudo quanto aqueles escreveram e escreverem ao contrário".

O primeiro Paulino de Sousa tende, é certo, a aceitar quase tranquilamente, e como se fossem um mal inevitável, condições que pareceram a Straten-Ponthoz sumamente delicadas e principalmente ameaçadoras para a paz interna do Império. A diferença nas duas atitudes é em parte explicável pelas datas diferentes em que ambos escreveram. O *Ensaio sobre o direito administrativo* do visconde do Uruguai saiu em 1862, ao passo que o livro do financista belga, impresso em 1854, deve ter sido escrito ainda sob o influxo das turbulências da década que se seguiu à Maioridade, prolongando as do período regencial: de fato, os dados estatísticos de que se valeu só vão em regra até 49 e 50. No intervalo entre uma e outra data, entre 1850 e 1862, é que ficam as águas paradas da Conciliação. Cogitara-se com ela numa espécie de abrandamento ou domesticação dos bandos políticos que se digladiaram antes, e isso até certo ponto foi alcançado.

Mas o marasmo não impediu que pela mesma época, e a partir dela, fossem cada vez mais denunciados os efeitos maléficos do patronato, que iam abalar a confiança na estabilidade das instituições, desmoralizando-as progressivamente.[1] Os orçamentos passam agora a ser tidos como estimulantes de ambições particulares; os salários não servem, segundo opinião corrente, para remunerar serviços regularmente inspecionados, mas para premiar adesões e garantir influências isentas de inspeção; campeia a advocacia administrativa, considerada às vezes um ganha-pão lícito e honroso; são notórias a versatilidade e a inconstância na gestão dos negócios do Estado; reiteram-se as denúncias ao nepotismo avassalador, à corrupção imperante nos estabelecimentos governamentais — nos correios, na repartição das terras públicas, principalmente nas alfândegas, o grande veículo da receita nacional, ela se tornara endêmica —, à venalidade de funcionários mal ou bem pagos, às cliques permanentemente instaladas em Ministérios e que se incumbem de mover ou paralisar papéis, escapando à fiscalização dos ministros, que mal demoram nos postos, e por fim à inércia dos governos ante os abusos de autoridade nas províncias.

São esses alguns dos lados escuros de um sistema que os hagiógrafos da Monarquia costumam omitir, dando-os como inovações da República, apesar de serem apontados com insistência nas assembleias, nos jornais, nos despachos de diplomatas estrangeiros. Nunca deixaram de existir eles em maior ou menor grau, mas é sobretudo nas três últimas décadas da Monarquia que tais vícios, fruto do patronato, parecem encontrar terreno de eleição, proliferando sob as vistas austeras de Sua Majestade, o imperador d. Pedro, que tanto podia, procurou, não raro, alhear-se a eles, só tratando de intervir abertamente quando os abusos tomassem proporções públicas e escandalosas, talvez porque, de outra forma, se arriscaria a passar por déspota. Normalmente, limitava-se a deplorar a incúria ou fraqueza deste ou daquele chefe que não punira os excessos, deixando o caso ao critério dos ministros, que com frequência eram os grandes "patronateiros". Ou ficava à espera de provas concretas sobre as irregularidades praticadas, e as provas evidentemente não apareciam.

A GUERRA E A CRISE

Enquanto a guerra prosseguiu sem esmorecimento, forçando os exércitos de López a recolherem-se para o interior do Paraguai, a tendência geral era para uma trégua

A DEMOCRACIA IMPROVISADA 159

nos dissídios puramente políticos. Depois de Curupaiti, entretanto, a impaciência otimista dos primeiros tempos parece dar lugar ao desalento generalizado, que se reflete no tom das gazetas, mesmo das gazetas ministeriais. A ida do marquês de Caxias (que se fez com o sacrifício de Ângelo Ferraz, substituído por Paranaguá na pasta da Guerra) e do vice-almirante Joaquim José Inácio ainda acendeu esperanças. Falava-se numa ofensiva geral em março de 67, que deveria rapidamente aniquilar o inimigo. Uma série de imprevistos vai frustrar, porém, essas esperanças. Começam por sofrer, as forças aliadas, o desfalque de numerosos contingentes argentinos e orientais, que tiveram de deixar a guerra externa pela guerra civil nas duas repúblicas. Depois veio o cólera, somando-se a outras enfermidades, a desafiar a boa ordem e a combatividade das tropas. Durante todo o ano de 67, e em parte no de 68, foi de inquietação, muitas vezes de irritação, o clima dominante na Corte e em todo o Império.

O empréstimo externo de 1865, efetuado já em condições desfavoráveis — £5 000 000, tipo 74, com juros de 5%, amortizável em 37 anos — em comparação com os anteriores — de 1858, 60 e 63 —, realizados respectivamente a 95, 90 e 88, e juros de 4$^{1}/_{2}$%, havia sido todo consumido no sustento das operações de guerra e para satisfazer a necessidades das repúblicas aliadas, que sem isso talvez tivessem de ceder a pressões internas contra o prolongamento da campanha. Agora seria talvez escusado tentar recorrer de novo aos empréstimos em Londres, de mais de £1 500 000, a serem liquidados em breve prazo, segundo resultado da sondagem feita, em janeiro de 1867. Por outro lado, uma simples negativa oposta pelos banqueiros ingleses poderia acarretar baixa catastrófica no valor dos títulos brasileiros, a exemplo do que já vinha acontecendo com os mexicanos.

Se o custo de qualquer operação bélica no exterior excede em geral a todas as expectativas, além de facilitar extorsões e abusos — como pouco antes acontecera também na campanha da Crimeia —, essa guerra contra López traria para o Brasil iguais desvantagens e outras maiores. Nada tinha sido previsto sobretudo quanto à possível duração da luta. A surpresa brutal da agressão encontrara praticamente despreparado o país, mesmo para uma campanha de curto fôlego. Talvez mais despreparado do que seus aliados, graças à sua longa paz interna, enquanto os outros já tinham o velho hábito das *montoneras* e pronunciamentos militares, que davam um aprendizado para as lutas vindouras. Era inevitável, nessas circunstâncias, o apelo a improvisações consecutivas, baseadas em dados muitas vezes falaciosos, mas que ninguém teria tempo ou meio de conferir. Assim, já fora no começo, quando López ainda não tinha "saído da crisálida", para usar da fórmula cara aos jornais platinos, e Saraiva se fiava nos 40 mil homens de Neto, prontos para transpor as fronteiras, quando fazia exigências ao governo "blanco", e os 40 mil homens nunca apareceram. E assim continuará a ser nos anos seguintes até o desfecho de Cerro Corá.

Ora, o bom andamento da guerra dependia da capacidade dos oficiais e da tropa, mas dependia também da fidelidade e pontualidade dos fornecedores. E como esses fornecedores se achavam estabelecidos em sua quase totalidade em Buenos Aires, onde vinham servindo também aos argentinos, a enérgica fiscalização dos contratos era embaraçosa e difícil para o governo imperial. Assim sendo, não havia modo eficaz de comprovar ou contestar acusações que frequentemente se faziam aos intermediários, de que moviam verdadeira "guerra de negócios" contra o Tesouro do Império, tão devastadora como a outra que se ia travando nas trincheiras. Ou ainda a de que se interessavam vivamente na indefinida procrastinação da peleja, que dava lucros fabulosos. Procedentes ou não, essas denúncias iam afligindo ainda mais a opinião pública no Brasil, além de aumentar a indisposição contra os aliados. Muitos procuravam ver, mesmo entre os comparsas na guerra, conivências poderosas para essas extorsões reais, ou imaginárias, ou apenas exageradas, e a má vontade só podia crescer com o prosseguimento já intolerável das hostilidades.

Sem saber como remediar suas próprias condições internas, o Império ainda tinha de ajudar os aliados diante das dificuldades financeiras a que se achavam sujeitos, maiores do que as do Brasil, e que poderiam servir para dissolver a qualquer hora o laço tênue que a todos unira. O fato, porém, é que o Estado Oriental, em pouco tempo, se tornara devedor ao Império de mais de 6 mil contos de réis e a Argentina elevava sua dívida para quase 2 mil contos. Com todos esses gastos, somados aos da compra de unidades para a Marinha de Guerra e ao de fornecimentos à tropa, tornava-se fatal uma drenagem maciça de ouro para o exterior. No ano de 1866-67 as despesas com as pastas militares consumiam 58% do orçamento; em 1867-8 iam a quase 60%. E maiores seriam ainda, em proporção, se computados os gastos extraordinários ou os que, pertencentes embora a essas duas pastas, costumavam ir englobados nos da Fazenda.

Diante de tudo isso, não havia como fugir a emissões vultosas de papel-moeda. Em setembro de 67 lançou-se mão do recurso, mas os 50 mil contos obtidos por essa forma não foram suficientes, de sorte que menos de um ano depois outros 40 mil contos foram emitidos. Ora, já em 66 alarmara-se o governo com a inflação galopante, e julgou de bom conselho uma reforma do Banco do Brasil, que passaria a ser estabelecimento de depósito, desconto e empréstimo sobre hipoteca, abarcando o Tesouro a capacidade de emitir com o que se resgatava importância equivalente a 20 mil contos. Houve quem pusesse em dúvida a vantagem da reforma numa hora em que o país apelava para o curso forçado. Convinha substituir o papel do banco pelo papel do Tesouro, inconversíveis ambos, aumentando ainda mais a dívida pública em benefício do estabelecimento de crédito?

Entre as consequências funestas da guerra do López não se pode deixar de incluir o mau efeito que ela terá sobre a riqueza pública e privada. E neste caso não se hão de contar apenas as consequências mais imediatas e diretas, mas outras remotas, entre elas os hábitos de dissipação e imprevidência que não seriam de fácil extirpação. Um estudioso que analisou minuciosamente a situação das finanças brasileiras no final do Império pôde escrever, em livro impresso em 1896, que a partir do período de 1865-9, por ele considerado o mais desastroso de toda a história financeira do país, nunca mais o Brasil se restabelecerá por completo nesse particular.[2] Por isso, e sem embargo de uma recuperação parcial que se verificou por pouco tempo durante os anos que se seguiram ao final da guerra e também da prosperidade aparente do triênio imediatamente anterior ao 15 de novembro, a situação de descalabro que se prende à Guerra do Paraguai exige atenta consideração para se ter uma boa inteligência da história do Império nas duas décadas que antecedem o advento da República.

Durante os anos da guerra, ainda que não fosse dado a muitos pressentir a extensão dessas consequências, estavam, no entanto, bem presentes as feridas que o mal deixava e que, exceção feita de uns poucos privilegiados, iam atingindo a população inteira. Tudo parecia conspirar agora contra o bem-estar geral. Ao lado dos gastos externos, que, por força das circunstâncias, tinham aumentado aproximadamente de 196% durante aqueles anos sobre os do período entre 1861 e 64, outros contratempos ocorreram. Assim, o valor geral das exportações declinou notavelmente, devido, em parte, à grande queda nos preços do café no mercado internacional, que baixaram de 43 mil-réis naquele período para pouco mais de 37 mil-réis a saca de cinco arrobas ou 75 quilos (a de sessenta quilos para exportação só se generalizará depois de 1874). E as consequências do declínio são tanto mais graves quanto as importações sofreram um aumento quase vertical nos anos da guerra.

A situação cambial que os governos do Império tinham como termômetro infalível para conhecer a salubridade da vida econômica vai ser naturalmente afetada pelas sucessivas emissões. O mil-réis, que nos primeiros meses de 1865 era cotado a 27 e 27$^{1}/_{2}$ dinheiros, oscilará nos três ou quatro anos seguintes entre 22 e 14, e há momento em que chega a baixar a 12$^{1}/_{2}$ *pence*. Com as tributações criadas em setembro de 67, que abrangem desde o chamado "imposto pessoal", objeto de acesos debates no Parlamento, até a autorização para o reforço das tarifas aduaneiras, previa-se uma elevação do custo de vida, que já era notavelmente elevado, à altitude jamais vista: a leitura dos despachos diplomáticos mandados do Rio de Janeiro sugere que em poucos lugares, certamente em nenhuma grande capital europeia, seria tamanha a carestia geral como naquela cidade.

É certo que esse quadro melancólico tem o seu avesso, pois à sombra da tremenda crise e do movimento inflacionário começam a manifestar-se sintomas de prosperidade para algumas empresas. Já a partir de 67, o número de firmas estrangeiras autorizadas a funcionar no país começa a aumentar em ritmo veloz. Outro tanto acontece em relação a sociedades mercantis nacionais, cujo número ultrapassa no ano de 1869 o dos anos que antecederam à crise bancária de 64. Os que viam na guerra só esse benefício encaravam com olhos complacentes as vantagens que as classes chamadas produtoras podiam tirar de um dos seus frutos, que era a baixa do câmbio. Um dos representantes desse ponto de vista, Henrique Augusto Milet, nascido na França, mas de longa data radicado em Pernambuco, aonde chegara imbuído de ideias fourieristas, irá colocar-se abertamente, em 1875, ao lado dos que querem um conflito armado com a Argentina, capaz de reviver, talvez, as condições reinantes ao tempo da Guerra do Paraguai.

Milet, entretanto, passava quase por um excêntrico, ao rebelar-se contra a religião oficial da moeda metálica, religião que tocava as raias da superstição em país de economia dependente e extrovertida como o Brasil. Era fora de dúvida que as circunstâncias deploráveis da guerra se tornaram, para muitos, fonte de lucros excessivos, mas, longe de amenizá-las, esse fato só servia para agravar, devido ao contraste, à miséria ou ao mal-estar do resto do povo. E como só a presença dessa classe de privilegiados não se concebia sem o beneplácito e até sem a cumplicidade do poder, o que para alguns era ganho, para muitos era dano, criando-se novos motivos de impopularidade para os governantes. Já se mostrou nestas páginas como era alvo de críticas o favoritismo oficial que beneficiava certas firmas e certos indivíduos. Ora, os anos da guerra só serviram para revestir essas críticas de uma acrimônia sem precedentes.

É inegável a existência de uma ação paternalista do Estado a animar ou embargar, conforme o caso, qualquer iniciativa privada que visasse ao bem comum, e nunca se tornara ela tão evidente como na época da guerra. Observou um autor, Stanley J. Stein, como a história das corporações comerciais do Brasil, na segunda metade do século passado, é a história do afrouxamento gradativo desse paternalismo fiscalizador. Não se pode afirmar, contudo, que por ocasião da campanha do Paraguai fosse já manifesto o relaxamento. A necessidade, em particular, de uma autorização dos poderes públicos para o estabelecimento de sociedades anônimas comerciais ou civis vinha do Código Comercial, mas ganhara singular viço depois da lei de 22 de agosto de 1862. Acontece, porém, que os abusos permitidos por semelhante medida mal teriam tempo de alastrar-se antes de cessados os efeitos da crise provocada em 64 com a "quebra do Souto", que desanimara iniciativas produtivas de qualquer natureza. Referindo-se em 62 ao ato de

A DEMOCRACIA IMPROVISADA 165

22 de agosto, escrevera Tavares Bastos: "O Estado diz aos mercadores, aos capitalistas, aos banqueiros: o comércio sou eu! — Ao direito de associação: eu vos modero, eu vos dirijo e posso embargar-vos! — A todas as indústrias: Ninguém mais sábio e mais prudente do que eu; segui-me! Meu dedo apontar-vos-á o caminho".

CORRUPÇÃO ADMINISTRATIVA

A existência de intermediários oficiosos que, agindo na penumbra e fora dos circuitos legais, permitia que facilmente andassem pelos corredores das repartições os papéis necessários à efetivação dos negócios, disfarçava, no entanto, os rigores da lei. Não se tratava de coisa nova, nem era coisa especificamente brasileira. De qualquer modo, as notáveis vantagens que se propunham alcançar os indivíduos ou os grupos que agiam de acordo com a letra do ato de 1860 já criavam de antemão condições favoráveis à prosperidade dos intermediários. Assim, paralelamente aos corretores públicos, ou perdidos no meio deles, havia outra espécie de agentes auxiliares que, sem matrícula ou fiança, dispunham, no entanto, do melhor título que se poderia esperar para a prática do ofício: o serem parentes ou compadres ou amigos de peito do ministro, ou do amigo do ministro, ou do secretário do ministro, e o terem acesso à cadeia de empregados que ocupavam postos-chave nas repartições do governo.

Pode-se imaginar que, quanto mais importante um negócio, ou quanto mais dificultoso o deferimento, tanto maior haveria de ser o número de coniventes: em todo caso engordavam-se então as comissões que, ao menos em teoria, haveriam de repartir-se entre muitas mãos. Nem era bom dispensar, ainda quanto à primeira vista dispensável, a solícita cooperação de tais agentes, que tinham em seu poder não só conduzir a porto seguro um negócio, como acarretar-lhe perigo de naufrágio. A corrupção insinuava-se assim nas antecâmaras dos Ministérios e acabava por invadir toda a periferia do poder, ajudando a corroê-lo. Embora poucos pusessem em dúvida a probidade pessoal de um Zacarias de Góis ou de um Itaboraí, foi provavelmente durante os seus governos que abusos semelhantes ecoaram mais vivamente na imprensa. Desculpavam-se os auxiliares, quando achavam de bom aviso desculpar-se, alegando ignorar a existência do abuso censurado e prometendo providências, o que era, em geral, uma forma de sepultar mais tranquilamente o assunto.

A verdade é que ninguém tinha força, ainda que o desejasse, para coibir essas irregularidades, tão correntes que até se apontavam os nomes dos responsáveis, e, no fundo, nem havia mesmo como ou de que pedir desculpa. A tal ponto o patronato já embebera toda a vida pública e a sociedade que, depois de fazer do vício um mal indispensável, acabara por transformá-lo em virtude eminente, pois como não será virtuoso quem tudo faz para ceder pressuroso à exigência da lealdade e solidariedade partidárias? Nem serviria para tolher a advocacia administrativa o freio moderador das sanções sociais, pois estava longe, em geral, de desmerecer a quem quer que a praticasse, e era complacentemente admitida até por pessoas de moral inatacável em todos os outros aspectos.

Essa complacência, semelhante à tolerância de que em outras eras desfrutaram, por exemplo, os traficantes de pretos, e ainda do bom crédito em que continuavam a ser tidos os senhores de escravos, não excluía, porém, a possibilidade de explorações malévolas. Bastava que tal ou qual ato de favoritismo prejudicasse o representante de uma facção diferente, para que logo o denegrissem, às vezes hipocritamente, as gazetas antiministeriais, e tal o destempero da imprensa de oposição aos Ministérios de 3 de agosto e 16 de julho, um progressista, outro conservador, que se tem a impressão, ao ler os jornais, de achar-se o país constantemente na iminência de uma catástrofe. Em outras ocasiões essas críticas poderiam ser tratadas com olímpico desdém pelos donos da situação, mas agora tudo parecia diferente, estando o Império, como estava, às voltas com uma guerra cruenta.

A OPOSIÇÃO AO 3 DE AGOSTO

Politicamente, a situação do governo de 3 de agosto nunca foi muito sólida. Em parte por culpa do presidente do Conselho, pouco habilidoso e às vezes intratável. Apesar da boa maioria que conseguiu nas eleições de 67, os sintomas, para muitos, eram os de quem já estivesse in extremis. Assim pensava uma pessoa em condição de poder opinar com segurança: João Batista Calógeras, grego de origem, mas diretor da Secretaria dos Negócios do Império, antes de ser primeiro oficial de gabinete do titular de Estrangeiros. Em expansões íntimas, não dava ele ao governo mais de um mês de vida após a reunião das Câmaras, marcada para 3 de maio de 1868, mas que, de fato, só ocorrerá no dia 9. O ritmo perigoso dos acontecimentos internos ameaçava acelerar-se com a demora das operações de guerra. Nos meios políticos e, em geral, entre o povo, esgotava-se a paciência ante a falta de notícias sobre as operações. A vida da população fazia-se mais difícil a cada dia que passava, porque o dinheiro valia menos e cresciam os impostos.

O que tornava mais precária a situação do Ministério, a despeito do triunfo eleitoral, era, ao lado da oposição conservadora, a má vontade geral do elemento "histórico". A divisão que existira quase desde o começo entre liberais convertidos, ditos progressistas, e a velha guarda do partido precipitara-se agora de tal forma que se diria definitiva. As alcunhas que se davam, de *nouveaux riches* aos primeiros, e aos outros de *sans-culottes*, podem atestar a divisão. Já em agosto de 66, quando o Gabinete Zacarias apresentou seu programa, foi um histórico, Franco de Almeida, quem propôs a primeira moção de desconfiança. Requerida votação nominal, foi rejeitada a proposta, mas por maioria de três votos apenas. Por menos do que isso outros Gabinetes se tinham retirado. Um fato posterior, isto é, a escolha de Caxias para comandante--chefe das forças brasileiras no Paraguai, serviu aparentemente para atenuar a malquerença dos conservadores, de sorte que a oposição mais virulenta passara a vir agora dos adeptos tradicionais da tribo liberal, que deitou manifesto, onde Zacarias era acremente atacado.

A oposição encoberta de uns, manifesta de outros, não impediria que o presidente do Conselho tomasse uma posição corajosa, mas perigosa. Em todo caso era de natureza a desviar as atenções do assunto mais espinhoso do momento: a guerra externa. Não se pode discutir a coragem, o discutível era a oportunidade do lembrete, e não passava efetivamente de um lembrete sua referência feita à questão do elemento servil por duas vezes na Fala do Trono: em 67 e em 68. O caso é que se expressamente o assunto deveria ser encaminhado depois de celebrar-se a paz, por que então levantá-lo durante a guerra? Também pode pôr-se em questão o empenho de Zacarias de Góis na solução do problema. Tendo precipitado o assunto durante a guerra, julgará precipitado o projeto apresentado depois, em 71, durante a paz, porque exigia, no seu entender, estudo mais demorado, e votará então contra a lei chamada do Ventre Livre, depois de ter combatido a proposta acirradamente, e artigo por artigo. Apesar disso ficou com o mérito de ter abordado a matéria na Fala do Trono e provocado o pronunciamento, a respeito, do Conselho do Estado.

O gesto acarretou-lhe adversários, novos no Parlamento, e não só entre conservadores. É um liberal, e simpático aos "históricos", o conselheiro Furtado, quem, conhecido o texto da resposta do governo, em nome de Sua Majestade, o imperador, ao apelo dos abolicionistas da França, aproveita-a para criticar o ministro. Fanfarronice abolicionista, declarou o chefe do 31 de agosto, ou vaidade à cata de louvores. Assumia-se um compromisso firme, e esse compromisso, se honrado, seria a semente de mil desgraças na opinião do conselheiro maranhense, e fementido, seria para o país sumamente desairoso. A medida das mais obstinadas resistências à passagem da Fala do Trono de 67, acerca do elemento servil, é dada em emenda que a sua resposta propôs o deputado Gavião Peixoto, também liberal, na sessão de 4 de julho, e no discurso que fez na ocasião o mesmo deputado, onde dizia que aquela passagem encerrava uma "proclamação de guerra social". Outra emenda, que posteriormente oferecerá o deputado em substituição a essa, atenua os efeitos da anterior, mas mantém, no principal, o seu contexto.

Um exemplo da má vontade dos históricos para com o Gabinete está no debate suscitado pouco depois na Câmara em torno de uma declaração de Zacarias, de que contava com o apoio franco "do lado que tem maioria" na mesma Câmara, sem desprezar o que lhe viesse da oposição conservadora. Ao falar no lado que tinha maioria, queria referir-se tanto aos liberais históricos como aos progressistas. Tais palavras deram lugar à seguinte altercação, provocada pelo pronunciamento de um deputado mais ligado àqueles do que a estes:

O sr. Martinho Campos: — De minha parte declaro que lhe hei de negar tudo.

Uma voz: — Até pão e água!

O sr. presidente do Conselho: — E eu afirmo que sem o seu pão e a sua água hei de viver.

Vozes: Muito bem.

O sr. Martinho Campos: — Não tenho confiança na capacidade política do Ministério.

Justamente na posição que tomara o presidente do Conselho a propósito do problema servil, viam, conservadores como liberais, uma prova de sua docilidade às inspirações de S. Cristóvão, pois d. Pedro era geralmente tido como partidário da reforma. Numa das sessões da Câmara em que se discutiu o voto de graças, o deputado Belfort Duarte chegou a falar, a propósito desse problema, na tendência crescente que se notava no país para a concentração de tudo "numa só cabeça", preparando-se por essa forma um despotismo disfarçado. Tão transparente era o significado da alusão, que Silveira Lobo, presidente então da Casa temporária, o mesmo que depois se declarará republicano, tratou logo de chamar à ordem o nobre deputado, dizendo não ser cabível "trazer à discussão o chefe de Estado", pois só ao imperador podiam referir-se as palavras "em uma só cabeça". Retrucou Duarte que quisera acusar o governo apenas, que era "responsável pelos atos do Poder Executivo e Moderador", e o presidente deu-se por satisfeito. Acontece que a teoria da responsabilidade dos ministros pelos atos do Moderador era justamente de Zacarias. No entanto, o orador deixara claro o endereço último das críticas ao confrontar, de passagem, o Segundo Reinado, no Brasil, ao de Jorge III, na Inglaterra.

A GUERRA MOROSA E A OPINIÃO PÚBLICA

Outra matéria por onde Zacarias era tido como dócil à vontade imperial prendia-se ao rumo tomado pelas operações de guerra. Caxias tinha sido nomeado por insistência de S. Cristóvão, sacrificando-se Ferraz, incompatível com o general. E Paranaguá, escolhido para a guerra, era homem do Paço. Conhecido na Corte o episódio de Curupaiti, o marquês não quis impor condições para aceitar o comando, como o fizera em outra oportunidade: a saída do agora barão de Uruguaiana fora decidida antecipada-

A DEMOCRACIA IMPROVISADA

mente para deixar à vontade o novo comandante. Conservador em política, dispunha-se este, no entanto, a ir servir às ordens de um Ministério liberal (progressista). Sua espada não tinha partido. Iria tranquilo? Não é de crer que confiasse cegamente no Ministério, pois de outra forma é inexplicável o cuidado que pôs na escolha para diretor do *Correio Mercantil*, o antigo órgão liberal, agora adquirido pelos conservadores, de um jornalista em quem pudesse fiar-se. Precisava garantir a retaguarda, e acontecimentos posteriores mostram que a cautela não foi desarrazoada.

Passaram-se meses, passou-se um ano todo, sem mudança notável na frente de combate, apesar das esperanças postas na capacidade excepcional do marquês. Louis Schneider, o autor prussiano que historiou a Guerra da Tríplice Aliança, diz em seu livro que agiram, os brasileiros, com grande prudência desde o começo das operações, e essas palavras não significam menoscabo. Mas, no Brasil, os que queriam ver milagres não falavam em prudência, falavam em morosidade, e começavam a pôr a culpa toda sobre os ombros largos do soldado sexagenário. Entre os liberais, sobretudo, adversos ou não ao governo, crescia a acrimônia contra o comandante, e essa mesma irritação é manifesta até em cartas íntimas de militares, como o capitão Benjamin Constant Botelho de Magalhães. Também pela mesma época passam os liberais a traçar o paralelo entre Caxias e Osório, dando ao último todas as virtudes que ao primeiro negam.

Quanto ao imperador, nada sugere que tivesse perdido a confiança em seu general. Numa das suas cartas, que não se destinava à publicidade, o apoio que este lhe merece é irrestrito: "O Caxias", diz, "faz bem em querer vencer o inimigo sacrificando o menos possível a nossa gente". Isso é escrito a 23 de março de 1868, numa hora em que os mais exigentes já não se contentavam com meias vitórias e em que as críticas na imprensa e no Parlamento à direção dada à guerra eram cada dia mais contundentes. Ao menos aparentemente, o impetuoso presidente do Conselho não dissentia ainda, nesse ponto, do monarca precavido, o que deu azo a novas críticas feitas pelas folhas de oposição à docilidade do conselheiro às opiniões ditadas por Sua Majestade. A *Opinião Liberal* de 3 de março de 1868 reflete bem esse modo de ver, quando inverte a fórmula célebre de Thiers a propósito do terceiro Ministério Zacarias de Góis, dizendo que o poder irresponsável era, de fato, o que governava, ao passo que o ministro reinava.

O MINISTÉRIO E O GENERAL

Nada prova, em realidade, que as críticas surgidas em certos órgãos da imprensa ministerial, ou subsidiados pelo governo, e as indiretas publicadas nos "entrelinhados" do *Jornal do Commercio*, onde muitos queriam descobrir o dedo das autoridades, fossem inspiradas pelo presidente do Conselho ou por algum dos seus ministros. Ao contrário, a posição abertamente tomada pelo governo é de solidariedade plena com o marquês e, quando a representação liberal, ou a parte dela já afastada de Zacarias de Góis, insiste em falar nas "delongas" do comando, o governo se serve, contra essas críticas, dos mesmos argumentos de que se valera d. Pedro em favor de Caxias, isto é, da necessidade de se pouparem vidas dos combatentes brasileiros e aliados. Só uma vez o chefe do governo deixa escapar uma expressão onde os adversários, e agora até o adversário liberal, descobrem uma increpação mal velada ao marechal, e é quando diz em plena Câmara que as mudanças na política não se podem operar por influência da espada e da "caudilhagem". Isso foi dito num momento de exaltação, é certo, mas foi depois publicado, com todas as letras, embora se soubesse que o ministro-presidente tinha o costume de procurar os taquígrafos para modi-

A DEMOCRACIA IMPROVISADA

ficar e até refazer passagens inteiras de seus discursos ou apartes antes de serem mandadas à impressão.

Em editorial publicado a 7 de janeiro de 1868, o *Anglo--Brazilian Times* dizia coisas deste teor:

> Doze meses já se passaram desde que o marquês de Caxias assumiu o comando das forças brasileiras no Paraguai. Àquele tempo dissera ele: "Deem-me mais 10 mil homens e até maio acabarei com a guerra". A nação respondeu generosamente ao apelo. Deu-lhe 17 mil homens com ajudas pecuniárias e mantimentos ilimitados, e preparou-se para entoar peãs pelas prometidas vitórias do Cincinato septuagenário. Por fim a impaciência do país rasgou o véu da lisonja, e o Exército acabou mexendo-se em Tuiu-Cuê. O movimento não encontrou oposição. O inimigo evidentemente fora tomado ali de surpresa. O flanco estava mal fortificado, e a tropa brasileira esperava ansiosa por uma ordem de ataque. A ordem não apareceu, porém. O que se tinha feito já era demais, e a estratégia andava agora de vento em popa.

Mais adiante ainda diz: "Consta que o marquês de Caxias tem profundo conhecimento de tudo quanto se refere à antiga e à moderna arte da guerra, que viajou com Júlio César na campanha da Gália, e lutou, nos mapas, com o general Grant". Assinala ainda o vivo contraste entre a "energia do cabo de guerra paraguaio e a inatividade do brasileiro, achando-o deprimente para as forças do Império. Não é segredo para ninguém", acrescenta, "que o Exército brasileiro se acha tomado da maior admiração por essa energia de seu inimigo, e a comparação entre ele e os tímidos movimentos de Caxias decididamente não é favorável a este general". O autor do editorial pretende bem interpretar os sentimentos mais generalizados entre os soldados brasileiros ao dizer que estes gostariam de ter a sua frente um homem resoluto. "É possível que o marquês de Caxias correspondesse em outras eras a semelhante ideal, mas tudo leva a crer que já se foram os dias em que ele seria capaz de agir com desembaraço (*promptitude*) e que a cauta indecisão da senilidade não lhe permite competir com o paraguaio ativo e empreendedor."

Para terminar, subscreve o jornal opiniões largamente difundidas entre liberais (e talvez esposadas secretamente por alguns elementos do governo), de que, com Caxias, a guerra prometia arrastar-se até que faltassem meios de conseguir mais ouro para esbanjar. "Não faltam no Exército", ajunta significativamente, "os Osórios e os Porto Alegres, capazes de conduzi-lo a um nutrido ataque a todas as posições do inimigo. Osório atrairia logo para seu lado centenas de voluntários enquanto a ação dilatória de Caxias não lhe permite arranjar um só recruta." Críticas como essa à "morosidade" de Caxias eram comuns em alguns órgãos da imprensa. Agora, no entanto, todos os jornais, não só conservadores como liberais, são unânimes em reagir contra o atrevimento de William Scully, o autor do editorial, que parecia querer ditar normas para a solução de um caso que dizia respeito à honra nacional. Outros se inclinavam a crer que tudo não passava de um sermão encomendado ao periodista irlandês pela própria gente do governo. Apenas o *Jornal do Commercio* silenciava, e era quase um órgão oficial.

Scully não parece ter nutrido ilusões sobre a tempestade que o esperava. Entre os papéis pertencentes ao arquivo do conselheiro Zacarias de Góis, que se guardam no Museu Imperial, em Petrópolis, há uma longa carta ou memorial que dirigiu, com data de 17 de janeiro, ao presidente do Conselho, onde afirma que lhe parecia perfeitamente lógica a atitude do *Correio Mercantil*, quando esse órgão conservador procurava "defender seu ídolo de barro a todo transe" e sabia também que o *Diário do Rio de Janeiro*, ao voltar-se contra ele, Scully, fingindo virtuosa indignação, ia pleiteando ao mesmo tempo um estipêndio do governo, mesmo porque "um urubu não sonha mais com um festim sobre uma carcaça (*no urubu longs most for a feast upon a carcasse*) do que esse jornal com algum subsídio". Repugna a seu espírito a ideia de que um estrangeiro, mormente quando se trate de alguém como ele, Scully, que fez do Brasil seu verdadeiro lar, no sentido inglês desta palavra, não deve discutir a situação de uma guerra em cujo bom resultado está empenhada a sua fortuna e também a do próprio Brasil, país que sempre lhe mereceu a maior admiração pelas suas instituições políticas, em cuja prosperidade tem o interesse mais vivo e onde soube fazer grande número de amigos muito caros.

O mais grave, no seu entender, é que nas diatribes sem conta que enchiam as colunas dos jornais nenhuma parece mostrar o menor esforço para rebater suas afirmações ou atenuar a força de suas observações. Tudo girava apenas em torno de um pobre argumento ad hominem, partindo do princípio de que um estrangeiro não pode exprimir, quando vive no país, sua opinião sobre esse assunto, sob pena de passar por ingrato ao povo que o acolheu. Que fizera ele, no caso, senão "exprimir, a propósito do que se passava na frente de combate, um pensamento que é quase universal nesta cidade, que é geral no país inteiro, a julgar pelas correspondências vindas de todos os recantos do Império e que se acham perfeitamente comprovadas nas informações que trazem todos os navios vindos do rio da Prata"? Em realidade o desengano e o pessimismo que se iam alastrando eram o preço pago pelas esperanças exageradas com que no Brasil, antes de Curupaiti, e mesmo depois da nomeação de Caxias para o comando das forças brasileiras em operações, se encarara o desfecho da luta.

O certo é que, por mais que se atribuíssem ao próprio Caxias afirmações tendentes a justificar aquelas esperanças, nenhuma das suas declarações conhecidas sugere que ele tivesse ilusões acerca das dificuldades que o esperavam na frente de combate. E embora evitasse talvez dar publicidade maior a suas verdadeiras opiniões, temeroso, talvez, de produzir mau efeito, não as escondia entretanto aos mais íntimos. Em carta à mulher, datada justamente de Tuiu-Cuê, a 8 de agosto de 1867, leem-se estas palavras:

> Não tenhas cuidado da minha sorte porque Deus é grande e eu sou fatalista, se tiver de morrer, tanto hei de morrer estando aqui como lá, há de ser o que Deus quiser, pois estou muito tranquilo e cumprindo sempre o meu dever, não me acusa a consciência de ter nunca facilitado estas coisas: quando todos diziam que isto era muito fácil, você sempre me ouviu dizer que era a guerra mais difícil que se podia fazer na América do Sul.[3]

Na mesma carta dá antecipadamente a razão que o faria deter-se em Tuiu-Cuê por um prazo que a muitos parece excessivo, onde diz:

> O López não quer me dar batalha em campo raso, e só me espera atrair de suas trincheiras, aonde me não convém combater, não só porque nossos soldados são pela maior parte recrutas vindos para cá há três ou quatro meses e tirados dos escravos de má conduta que os senhores se queriam ver livres deles, como porque seu número não é suficiente para bater os soldados de López, disciplinados e muito bem fortificados.

Refere-se ainda o general às vantagens que o terreno cheio de brejos, lagoas e matos oferece aos que o defendem, negando-as aos aliados, e diz que nos dois combates havidos ultimamente perdeu muito pouca gente, "o que nunca aqui aconteceu até agora", e acrescenta que o inimigo em vão vai esperando que se disponha a "bulir com eles na sua toca". Particularmente interessante, porque explicaria, talvez, até certo ponto, seu intempestivo pedido de demissão, logo que a esquadra forçou o passo de Humaitá, e ainda mais seu regresso depois, ao Rio de Janeiro, em seguida à captura de Assunção, quando dará a guerra por terminada, é um trecho da carta onde, provavelmente em resposta a lamentações da marquesa por causa de sua longa ausência, já anuncia o propósito de retirar-se mais cedo ou mais tarde. "Apesar de tudo", são suas palavras, "se a esquadra passar o Humaitá, a guerra se acabará muito breve, e caso contrário ela há de durar muito, mas eu, dada a batalha, ou provado que a esquadra não pode subir o rio, peço demissão, porque já estou cansado e sou doente. Mas isto não diga a ninguém para não me comprometer." E linhas adiante repete a advertência: "Tenha todo o cuidado no que conversar sobre coisa da guerra para me não comprometer".

Embora no momento em que o chefe do governo fez alusão a imposições da "espada e da caudilhagem" e já sentisse insegura ou condenada sua posição, tentou ainda compor-se com Caxias: apenas dez dias antes de ser substituído na presidência do Conselho, denunciou Zacarias, em carta ao marquês, os que, por inexperiência ou despeito, queriam, por força, ver a guerra imediatamente terminada e a qualquer preço. Que Zacarias esperava seu afastamento logo parece fora de dúvida, depois da atitude do imperador perante o Conselho de Estado, reunido para dar consulta sobre o pedido de demissão do Gabinete, que alegara ser no momento essencial para a terminação honrosa da guerra, pouco importando quem estivesse no poder. O pedido fora provocado pelo ofício de Caxias solicitando sua substituição no comando das forças de terra e mar em operações contra o ditador do Paraguai, e que, em realidade, não é senão o desfecho de um longo período de deterioração nas relações entre o governo e o general. Esse ofício, chegado ao Rio de Janeiro em fevereiro de 68, quase simultaneamente com a notícia da passagem de Humaitá, produzira, como se poderia prever, grande celeuma. Momentaneamente causou a pior impressão, mesmo entre correligionários do marquês, e mais ainda, naturalmente, entre os liberais, que viam no gesto nada menos do que uma tentativa de forçar a retirada do Ministério e a ascensão dos conservadores ao poder.[4] O marquês alegava no ofício incômodos de saúde, mas a explicação não convenceu.

As verdadeiras razões de sua deliberação deu-as ele em carta particular a Paranaguá e prendiam-se ao ter sabido pelos jornais enviados da Corte das discussões ali havidas em torno de sua atuação na guerra. A causa de tudo, "ao menos ostensivamente", dizia a carta, é o prolongamento da guerra, "atribuindo um foliculário inglês, no Rio de Janeiro, à tibieza, frouxidão e não sei que mais de minha parte". E não era tudo: as críticas do jornal inglês foram plenamente endossadas por um diário que se publicava também na Corte em português e que se dizia, "com razão, ou sem ela", inspirado por um membro do governo. E como fosse estranhado que o jornalista estrangeiro recebesse auxílio dos cofres públicos, confirmou-o o próprio governo pelo *Diário Oficial*, dizendo que, efetivamente, o governo subvencionava *The Anglo-Brazilian Times*, mas apenas para que a mesma folha e seu diretor, William Scully, defendessem fora do país "os interesses da imigração". Fosse como fosse, parecia incompreensível que o dito jornalista pretendesse exercer influência sobre assunto tão melindroso como o da continuação ou saída do Gabinete e a exoneração do general-chefe.

Depois dessa e de outras queixas, dizia Caxias a Paranaguá que os fatos por ele relacionados serviam para "robustecer, se não confirmar" as suspeitas de que a seu respeito, e a respeito da guerra, que vinha o país sustentando, não podia contar com a indispensável solidariedade do Gabinete.

E acrescentava ainda: "Talhado para a luta, eu nunca a provoquei, mas também nunca a temi nem a temo, quando franca e descoberta. Tive, porém, sempre asco à simulação e a essa pequena guerra chamada dos *alfinetes*". Terminando, insistia em que o maior favor que lhe poderia o Ministério fazer seria aceitar seu pedido de exoneração, tirando-o de uma situação que julgava insuportável, e evitando o ser ele compelido a algum ato que, por violento que parecesse, ao menos o desembaraçaria da posição em que se via colocado.

Levada a questão ao Conselho de Estado, pronunciara-se este contrário à exoneração, tanto do Gabinete como do general. Não se satisfez d. Pedro com a decisão, tomada por unanimidade, pois julgava urgente uma solução. Caxias estava à espera de resposta ao pedido feito para tomar qualquer iniciativa, e o Ministério, por sua vez, não oferecera uma alternativa: achara que não podia deixar de retirar-se por considerar mais funesta ao país do que a sua demissão a saída de Caxias. De onde veio nova pergunta, e mais precisa: "Qual é, segundo o Conselho de Estado, o mal menor, a demissão do general ou a do Ministério?". Posto o caso nesses termos, a maioria do Conselho, inclusive amigos de Caxias, como S. Vicente, manifestou-se pelo primado do poder civil. Pela retirada do Ministério manifestaram-se Silva Paranhos, Torres Homem, Muritiba, todos conservadores, e Nabuco, este correligionário político de Zacarias de Góis.

O parecer de Nabuco, embora preferisse a conservação do general, dava entretanto como gratuita essa hipótese. Seria uma contradição, dizia, demitir-se o Ministério, como o fez, por achar de utilidade maior a conservação do general, e depois pedir a demissão do general a fim de poder conservar-se no poder. Não obstante isso, uma vez que a hipótese ainda assim se apresentara, entendia que mal maior seria a saída do general, pois causaria demora ou transtorno em operações já planejadas. Nem por isso deixava de achar mau precedente, no sistema representativo, sair um Ministério por imposição do general ou para agradar o general. Dirá mais tarde o próprio filho do conselheiro Nabuco que a partir daquela reunião ficou o governo à mercê do general. De fato já ficara à mercê do general desde que, ao convidar Caxias, o chefe do governo lhe dissera que deixaria seu posto se repugnasse ao comandante servir com ele. Assim o lembrará um deputado liberal na sessão de 9 de junho de 1868 da Câmara: era constrangedora a posição do governo, que condicionara sua permanência às boas graças do general. Como ficaria o Ministério se Caxias, tomando ao pé da letra a declaração, reclamasse a sua saída?

Mas o que ficou claro depois de reunido o Conselho de Estado não foi tanto a dependência em que estava o governo em relação ao general, mas sim o não poder mais contar aquele com o apoio de S. Cristóvão. O Conselho de Estado adotara uma solução de compromisso: preferiu que se mantivesse no poder o Ministério, não por uma questão de simpatia, mas por uma questão de princípios. Sugeriu, contudo, de acordo com a proposta de S. Vicente, que fizesse sentir o Ministério ao general o infundado de suas queixas e das apreensões quanto à confiança nele posta. O compromisso não foi do agrado de Sua Majestade. O assunto era urgente, disse, o comandante estava longe para saber dos pormenores das discussões e ficara à espera de uma decisão para poder agir sem o embaraço que pudesse resultar de suas mal fundadas apreensões. Por isso, insistira numa decisão imediata sobre a permanência sua ou a do Ministério, mas o que fizeram os conselheiros, dizia, foi enredarem-se numa questão de princípios.

D. Pedro não interpretara o pedido de Caxias como uma espécie de ultimatum ao Ministério, o que seria coisa insólita no sistema brasileiro. Por princípio, também ele seria adverso à espada como fator político, mas entenderia, mesmo sem endossá-los, os melindres de seu general diante da "guerra dos alfinetes" de que este era objeto, e admitiria que Caxias procurasse apenas provocar uma declaração de confiança. De qualquer modo, a maneira pela qual pôs o problema, permitindo que se pudesse optar entre um princípio imutável e a pressão de circunstâncias de momento, estabelecera uma alternativa que a ninguém ocorreu, pois indicava tacitamente que o princípio não era absoluto e eventualmente podia ser derrogado pelas circunstâncias. Para bom entendedor ficara claro que o poder mais alto não pendia para a conservação do Ministério. Um político sagaz como o era o chefe do 3 de agosto não precisaria já de meias palavras ou de insinuações para saber que estavam contados os dias do governo. Agora era tratar de ir arrumando as malas. Só faltava mesmo algum "fútil pretexto", como viria a ser o da escolha de um senador na lista tríplice que o Gabinete não quis referendar. E o pretexto irá escolhê-lo o presidente do Conselho.

Fim do segundo "quinquênio liberal"

D. PEDRO E O ADVENTO. 16 DE JULHO

O imperador queria naturalmente a substituição do
3 de agosto por um Ministério que melhor se afinas-
se com o marechal. Ele próprio escreverá depois estas
palavras à margem de um opúsculo onde Joaquim Nabuco o acusa de ter retrogradado na questão dos escravos quando chamou um Ministério conservador: "Foi
pelo desejo de terminar a guerra com a maior honra e
proveito (em relação às nossas relações externas) para
o Brasil, que não cedi na escolha do senador. O Ministério liberal não podia continuar com a permanência
de Caxias à testa do Exército...". No mesmo sentido
manifesta-se o conde d'Eu em carta ao duque de Némours. Entretanto, o chefe de Estado ficará privado
agora de forçar a retirada do Gabinete quando bem o
entender. O presidente do Conselho, este sim, estará
na situação de voluntariamente largar o poder com seu
Ministério na hora que mais conveniente lhe pareça. E
ao fazê-lo, valendo-se do pretexto da escolha na lista tríplice para a senatoria pelo Rio Grande do Norte de um
candidato ligado aos conservadores, que por sinal fora o
menos votado, não só denunciará sua discordância com
um ato do Moderador, como se recusará a seguir a praxe de indicação do sucessor.

Configura-se por essa forma uma ruptura, que envolve todo o partido, e irá ter consequência grave para o futuro das instituições. O ministro, de algum modo, vai obrigar o imperador a apelar para o partido minoritário na Câmara, dissolvendo-a depois, num ato que assume quase características de golpe de Estado: é o conde d'Eu ainda quem, escrevendo ao pai sobre os sucessos de julho de 68, explica como d. Pedro tivera então de agir, não só em desacordo com seu próprio temperamento, mas sobretudo em desacordo com os usos do sistema parlamentarista. Pode-se dizer mais, que levando o monarca a portar-se dessa forma, o ministro o força também a ostentar, já sem subterfúgios e dissimulações, todo o imenso poder de que se acha realmente investido. Daí por diante, e até a queda do regime, não há fachada que consiga esconder essa realidade.

Com efeito, o que surge agora sem ornatos ou disfarces é a inanidade dos freios que, no Brasil, pareciam restringir a ação do monarca. Em outros países, e não só naqueles que adotaram o parlamentarismo, costumava esbarrar o poder do chefe de Estado em uma série de dispositivos legais e regulamentos, escritos ou não, que ajudavam a tornar menos arbitrários os seus atos. No Brasil a barreira estava apenas na cordura, no bom senso, até nas hesitações do monarca. É um poder, o seu, que se autolimita, mas não se torna por isso menos caprichoso. O imperador, embora nada execute, é chefe do Executivo. Encarna o poder chamado Moderador, ainda que os atos desse poder passem necessariamente para a órbita do Executivo quando devam ser executados. E é ainda o primeiro representante da nação. Teoricamente inativo ou agindo pelas mãos — pela cabeça? — dos que se acham capacitados para fazê-lo, e sobre os quais recai uma responsabilidade que lhe falece, marca, no entanto, com sua presença, todos os grandes atos públicos do Segundo Reinado.

Apesar de tudo, a queda do 3 de agosto, e sobretudo as circunstâncias que a rodearam, deixaram o chefe de Esta-

FIM DO SEGUNDO "QUINQUÊNIO LIBERAL" 185

do sem liberdade para convocar quem se situasse nitidamente na linha mediana, mais de seu agrado. Em situação normal, é muito provável que não apelasse para Itaboraí, o mais destacado representante da tradição saquarema, e sabe-se até que chegou a hesitar na aceitação da renúncia do Gabinete. No dia 12 de julho declarou positivamente a Zacarias que se recusava a dar-lhe a exoneração. No dia 13 insistiu na recusa. Só cedeu a 14, quando se certificou de que o Gabinete não a pedia propriamente, *dava* a sua exoneração, como já acontecera certa vez com Alves Branco. Diante da teimosia do presidente do Conselho, disse que precisava meditar. Meditaria, entre outras coisas, no estranho contrassenso que significava um convite ao chefe da ala refratária a qualquer reforma que ferisse a propriedade escrava e as reiteradas declarações, na Fala do Trono, de que se impunha considerar o assunto.

A reviravolta pode sugerir que Sua Majestade não estivesse muito empenhada, na reforma. Ou, ao menos, que pretendesse frear os entusiasmos dos partidários da emancipação. Do mesmo modo, em 1882, quando um movimento já plenamente abolicionista começar a ganhar força, depois de amortecido pela Lei do Ventre Livre, que a muitos parece ter atingido o máximo das concessões possíveis, pois o resto, diziam, viria por si e sem tropeços, irá chamar Martinho Campos, aceitável para muitos liberais, por ser um deles, mas inimigo de qualquer alteração no estatuto do trabalhador escravo. Representante de Minas, sua província natal, mas grande proprietário na do Rio de Janeiro, conseguia aliar a ideias políticas de um liberalismo quase radical o antiabolicionismo mais renitente, proclamando-se "escravocrata da gema" e anunciando que, se o pudesse, cuidaria de mandar agarrar os pretos que enchiam de pernas a rua do Ouvidor para devolvê-los aos respectivos donos.

A ESCOLHA DE ITABORAÍ

Quando d. Pedro, depois de longo meditar, se fixou no nome de Itaboraí, para sucessor de Zacarias de Góis, não foi entretanto para deter o movimento reformista já suscitado com seu consentimento. Apenas a reforma podia esperar um pouco mais. O inadiável a seu ver era uma ação bem concertada no sentido da conclusão honrosa da guerra. Isso em primeiro lugar. Em segundo lugar, importava corrigir o descalabro financeiro que a guerra produzira e que os erros do Ministério demissionário contribuíram para levar a extremos nunca vistos. Ora, Itaboraí passava, mesmo entre seus adversários políticos, por ser o grande financista do Império, assim como a primeira espada do Império era Caxias. Os dois entendiam-se, e era importante. Se havia diferença estava em que, no grupo intransigente, passava Caxias por moderado, ao passo que Itaboraí, sem ser precisamente intransigente, estava em ligações políticas com os que mais o fossem.

Dentre os outros homens públicos que se haviam especializado no Brasil em questões financeiras, Torres Homem parecia naturalmente afastado. Ligado como estava, mais do que qualquer outro, às origens da crise de que resultou a mudança de governo, seria sua escolha um ato quase acintoso, mormente quando a crise assumia caráter pessoal e não apenas político. Sousa Franco, por sua vez, já tinha alarmado suficientemente d. Pedro, dez anos antes, com suas ideias heterodoxas, que lhe valeram, injustamente, aliás, a fama de "papelista". Passaria por uma rematada loucura, entre muita gente, chamar ao poder, em hora tão difícil, um homem que de qualquer modo desaprovava as cautelosas doutrinas oficiais no tocante às finanças públicas. Itaboraí, este, sim, era ortodoxo, era a ortodoxia em pessoa, e as mesmas razões que aconselharam sua escolha desaconselhariam um convite a Sousa Franco. Outros existiam que haveriam de revelar depois aptidões especiais no

FIM DO SEGUNDO "QUINQUÊNIO LIBERAL" 187

trato das questões monetárias, como o conservador Francisco Belisário ou o liberal Afonso Celso, futuro visconde de Ouro Preto, mas ainda não tinham tido ocasião de revelar esse talento ou ainda lhes faltava traquejo político. O último distinguira-se, é certo, como titular da Marinha do governo demissionário, mas só isso bastava para afastá-lo agora de qualquer cogitação.

A tônica do programa do novo Ministério, o 16 de julho, é dada, na política interna, pelas finanças públicas. Itaboraí, que, além de presidente do Conselho, escolhe para si a pasta da Fazenda, começa entretanto por falar em moderação, como se pretendesse abafar as vozes dos que estranhavam uma tão inesperada mudança política. Ao contrário do que se dera em 1848, onde os conservadores, ainda quando alijados aparentemente do poder, contavam com um grupo de aguerridos combatentes — a chamada "patrulha" — sabendo os meios de compensar sua inferioridade numérica no Parlamento, agora só contaram, praticamente, com o apoio da Coroa para a posição a que se viram inesperadamente alçados. O comportamento que haviam assumido em face do 3 de agosto, se não foi de complacência, foi de transigência. Poderiam criticar, e criticaram, atos do Poder Público, mas na hora das decisões não lhe negaram seu voto. No que eram menos consequentes do que os "históricos": estes não poupavam o governo que se dizia liberal — o nome de "progressistas" já começara a cair em desuso — nem nas palavras, nem nos atos.

Embora fosse o último remanescente da velha trindade saquarema, desde a morte, dois meses antes, de Eusébio de Queirós, e comandante inconteste do partido, Itaboraí não deixa de aludir à necessidade de reformas, e até de reformas insistentemente pleiteadas pelos liberais, como a da lei de 3 de dezembro, a da Guarda Nacional, a eleitoral. Era como se não quisesse estabelecer uma solução de continuidade entre o governo novo e o antigo, que também pretendera dar andamento a essas medidas. Não deixa mesmo de referir-se a outras mudanças necessárias, mencionadas "na Fala do Trono com que se abriu tanto a última como as anteriores sessões legislativas", e essa alusão pode entender-se com a questão servil. Apenas o fato de não se mencionar diretamente o problema indicaria que o Ministério cuidaria, na medida do possível, em procrastinar sua solução enquanto a guerra durasse.

O CAMINHO DA VITÓRIA

A guerra, por sua vez, parecia encaminhar-se a bom termo. Depois de longa espera, surgira enfim, com a passagem de Humaitá, a 19 de fevereiro, por três vasos de guerra brasileiros, um feito reanimador para o espírito público. Contudo, esse acontecimento sem consequências imediatas a muitos pareceu vir tarde: quando muito teve a vantagem de sopitar novas ameaças de guerra civil nas Repúblicas aliadas, num momento em que, segundo afirmava Mauá ao imperador, a aliança brasileira tinha contra si, além do Paraguai, 3/4 da população da Banda Oriental e 2/3 dos argentinos. A verdade é que, por um ou outro motivo, a vitória, em futuro não muito distante, só começará a ser vislumbrada após a ascensão do Ministério de 16 de julho. É, com efeito, precisamente nessa data que, iniciando os exércitos aliados o reconhecimento da linha inimiga em Humaitá, chega Osório até a beirada do fosso, ao mesmo tempo em que a esquadra sob o comando de Joaquim José Inácio, já agora visconde de Inhaúma, inicia o bombardeio das baterias inimigas.

Passados cinco dias, dois encouraçados e um monitor brasileiros vão juntar-se rio acima com a parte da esquadra que, em 19 de fevereiro, forçara a passagem por ali. Logo depois, a 24 de julho, mais três encouraçados realizam igual façanha, e a guarnição paraguaia principia a aban-

FIM DO SEGUNDO "QUINQUÊNIO LIBERAL"   189

donar a fortaleza, em direção ao Chaco. A 26 começam as forças aliadas a entrar no reduto, e a 5 de agosto rende-se o restante da guarnição, que era o principal estorvo ao avanço para o norte. Constou que o Ministério, contra o parecer do monarca, já pensava em dar a guerra por acabada. Restava no entanto organizar as forças para a decisiva arrancada, o que requeria ainda uns poucos meses. O caminho do triunfo é finalmente marcado por uma sucessão rápida de imponentes vitórias durante o mês de dezembro: Itororó (6); Avaí (11); Lomas Valentinas (21 a 27); Angostura (30). No primeiro dia de 1869, uma brigada brasileira de Infantaria começa a ocupar a capital paraguaia. E a 5 de janeiro entra o marechal Caxias em Assunção, à frente das forças aliadas.

Toda essa fase da luta ocorre sob o Ministério de 16 de julho, que ainda estará no poder ao término da guerra grande: 1º de março de 1870. Entretanto, um retrospecto desapaixonado há de mostrar que, se ao Governo Itaboraí corresponde o tempo da colheita, o de Zacarias foi o da sementeira, depois do revés de Curupaiti. E são os esplendores da "dezembrada" que permitem reconhecer a importância da fase preparatória, sem brilho exterior e forçosamente lenta, diante dos imprevistos ou embaraços de repente surgidos. E que permitem, ao mesmo tempo, fazer justiça ao marquês e às suas "delongas" tão duramente criticadas. A infatigável diligência do ministro Afonso Celso, titular da Marinha, um moço de apenas trinta anos de idade quando se inaugurara o 3 de agosto, fizera o impossível para dotar a frota brasileira de unidades capazes de preparar decisivamente a vitória. E a Caxias, que desde 13 de janeiro vinha arcando sozinho com as responsabilidades do comando, já que Mitre se vira forçado a voltar à Argentina, agora em definitivo, pois deveria reassumir a Presidência da República após a morte súbita do vice-presidente em exercício, deve-se a direção das operações no período mais importante da luta.

Quando as forças aliadas apareceram diante de Lomas Valentinas, ou Itá Ibaté, depois de Itororó e Avaí, López já teria percebido que seu fim não estava longe. Dizia o cônsul francês De Cuverville que, nessa ocasião, encontrara o ditador muito agitado, a exclamar: "O desastre foi horrível, e toda a culpa é de Caminos". Essas palavras, se foram ditas — a testemunha merece pouca fé —, não impedirão José Caminos de permanecer, até o final, ministro da Guerra de López: quatro dias antes de Cerro Corá ainda subscreve o decreto instituindo a medalha comemorativa que seria outorgada a quantos fizeram a campanha de Amambaí, cruzando duas vezes a serra de Maraca. No entanto, o ditador mandara executar, depois de Lomas Valentinas, o próprio irmão Benigno, o cunhado, Vicente Barrios, o bispo Palacios, o antigo ministro José Borges, entre outras pessoas acusadas de conspiração.

Tudo sugere um esforço desesperado do marechal-presidente para sobreviver. A 23 de dezembro fez testamento, legando todos os bens a Elisa Lynch, mãe de seus filhos. Depois, ainda confiou os mesmos filhos aos cuidados do general McMahon, novo ministro dos Estados Unidos, a quem muito se afeiçoara. E quando, no dia 23, dita sua resposta aos chefes aliados, que o intimavam a render-se, ainda são altaneiras as suas palavras, mas sem a petulância dos tempos idos. Cumpriria "até a última extremidade" seu dever para com a pátria. Quanto ao mais, ajuntava, "legando à história meus feitos, só a Deus devo dar contas. E, se ainda houver de correr sangue, Ele o cobrará daquele sobre quem hajam pesado as responsabilidades". Fiava-se, assim, nos juízos da História e do Eterno quem já nada mais poderia esperar dessa vida presente.

Irá cobrar, porém, algum alento quando descobrir que os aliados tinham deixado livre um caminho de fuga, o da cordilheira de Ascurra. Ainda nessa fuga procura apenas adiar o desfecho funesto. Tanto melhor se, no entretempo, surgissem imprevistos favoráveis: acirramento nas desinte-

FIM DO SEGUNDO "QUINQUÊNIO LIBERAL" 191

ligências entre os inimigos, uma revolução que derrubasse, afinal, a única Monarquia americana, ou uma intervenção das potências estrangeiras contra os que só queriam a ruína da nação paraguaia. Sobreviverá ainda durante quase 460 dias, animado dessas esperanças. Faz quase o impossível. Entre privações de toda ordem conseguia ainda formar uma espécie de exército fantasma, que em vão procuraria deter em Peribebuí as forças contrárias, sob o comando, agora, do conde d'Eu. Transpõe e retranspõe a serra do Amambaí esse bando faminto e esfarrapado de meninos, mulheres, velhos e inválidos, que deverá seguir o chefe até o sacrifício final no Aquidabán-nigui.

Contudo, essa fase final da campanha não é senão o apêndice da grande guerra. A guerra propriamente cessou com a tomada de Assunção. Quando nela entrou a brigada do coronel Hermes da Fonseca, a cidade achava-se vazia, o que poderia estimular nos soldados um comportamento semelhante ao que se atribuiu aos homens de Estigarribia quando ocuparam S. Borja. Ainda hoje, no Paraguai, há entre historiadores oficiais quem fale nos excessos que, embriagados pela vitória, acabaram por cometer os brasileiros na antiga capital de López, ajuntando que, enquanto isso, os argentinos ficaram acampados nas imediações, mostrando com isso exemplar moderação.[1] É possível que assim fosse. Contudo, um observador talvez mais sereno, que visitou Assunção logo depois, mostra-se cético a respeito. O capitão Burton esteve ali com gente de todas as classes, inclusive diplomatas estrangeiros, e ninguém lhe falou nas depredações a que se teriam entregado os imperiais: alude apenas a desordens ocorridas na sede do Clube Nacional, mas para dizer que o barulho causado pelo sumiço de um piano velho indica ter havido mais fumaça do que fogo em toda aquela história.[2] É provável que registrasse as acusações se as julgasse verídicas. Ainda que abertamente simpático ao Brasil, não tinha em boa conta, salvo exceções como a de Osório, o valor e a probidade dos militares do

Império, de sorte que acolheria pressuroso uma notícia que favorecesse tão má opinião.

Quaisquer que fossem, porém, os desmandos das primeiras horas, a simples presença do marquês de Caxias, que no dia 5 entrou em Assunção, seria bastante para aplacá-los. Aos poucos começaram a regressar à cidade os moradores, que tinham fugido à aproximação das forças aliadas, e tudo então voltou à normalidade. Para o marechal brasileiro já se acabara a guerra grande, e a captura de López devia parecer-lhe questão de dias ou semanas. O próprio Osório não pensava de modo diverso: em carta à mulher, datada de 1º de janeiro, falava já em guerra terminada e anunciava que contava vê-la logo depois de restabelecido dos ferimentos recebidos em combate. E mais de um mês depois, a 9 de fevereiro, ainda escreverá ao mesmo Osório, agora marquês do Herval, o general Vitoriano Monteiro, falando em "guerra concluída".

CAXIAS DEIXA O COMANDO

No caso de Caxias, o ter embarcado para a Corte a 16 de janeiro, passando o comando a Guilherme Xavier de Sousa, explica-se por essa convicção e ainda por se achar "gravemente enfermo", segundo disse em ordem do dia, tendo tido licença do governo para tratar-se no Brasil. É possível, contudo, que pensasse como pensavam numerosos brasileiros na época, entre eles o próprio Itaboraí, que durante sua recente viagem à Europa e mesmo ao desembarcar no país, pouco antes de ser chamado a organizar o Gabinete de 16 de julho, se manifestara sobre a necessidade da paz imediata. E não pensavam diversamente alguns liberais, principalmente os da ala histórica. Um destes, José Bonifácio, o Moço, que não se cansou de criticar o Ministério Zacarias, apesar de ter um irmão no Gabinete, declarara na Câmara, pouco antes da queda do 3 de

FIM DO SEGUNDO "QUINQUÊNIO LIBERAL" 193

agosto, que era absurdo julgar-se humilhante para o Brasil abater o Paraguai deixando de derrubar Solano López. Suprimir um homem, acrescentava, não é suprimir um princípio: "Destruamos seus baluartes, firmando a liberdade fluvial, limitemos suas forças, e deixemo-lo em paz".

Os conservadores, que tantas vezes censuraram a política platina do partido contrário, quando se achava este no poder, teriam outras razões valiosas para não querer o prolongamento a todo transe de uma campanha que não tinham começado e com a qual não se achavam tão vivamente comprometidos. Quanto à posição de d. Pedro, que punha o maior empenho no extermínio do poderio de López mesmo à custa do quase extermínio de um povo tiranizado pelo mesmo López, pôde escrever Capistrano de Abreu: "A Guerra do Paraguai rompera em situação liberal: cumpria obter a cumplicidade conservadora". Esta cumplicidade já fora até certo ponto conseguida desde a nomeação de Caxias para comandante-chefe das forças brasileiras. Mas não bastava; politicamente conservador, poderia o marquês servir, como soldado disciplinado, sob um governo liberal, sem precisar envolver os correligionários. É ainda Capistrano de Abreu quem, tentando explicar o ato de Caxias, tão censurado então pela oposição liberal, de dar por finda a guerra sem ter liquidado López, escreve: "Continuar a guerra era colaborar com López para o aniquilamento de um povo. Prendê-lo era tarefa de somenos para quem tinha atrás de si o passado altivo".

Essa ideia de que o imperador pretendera associar os conservadores à sua política de guerra, quando criou condições para a saída de Zacarias e a subida de Itaboraí, não exclui as razões que terão contribuído mais decisivamente para a mudança, ou seja, a necessidade de maior harmonia entre o governo e o general e a ascensão de um Ministério capaz de pôr ordem no caos financeiro em que, por efeito da mesma guerra, mergulhara o país. A teoria levantada por José Maria dos Santos, de que a verdadeira causa da crise de 68 estaria na reação dos elementos conservadores à ideia da emancipação, não encontra apoio na documentação existente e, realmente, não vale mais do que a explicação dada por James Watson Webb ao seu governo, de que a mudança resultara da intervenção dele, Webb, ministro dos Estados Unidos, que teria entrado em choque com d. Pedro II.

Não importa isso em negar, naturalmente, a existência de poderosa reação, e não só por parte de conservadores, a qualquer reforma que afetasse a propriedade escrava, e em afirmar que os representantes de semelhante reação não tinham força, em dadas circunstâncias, para contrariar ou adiar uma reforma de tal natureza. Prova disso está no vivo empenho que porá o próprio Ministério de 16 de julho em evitar que se precipite essa questão. Por outro lado, é inaceitável, conforme já foi lembrado aqui mesmo, querer colocar o chefe do 3 de agosto no centro da resistência àquela reação. Se é certo que corajosamente incluíra, e por duas vezes, na Fala do Trono, referências à chamada "questão servil" como objeto de interesse da administração, e a encaminhou seriamente ao Conselho de Estado, ao contrário do que fizera Olinda com os projetos do conservador Pimenta Bueno acerca da emancipação dos nascituros, mostrou pelas suas atitudes posteriores que não era fundamental nele o interesse pela questão. Ao cindir-se mais tarde o Partido Conservador, irá colocar-se, ele, liberal, decididamente ao lado dos que se opunham a qualquer reforma imediata na questão da escravatura, assim como a outras reformas patrocinadas pelo Ministério Rio Branco. Nem seus discursos parlamentares, nem escritos como os que reuniu sem nome de autor em opúsculo intitulado *Questões políticas*, sugerem que tivesse a respeito ideias muito mais avançadas do que as que levou avante o Ministério de 7 de março.

O CAMINHO DAS REFORMAS

O engano dos que julgam possível um movimento de opinião, favorável ou refratário a reformas, impor-se por suas forças, prende-se de algum modo à ideia de que, no Brasil, o sistema representativo era realidade. Ainda quando o desejo de mudança se refletisse em amplos setores da opinião nacional e exercesse pressão decisiva sobre o Poder Público, sua realização dependia, em derradeira instância, de governos dispostos a ceder a essa pressão e capazes de formar, através da manipulação eleitoral, a maioria necessária no Parlamento para promovê-la com bom êxito. Não há mesmo indícios de que existisse, durante a década de 60--70, pressão irresistível em prol de medidas que tendessem à emancipação do trabalho escravo. O próprio Paranhos, quando em 1867 se discutiam no Conselho de Estado os projetos de Pimenta Bueno a respeito, pôde perguntar: "Onde está a pressão?". E mais adiante ainda observou: "Não há, entre nós, um partido que tomasse a peito a abolição da escravidão. Ninguém supunha essa medida tão próxima, nem os proprietários rurais, nem o comércio, nem a imprensa, nem as Câmaras Legislativas".

É certo, no entanto, que os sucessos recentes nos Estados Unidos haviam mostrado que não podiam os brasileiros permanecer eternamente indiferentes ao problema. Já antes disso, homens como José Bonifácio (1825), Antônio e Ernesto Ferreira França (1831), Silva Guimarães (1850 e 51), e uns poucos mais, tinham pugnado por ideias abolicionistas, mas justamente a escassa repercussão que alcançavam essas ideias leva a crer que o problema não se tornara agudo. O próprio imperador só começou a pressentir a conveniência de ser algum dia levantada a questão, à vista da cruenta Guerra Civil norte-americana. Em 1864, ao enviar a Zacarias de Góis, quando este organiza o Ministério de 15 de janeiro, um lembrete sobre o assunto, o que mais o preocupa é a recordação dos tempos em que a relutância do Império em efetivar a extinção do tráfico trouxe os cruzeiros ingleses às suas águas. Não correria o país igual ou pior risco se teimasse em manter indefinidamente o status quo acerca do trabalho escravo?

Entretanto, a situação no rio da Prata impediu que o segundo Ministério Zacarias, Ministério de seis meses e pouco mais, chegasse a cuidar do caso. Depois veio Furtado, que, apesar de liberal, julgava inoportuno tratar de negócio tão grave em ocasião tão crítica. Seguira-se Olinda, que preferia fazer ouvidos moucos a qualquer proposta envolvendo o "elemento servil". Foi entretanto sob o seu governo, o 12 de maio de 1865, que Pimenta Bueno iniciou aparentemente a elaboração dos projetos sobre a emancipação gradual. Entregando esses papéis ao presidente do Conselho, fez-lhe o imperador esta recomendação característica: "É preciso preparar esta reforma com prudência". Advertência inútil, porque Olinda era a prudência em pessoa, e se deu algum andamento aos projetos fê-lo de maneira a que acabassem engavetados.

D. PEDRO E A EMANCIPAÇÃO DOS NASCITUROS

Agora, porém, surgia um fato novo: a mensagem a Sua Majestade mandada pela Junta Francesa de Emancipação, presidida pelo duque de Broglie e que abrangia figuras de alta projeção internacional, como Guizot, Laboulaye, Cochin, Montalembert. Não se tratava de ameaça. A ameaças d. Pedro II era capaz de resistir: resistiu à pressão inglesa no caso Christie; resistiu a exigências vindas de numerosos países para fazer as pazes com Solano López e evitar o aniquilamento de todo um povo; resistirá depois aos bispos de Olinda e do Pará, arriscando-se a uma séria crise com a Santa Sé e a uma insanável incompatibilidade com os sentimentos católicos da maioria dos brasileiros. Mas o documento redigido em termos reverentes, que procura fazer justiça a Sua Majestade, ao seu governo, à opinião pública do país, subscrito por figuras tão ilustres, é irresistível. Mandada a minuta de resposta, com letra do próprio imperador, a Nabuco de Araújo, ministro da Justiça, chega tarde demais para ser encaminhada a Olinda. Poupa-se com isso, ao provecto marquês, o dilema de ter de renunciar às suas notórias opiniões antiabolicionistas, ao que não podia, ou de ter de contrariar Sua Majestade, o que não queria. Mesmo porque já andavam longe os tempos em que ainda era lícito resistir ao rei para melhor servir ao rei.

O assunto só ganhou nova dimensão quando, a 3 de agosto de 1866, sobe pela terceira vez ao poder o conselheiro Zacarias de Góis. O novo presidente do Conselho, além de não estar pessoalmente comprometido com os grandes interesses agrários adversos à reforma proposta, era homem indicado para bem acolher um documento que trazia, entre outras, a assinatura de Guizot, seu nume e modelo ideal. A resposta, confiada a Martim Francisco, ministro da Justiça, alega as circunstâncias especiais em que se acha o Império, às voltas com uma guerra externa, para não poder atender de imediato ao apelo, mas exprime, em nome do imperador e do governo, a simpática acolhida que lhe merecera a mensagem, e acrescenta que a emancipação é, no Brasil, apenas uma questão de forma e oportunidade. Vencidas as dificuldades do momento haveria de ser considerado "objeto de primeira importância a realização daquilo que o espírito do cristianismo há longo tempo reclama do mundo civilizado".

Era a primeira manifestação oficial nítida da intenção reformadora do governo e da Coroa. Conhecido o seu conteúdo de torna-viagem, através de jornais franceses, provocou logo grande sensação, como se poderia esperar. No dia 1º de fevereiro de 1867 outro passo será dado no sentido da reforma, com a remessa ao Conselho de Estado dos projetos de Pimenta Bueno. Agora, Olinda pode enfim exprimir mais claramente sua conhecida aversão à ideia. É ele, entre os conselheiros, o opositor mais implacável da emancipação. Ele e Muritiba. Este chega a fixar data bem remota — o ano de 1930 — para a extinção completa da escravatura no Brasil; em 1930, os últimos cativos seriam finalmente libertados por metade de seu valor. Quanto a Olinda, não ousa sequer fixar data. Admite que em algum dia se possa tratar do assunto, mas no dia em que se achar tão reduzido o número de escravos, que uma iniciativa emancipadora não provoque abalo na lavoura, nem estremecimento nos senhores. Por ora nem se deve pensar em tal coisa. A só publicação dos projetos poderá acumular material explosivo suficiente para causar um "tremendo terremoto na sociedade".

Foram essas, contudo, no Conselho, as únicas vozes que se ergueram abertamente contra a realização da reforma projetada em oportunidade mais ou menos próxima. Favorável à abolição imediata só houve um conselheiro: Jequitinhonha. Todos os mais se declararam pela libertação dos nascituros, mas depois da Guerra do Paraguai. E a maioria não se aventurou a propor a fixação de prazo para a abolição total: sete, num total de onze conselheiros. Apenas Pimenta Bueno marcou prazo: a abolição total, no seu entender, deveria realizar-se até o dia 31 de dezembro de 1899. A Paranhos pareceu entretanto muito longo esse prazo, tanto que sua fixação só serviria, declara no parecer, para "matar desde logo toda esperança à população escrava". A comissão designada a 11 de abril para a organização de um projeto onde se consignassem as ideias que tivessem alcançado maioria manteve todos os pontos de vista mais importantes dos projetos de Pimenta Bueno (que acabara de receber do imperador o título de visconde de S. Vicente), menos o que dizia respeito à data de 31 de dezembro de 1899 para a completa extinção da escravatura. É esse projeto que irá servir de base à lei de 28 de setembro de 1871.

FIM DO SEGUNDO "QUINQUÊNIO LIBERAL" 199

Na sessão de 7 de maio de 1868 do Conselho de Estado, sugeria-se a Nabuco de Araújo, relator, que redigisse um novo projeto com as alterações sofridas, para ser sujeito a discussão quando Sua Majestade o determinasse. Pouco mais de três meses depois, subindo o Ministério conservador encabeçado pelo visconde de Itaboraí, o assunto não será expressamente mencionado no programa apresentado pelo novo governo, que no entanto se propõe a realizar, na medida de suas forças, outras reformas julgadas necessárias. Mas mesmo estas reformas teriam de ser preteridas no momento em que todas as atenções se voltavam naturalmente para a situação das finanças públicas. De fato, apenas vinte dias depois de inaugurado o Ministério, assinou-se decreto pelo qual o Ministério da Fazenda se autorizava a emissão de 40 mil contos de réis em papel-moeda durante o exercício de 68-9. A esse seguiu-se outro decreto, o de 15 de setembro, por onde o mesmo Ministério contrairia um empréstimo, por via de subscrição pública, que não excedesse de 30 mil contos.

O 16 DE JULHO E AS FINANÇAS

Depois de Zacarias de Góis que, jejuno em questões financeiras, inundara o país de papel-moeda sem valor, não faltava quem esperasse do novo presidente do Conselho, reconhecido por todos, inclusive pelo próprio Zacarias, como a grande autoridade no assunto, alguma solução mágica que evitasse uma catástrofe nacional, ainda que ele próprio tivesse pessoalmente aprovado todas as medidas de seu antecessor. Por isso, grande foi a surpresa dos otimistas e a irritação dos que já estavam mal dispostos contra a situação conservadora, quando viram que o governo procurava curar o mal com o veneno que o produziu. Se era para recorrer aos desacreditados expedientes que tinham levado o país à beira da bancarrota, por que se perturbara tão repentinamente a vida pública, mudando a política dominante? O que mais exacerbava a oposição era, aliás, a atmosfera de reserva que se tentou manter, enquanto possível, em torno da medida, e isso bastava para torná-la suspeita. O Ministério, de fato, exorbitara de suas atribuições, e isso mesmo irá confessá-lo Itaboraí, quando pedir no ano seguinte sua aprovação à Câmara, já certo de que a terá, visto como fora eleita uma Casa unanimemente conservadora para tomar o lugar da anterior, quase unanimemente liberal.

Era evidente que um segredo tão bem guardado se inspirou no desejo de evitar maior comoção no espírito público. O decreto autorizando a primeira emissão tinha a data de 5 de agosto, mas só um mês depois se noticiou sua existência, e então a notícia caiu na praça como um bólido. A cautela fora contraproducente, porque agora se censurava o governo, não só pelo ato em si como pela preocupação em escondê-lo, como se tivesse sido praticada uma ação reprovável. Se o Ministério sacava assim sobre o futuro, era naturalmente por estar certo de que o fazia impunemente. Ao tomar uma decisão que normalmente o sujeitaria a censuras e interpelações parlamentares, sabia que as eleições lhe dariam uma Câmara disposta a endossar todos os seus atos. A imprensa de oposição não hesitou em tirar todas as consequências da situação, e passou a fazê-lo com truculência. A palavra "ditadura" transformou-se, de repente, em estribilho dessa oposição e chegou a inquietar adeptos do governo.

No dia 11 de outubro, o *Diário do Rio de Janeiro*, transformado agora em folha ministerial, pedia com urgência um corretivo para o abuso da imprensa liberal, que não conhecia meios-termos em seus ataques ao governo, perturbando seriamente a marcha da administração. Escrevendo semanas depois a Cotegipe, ministro da Marinha, e depois, interinamente, de Estrangeiros, em substituição a Paranhos, quando este partiu para o rio da Prata

FIM DO SEGUNDO "QUINQUÊNIO LIBERAL"

e o Paraguai, mostra-se Ferreira Viana muito preocupado com o "descomedimento da imprensa" e com a crescente excitação do espírito público. E antes mesmo de surgir um novo partido político disposto a contestar, não apenas este ou aquele governo, liberal ou conservador, mas o próprio regime, mostra-se o deputado fluminense positivamente alarmado com os progressos ultimamente alcançados pela ideia democrática e pela ameaça republicana. Só encontra um meio para resistir à avalanche, pois que o descontentamento com o Partido Conservador é, a seu ver, a "porta por onde entrará o archote da revolução". O remédio estaria numa completa reabilitação da opinião conservadora através de "reformas largas e refletidas" que anulassem a revolução em perspectiva.

REFORMA OU REVOLUÇÃO

No entanto, o remédio vai ser logo apregoado publicamente pelos adversários da situação conservadora. A reforma, que para Ferreira Viana é uma prevenção, apresenta-se nesse caso como alternativa. A diferença, contudo, é puramente formal, porque nem os liberais pretendem apelar para a revolução. Aos atos de reação do Ministério poderiam retrucar com um convite para a resistência armada ou com a abstenção nas urnas, mas preferiram a abstenção. Depois de lançarem seu lema "Ou a reforma. Ou a revolução", trataram de explicar: "Não há a hesitar na escolha: a reforma!". E tudo estava salvo. A fórmula, de qualquer modo, era incisiva e marcaria época. Não são, por conseguinte, de estranhar os receios que exprimiu o barão de Cotegipe a Paranhos acerca do trabalho de catequese sobre os soldados vindos do Paraguai, e talvez já contaminados de ideias republicanas, depois de largo contato com os colegas do Prata, pelos "políticos da reforma ou revolução".

O dilema que permitiu congregarem-se num mesmo Partido Liberal as alas antes divergentes de históricos e progressistas, a fim de formarem um bloco sólido de oposição ao governo conservador, não ajudou, porém, a absorção dos elementos mais exaltados, que se pretendiam os verdadeiros representantes da velha tradição luzia. A muitos repugnava a aliança com os progressistas, que no seu entender traziam ainda marcas visíveis da origem saquarema. A repugnância era antiga: começara a concretizar-se pelo menos desde 64, quando boa parte dos chamados históricos entrara a fazer oposição ao Gabinete de 15 de janeiro. Dois anos depois passa esse grupo a dispor de uma folha, a *Opinião Liberal*, orientada por Francisco Rangel Pestana, J. L. Monteiro de Sousa e Henrique Limpo de Abreu, que pugna por algumas reformas políticas de grande alcance: eleições diretas; abolição do Poder Moderador; franquias provinciais com eleição dos presidentes; supressão da Guarda Nacional e polícia eletiva.

A palavra "radical", que poderia alarmar os bem--pensantes, ainda não aparece nessa fase do movimento. Vai aparecer em 1866, quando o jornal já se diz filiado à "escola liberal radical". Mas tão somente para assinalar a distância que separa os que assim se chamam dos elementos liberais que, depois da queda do 3 de agosto, preferiram sepultar suas divergências com o defunto "Progresso". Critica também a Coroa e os conservadores pelos sucessos de julho, mas não vai a ponto de sacrificar seus velhos princípios por amor aos trânsfugas do conservantismo. O escasso radicalismo de seu programa, fora do terreno político, é evidente, onde aborda um dos tópicos mais discutidos no momento, pleiteando a "substituição lenta e gradual do trabalho escravo". Sim, porque mesmo entre os mais empedernidos conservadores não havia quem publicamente admitisse que o trabalho escravo devia perdurar no Brasil para todo o sempre. Os adjetivos "lento" e "gradual", por sua vez, não queriam dizer nada.

Ou queriam dizer apenas, em termos que quase toda gente poderia subscrever, que convinha algum dia considerar a questão do "elemento servil". Quanto ao prazo, guardava-se prudente silêncio.

OS RADICAIS

Em novembro de 69, alguns componentes mais avançados do grupo deixam o jornal para ir fundar, também na Corte, o *Correio Nacional*, dirigido por Francisco Rangel Pestana e Henrique Limpo de Abreu. Mais agressivo, na aparência, do que a *Opinião*, insurge-se o jornal contra a prepotência de um poder supremo, que despede ministros quando bem lhe apraz e dissolve uma Câmara para fazer outra, dócil aos desígnios dos governos que escolheu. No entanto, ainda quer que tudo se processe dentro dos mais estritos moldes legais. Deseja reformas, sim, mas nada de revoluções, nada de "choques vulcânicos", segundo diz um dos seus primeiros editoriais. Engana-se quem suponha que, entre a política de transações, que condena, e as reformas, que reclama, possa haver "o abismo revolucionário".

Não se limitam esses radicais a ter seu órgão de imprensa. Têm também, tinham-no desde 1868, o seu clube, que organizou uma série de conferências, com ampla repercussão, no Teatro Fênix Dramático do Rio de Janeiro, onde falaram, entre outros, um senador do Império, Silveira da Mota, professor na Academia de Direito de S. Paulo, e um antigo ministro de Estado, Liberato Barroso, que ocupara a pasta do Império no Gabinete Furtado. A figura mais apta a angariar popularidade para o grupo radical era, no entanto, um jovem rio-grandense que, mesmo sem ter tido oportunidade de participar ativamente da política geral, já se notabilizava pela palavra fácil e arrebatadora, que prometia torná-lo um grande tribuno. Gaspar da Silveira Martins chegara a ser eleito, em 1863, deputado geral pela sua província, mas uma Câmara onde dominavam os progressistas depurou-o para beneficiar seu concorrente Antônio Gomes Pinheiro Machado, que, natural de São Paulo, militava agora na política rio-grandense.

A vituperação e o sarcasmo, que são dois ingredientes poderosos na eloquência de Silveira Martins, vão visar frequentemente a Coroa, porque, declara-o ele em sua conferência, "a ignorância, a desmoralização, a bancarrota, o ódio aos estrangeiros, o descrédito de tudo e de todos são os funestos resultados dos 25 anos do governo do sr. d. Pedro II". Mas, apesar de uma referência de passagem ao "dia das explosões", não pretende pregar qualquer ação subversiva. Fácil é destruir, afirma, pois com um simples archote podem conquistar-se as glórias de Eróstrato, porém para corrigir e melhorar faz-se preciso primeiramente observar, comparar, prever. Os radicais não vêm arrasar, vêm reformar. Querem os áulicos que sejam revolucionários, e se a palavra "revolução" significa movimento, progresso, então aceitarão de bom grado o título. Mas se revolucionários são os que subvertem todos os princípios de ordem, para satisfazer as suas ruins paixões, se são os que, em proveito de poucos, exploram o patrimônio de muitos, se são os egoístas que querem a conservação das leis injustas, porque lhes aproveitam, então revolucionários são os acusadores, são os senhores do poder.

INCONSISTÊNCIA DO RADICALISMO

A inconsistência, no plano político, da posição dos radicais de 1868-9 está em que, depois de desenvolverem uma cerrada argumentação, que redundaria, em suma, na denúncia do regime monárquico, responsabilizado por todos os males que condenam, não chegam entretanto a esse extremo. Só em 1870 é que boa parte dos componentes da agremiação se decide finalmente a cortar o nó górdio, e assim o movimento "radical" já não tem sentido. De fato, se alguma importância cabe atribuir a esse movimento, está em que já traz no bojo a ideia republicana. Fundado o partido, que vai renegar as bases do regime, em vez de se limitar a queixas contra o poder pessoal do monarca, como o faziam as facções tradicionais, sobretudo se apeadas do poder, então não há mais razão para manter-se o Clube Radical. Os que, dentro do movimento, permanecem fiéis ao regime são muito poucos para sustentá-lo com eficácia, e não lhes resta senão o recurso de voltar ao aprisco liberal. Um destes foi o próprio Silveira Martins, que chegará a ministro da Fazenda, e se tornaria talvez presidente do Conselho se não viesse o 15 de novembro.

Enquanto isso, os representantes das duas alas liberais que tinham consentido, em princípio, na possibilidade de um acordo contra o inimigo comum, que estava no poder, pelejam por encontrar o território comum onde possam arrefecer-se as incompatibilidades, sobretudo pessoais, que ainda os separam. Uma primeira reunião, efetuada ainda em julho de 68 na casa do conselheiro Nabuco de Araújo, mostrou que as incompatibilidades ainda não haviam sido superadas. Para evitar outros motivos de rixa, julgou-se mais prudente, em novas reuniões, convidar unicamente senadores que não fossem suspeitos de simpatias pela gente que assumira o poder. Para a presidência do Centro Liberal, como foi chamada a agremiação, escolheu-se o próprio senador Nabuco e a ele se confiou a incumbência de redigir o manifesto. A 20 de novembro sai nos jornais uma circular do Centro, recomendando aos correligionários o não comparecimento às urnas nas eleições de janeiro. O manifesto só sairá em março, e é quase todo ele uma justificação da abstenção no pleito.

O CLUBE DA REFORMA

Pouco depois de aparecer esse manifesto, a 7 de abril, funda-se na casa de Tavares Bastos o Clube da Reforma, que é de certo modo um complemento do Centro Liberal, e aventa-se a ideia da fundação de um jornal que sirva de porta-voz para suas ideias. A lembrança foi vivamente combatida por Zacarias de Góis que, aparentemente, temia a possibilidade de virem a prevalecer na folha elementos identificados com os históricos, pois destes partira a proposta. É expressivo, a respeito, o depoimento constante das memórias íntimas de Tavares Bastos: "O progressismo subsiste. Com ele nada se fará". Para obter uma sutura aparentemente completa entre as duas alas, inventou-se um engenhoso sistema, e aparentemente eficaz. Ao lado do chamado "programa", onde se fixavam as reivindicações mínimas e imediatamente realizáveis, segundo consenso geral, haveria as "aspirações" ou pressupostos ideais, que todos poderiam subscrever, até os mais retrógrados, por serem adiáveis até o momento em que se julgasse geralmente chegada a oportunidade de sua realização. Para enlearem os sôfregos, decidiram os responsáveis pelo expediente explicar que, embora admitindo essas aspirações, ou "princípios fundamentais", sabiam não ser possível fazer tudo a um tempo: "a máxima — tudo ou nada — não convém mesmo ao radicalismo mais profundo", diz o documento do partido.

Caxias já então não mais permanecia à frente do Exército em operações no Paraguai. Para seu lugar fora nomeado o genro do imperador, sobre quem recaíam suspeitas, bem fundadas, de inclinar-se então para o lado dos liberais. Finalmente a própria guerra teve seu ponto-final em Aquidabã. Com tudo isso pareciam cessadas as razões que tinham aconselhado a permanência de Itaboraí no poder. Era sabido, agora, que sérias divergências tinham surgido entre os ministros e o imperador a propósito do problema da escravidão, que d. Pedro queria ver abordado na Fala do Trono de 11 de maio de 1869, tal como tinha ocorrido nas de 67 e 68. Na última anunciara-se que oportunamente submeteria o governo à sabedoria da representação nacional a proposta competente. A oportunidade, e estava implícita nessa como em outras manifestações oficiais, deveria surgir logo depois de cessada a guerra. Como explicar agora, quando a guerra está praticamente terminada, o súbito silêncio sobre tão grave assunto, sobretudo quando fora ele levantado pela Coroa em um momento em que o Império se achava às voltas com problemas muito sérios na sua política exterior?

Já no dia 1º de maio escrevera d. Pedro a Itaboraí um bilhete onde exprimia o desejo de conhecer logo o projeto da Fala do Trono, e ao mesmo tempo advertia-o de que considerava grave erro o não haver nele menção ao problema da emancipação. Reunidos, decidiram os ministros não acatar nesse ponto a vontade imperial. Realizaram-se depois duas conferências ministeriais em S. Cristóvão, sobre as quais se conhecem os apontamentos tomados por Cotegipe, e nelas voltou Sua Majestade a abordar o assunto, contrapondo-lhe os ministros seu ponto de vista divergente. Um destes não deixou de lembrar que a questão da emancipação dos escravos era como uma pedra; se precipitada da montanha, a todos esmagaria. Ao que acudiu o imperador dizendo que não hesitaria em expor-se à pedra, embora ele próprio devesse ser esmagado. Acabou cedendo à vontade dos ministros, vencido, não convencido. A Itaboraí advertiu mesmo, em carta, que timbrava em não querer impor seu modo de pensar. Os ministros sabiam, contudo, que já não tinham a confiança do chefe de Estado e que não bastava, para sustentá-los, a confiança da Câmara.

AMEAÇAS AO GABINETE ITABORAÍ

A partir desse momento iniciou-se, quase às claras, um "trabalho" para a substituição do Gabinete, e o nome do visconde de S. Vicente principiou a ser alvitrado nas especulações da imprensa. Só a lembrança desse nome bastaria para mostrar a direção que se deveria dar às reformas. Em maio de 1870 surgiu uma ocasião aparentemente azada para o desenlace, embora tivessem assentado os ministros que a retirada do Ministério, caso se desse, não fosse apresentada com o pretexto de dificuldades ou divergências. Essa ocasião surgiu a propósito de uma escolha senatorial e, se ocorresse, seria a repetição do que se dera com a queda do 3 de agosto. No dia 18 foi apresentada em despacho a lista sêxtupla da eleição de senadores pela província de Minas, para as vagas abertas com a morte de Teófilo Otoni e Fernandes Torres. O imperador guardou--a, mas logo comunicou em carta ao ministro do Império, Paulino Soares de Souza, os nomes que decidira escolher. Aos ministros logo pareceu que a escolha não só lhes era desagradável, como tivera em mira desagradá-los, pois fora excluído um candidato, Joaquim Antão Fernandes Leão, que deixara o mesmo governo para concorrer e, além disso, fora mais votado do que os escolhidos.

A posição dos ministros, dispostos a reagir contra o ato, que julgavam acintoso, não era contudo fácil. Com efeito, envolveria séria contradição de sua parte. Pois se os conservadores em geral, e particularmente Itboraí, entendiam que as escolhas senatoriais eram atribuição específica do imperador, como haveriam eles de opor-se a essa? E como ficariam colocados, depois de terem combatido a ideia da responsabilidade ministerial pelos atos do Poder Moderador, quando Zacarias de Góis a defendera? Acertou-se então que o ministro do Império comunicaria a Sua Majestade que não duvidava da prerrogativa imperial na escolha de senadores, tanto que se prontificara a expedir as cartas. Apenas não era possível ao Ministério deixar de apreciar as consequências do ato sobre a marcha dos negócios do governo e retirar-se em seguida, caso lhe parecessem prejudiciais essas consequências.

Novo, embora, nos Conselhos da Coroa, o filho do visconde de Uruguai soube distinguir-se de modo exemplar nessa missão, com aquela urbanidade perfeita e um pouco distante que o caracterizará sempre e que convinha à ocasião. O imperador mostrou-se cordato e deu a impressão de achar boas as razões do ministro. Mas, ao ser informado dos pormenores do ocorrido, escreveu Cotegipe em seus apontamentos: "De toda a conferência resultou que S. M. não repele a retirada do Gabinete, faltando-lhe apenas o *modo prático* de realizá-la. A razão capital é, a meu ver, a do elemento servil; desde então que a confiança mútua esfriou; em S. M. por ver que não adotávamos as suas ideias, em nós pela certeza de que S. M. nos criaria embaraços". No dia 22 escrevia d. Pedro a Itaboraí dando as suas razões para não ter escolhido Antão. Finalizava, porém, dizendo que, se o Ministério persistisse em sua desconfiança, e atendendo a que outro não levaria a cabo com a necessária urgência as reformas que desejava, porque encontraria uma Câmara possivelmente hostil, cedia no caso da escolha senatorial.

Reunido o Ministério para deliberar sobre a carta, ficou acertado que, embora Sua Majestade cedesse na questão da senatoria, não achava o governo conveniente aceitar a decisão condicionalmente. Em outras palavras, não podiam os ministros tomar compromissos quanto às "reformas" no sentido do que lhes expusera o monarca. Trataria de realizar aquilo que fora anunciado na Fala do Trono, onde se omitira qualquer referência à "questão servil". Quanto a outras reformas, nada poderia ser prometido no momento. Isso mesmo foi dito por Itaboraí em conferência de 23 de maio com o imperador; em seguida reiterou o pedido de demissão. Terminada a conferência, escreveu o presidente do Conselho a Cotegipe que nada tinha sido resolvido e acrescentou: "Parece, porém, que não poderemos obter para nós a carta de liberdade que se quer dar aos escravos". Passaram-se dois dias, e o imperador tentou explicar que, ao falar em reformas, não quisera impor condições, mas tão somente fazer ver a conveniência delas. E não teve dúvidas em mandar expedir as cartas de acordo com os desejos dos ministros.

É de notar que a posição agora assumida pelo Ministério não é essencialmente diferente da que deu origem à queda do Gabinete antecedente. Apenas por uma questão de urbanidade e de respeito para com Sua Majestade, evitava-se o emprego de palavras como "desacerto", mas aludia-se à má situação em que a escolha de um senador que não era o candidato do Ministério iria deixar o governo. A verdade, porém, é que o conselheiro Zacarias, quando falara em "desacerto", pusera em questão menos a pessoa escolhida, cuja capacidade o mesmo conselheiro já reiteradamente mostrara reconhecer, indicando-a para outros cargos de alta responsabilidade, do que o mau efeito da escolha sobre a posição do Ministério. Em face do ocorrido com o 6 de junho, a expedição das cartas de senador, de acordo com o desejo inicial de Sua Majestade, seguida da retirada dos ministros, também não alteraria a situação, pois a renúncia, em qualquer dos casos, devia representar um sinal público de descontentamento, sem o que não se explicaria. Em suma, resguardava-se com esse gesto o Ministério, mas ficaria a Coroa a descoberto.

O IMPERADOR ESTIMULA A OPOSIÇÃO

Nada disso impedia que o imperador continuasse de certo modo a animar a oposição e a introduzir, segundo disse um deles, a cizânia entre conservadores. Em outras ocasiões falara-se em conspirações da Coroa contra governos.

FIM DO SEGUNDO "QUINQUÊNIO LIBERAL" 211

Nesse caso ela está bem documentada, sobretudo através de papéis de Cotegipe, publicados e comentados por Wanderley Pinho. A decisão do imperador de licenciar-se a fim de fazer, enfim, sua primeira viagem ao Velho Mundo, tornara-se um segredo de polichinelo. Ou, antes, era assunto sobre o qual o imperador silenciava ou desconversava, quando o abordavam os ministros, mas não guardava igual reserva quando falava a outros, e isso era mais um motivo para a insegurança em que se achavam os membros do Gabinete. A verdade é que o projeto de viagem devia estar estreitamente ligado à insistência de d. Pedro em querer a reforma. Não desejaria apresentar-se Sua Majestade no estrangeiro como quem, depois de ter solenemente empenhado a palavra no sentido de uma reforma na questão do elemento servil, assim que cessasse a guerra, não se mostrava pressuroso no honrar o compromisso.

"NOVOS HÓSPEDES"

É bem provável que o nome de José Antônio Pimenta Bueno, visconde agora, daí a pouco marquês, de S. Vicente, já tivesse sido cogitado para substituir Itaboraí, antes mesmo da crise surgida e finalmente contornada, em torno da escolha de um senador pela província de Minas. Já em março de 69, escrevendo a Paranhos, o Vice-Rei do Paraguai, como era chamado no rio da Prata, Cotegipe, que o substituíra interinamente na pasta de Estrangeiros, queixara-se do mesmo São Vicente por ter tratado diretamente com o imperador de assunto que, segundo a praxe, deveria passar antes pelo Ministério, que o encaminharia ao chefe de Estado. Em Montevidéu tinham começado a surgir as primeiras dificuldades entre o governo do novo presidente Lorenzo Batlle e o Banco Mauá, que encarnava, para as autoridades uruguaias, o "perigo brasileiro", e S. Vicente fora pleitear uma intervenção diplomática do Império em favor do banqueiro. Comentando sua proposta, que o imperador declarara "digna de consideração", escreveu Cotegipe: "Este procedimento presta-se a reflexões que escuso fazer".

O ministro fica por ora nessas palavras sibilinas, mas, passados meses, é Paranhos quem se refere às notícias de que faziam bem os ministros em ir arrumando a casa para outros hóspedes, como significando que o Gabinete não iria muito além da data fatal da reunião das Câmaras, em maio. Quais seriam os novos hóspedes? Houve quem especulasse sobre uma possível mudança político-partidária como a de julho de 68, mas em sentido contrário. Uma carta de Penedo chega a lembrar a eventual ameaça que encerrava a manifesta aproximação entre os liberais e o conde d'Eu, para admitir que d. Pedro ou, como diz "o fabricante-mor da política de *bascule*", trate de a conjurar fazendo do ladrão fiel. Não se admiraria de que, nesse caso, o próprio conselheiro Zacarias fosse chamado. A ascensão dos liberais tinha o perigo, porém, de requerer nova dissolução da Câmara. Seria talvez dispensável porém desde que, entre os conservadores, não faltaria quem se dispusesse a tomar a peito a questão servil. Já em dezembro de 69, Francisco Otaviano, habitualmente bem informado, pronunciara em tom reticencioso o nome do futuro presidente do Conselho, ao dizer que S. Vicente já fora chamado a S. Cristóvão.

Não se pode afirmar com certeza, mas é possível, se a informação procede, que teria sido abordada a questão da mudança de Ministério. O senador paulista era pessoa chegada ao Paço, e o imperador confiava em sua discrição. Também é possível que o visconde não se sentisse ainda em condições de arcar com as responsabilidades que impunha o cargo e sobretudo com as da reforma. Jurista consumado, mas sem muito trato com políticos e sem boas relações entre deputados, temeria o malogro fatal de qualquer iniciativa sua no sentido de conseguir a aprovação dos projetos emancipadores por uma Câmara presumivelmente hostil. E depois não parecia aconselhável mudar o Ministério no momento em que se prosseguia naquela caça a Solano López, que era o mesmo, na frase de Caxias, que querer "procurar agulha em palheiro". Seja como for, um apelo a São Vicente entrava na órbita dos possíveis, desde que se pretendia a emancipação, mantendo o poder em mãos de conservadores.

O que se sabe ao certo é que, a 26 de maio de 1870, por conseguinte já finda a caçada ao marechal-presidente, e reunida a Câmara, o imperador se entendera com o próprio Itaboraí sobre a necessidade de um novo Gabinete que se dispusesse a levar avante a medida da emancipação dos filhos de mulher escrava. Tanto maior a necessidade quanto o Ministério insistira em omitir qualquer referência a essa reforma na Fala do dia 6, e o silêncio vinha sendo estranhado na imprensa e já agora até na Câmara, onde o deputado Teixeira Júnior quebrou, a 23 de maio, a unanimidade governista, provocando manifestação do governo sobre o assunto. Fluminense como o presidente do Conselho, como ele proprietário de escravos, e como ele conservador, ainda que inclinado muitas vezes a atitudes personalistas — disse Eunápio Deiró que no partido tinha o futuro visconde do Cruzeiro assomos de protestante —, chegara o deputado a falar nas divergências entre o Ministério e a Coroa, repetindo, aliás, o que já fora dito por Alencar em seu jornal.

Itaboraí, que nesse particular continuava a ser "católico", fiel, com uma ortodoxia de sumo pontífice, não se deu por achado. A propósito do silêncio da Fala do Trono sobre assunto de tamanha gravidade, admitiu que ninguém no Brasil, ou muito poucos, desejava ver conservada a mancha escura da escravidão. Entretanto, e suas opiniões não constituíam segredo, era dos que não julgavam conveniente aluir de chofre os fundamentos sobre os quais vinha assentando tradicionalmente toda a economia nacional. Impunha-se, a seu ver, muita reflexão, e importava, antes de qualquer medida, o conhecimento de dados estatísticos extremamente complexos, tendo-se em conta sempre a necessidade de se pouparem as fortunas particulares e públicas, que não podiam ser lesadas. Só depois desse trabalho prévio indispensável se proporiam as medidas adequadas. Cessara certamente, com a guerra, um dos obstáculos à reforma, mas os enormes gastos impostos por ela continuavam a exigir sacrifícios de todos os brasileiros. Em tais condições não lhe parecia prudente agitar a opinião pública levantando uma questão "cercada de maiores perigos do que os da luta com o Paraguai".

Ao menos nesse ponto, porém, o imperador não se conformava com o excesso de prudência preconizado pelo seu ministro. Depois que na própria Câmara começavam a surgir vozes impacientes contra o governo, que até então só tinha opositores no Senado, e num momento em que a Espanha, sempre recalcitrante, já dava o passo decisivo para a abolição em Cuba, arriscava-se a única Monarquia americana a ficar sendo também o único lugar do hemisfério onde encontrava guarida uma instituição retrógrada. Era explicável que o imperador fizesse ver a Itaboraí, uma vez que este se obstinava em evitar a reforma, a necessidade de indicar um nome, entre os conservadores, que estivesse em condições de realizá-la. E é mesmo possível que Sua Majestade "provocasse", segundo seu costume, a sugestão que melhor atendesse às preferências da Coroa. Assim se deu, efetivamente, a acreditar-se na versão oferecida por Pereira da Silva, contemporâneo do episódio e amigo das personagens que nele tomaram parte.

Segundo informa esse historiador, tendo consultado d. Pedro a Itaboraí sobre as pessoas que aconselhava para suceder-lhe, o primeiro nome lembrado foi o de Caxias. Como o imperador observasse que o duque tinha idade avançada e continuava mal de saúde, desde que se vira forçado a deixar o comando das operações no Paraguai, alvitrou o de Paranhos. Foi-lhe objetado o inconveniente de pertencer este ao Ministério de 16 de julho e, embora tivesse estado quase todo o tempo no Prata, nada dissera que mostrasse achar-se em desacordo com as opiniões e os atos de seus colegas de governo. Foi então que Itaboraí pronunciou o nome do visconde de S. Vicente, e o imperador, como se já esperasse essa indicação, acolheu-a de imediato e com demonstrações de grande júbilo, pedindo ao ministro, de acordo com a praxe, que fosse o portador do convite.

Itaboraí desincumbiu-se da missão, tendo, embora, guardado segredo. Um ou dois ministros apenas tiveram notícia então do sucedido: Paranhos com certeza, segundo confessará mais tarde a Cotegipe, e Paulino de Sousa provavelmente, que era sobrinho do presidente do Conselho e pessoa de sua confiança. Com outros ministros não quis abrir-se, talvez por ser assunto ainda reservado ou porque se prestava a atiçar melindres, precipitando uma retirada prematura, enquanto São Vicente não completasse os preparativos para a organização do novo governo. Tendo ido este ao Paço, onde lhe foi reiterado o convite, e tendo mesmo feito algumas sondagens para eventual formação do novo Gabinete, disse logo que supunha ter o direito de esperar que o 16 de julho ainda continuasse por algum tempo no poder. Prontifica-se ele, São Vicente, a ajudá-lo, se preciso, na medida de suas forças.

Ao zelo cada vez mais impaciente do monarca em atrair o governo para suas próprias opiniões, já que não conseguira ainda encontrar o "modo prático" de substituí-lo, acrescentavam-se outros motivos para o mal-estar que ia lavrando entre os ministros e que a qualquer momento poderia precipitar a crise. Um desses motivos vinha dos embaraços que se antepunham à nomeação de sucessor definitivo para o conselheiro Nébias, que por sua vez sucedera a José de Alencar na pasta da Justiça, mas a 9 de junho tivera de retirar-se por motivo de saúde, ficando Muritiba interinamente em seu lugar. Além disso estavam surgindo incompatibilidades e até pequeninas deslealdades entre ministros, o que só podia enfraquecer o governo. "Os ministros estavam amesquinhados. Parecia uma 'despedida de *arranjos*'", escreveu Cotegipe em seus apontamentos. Do próprio Itaboraí dizia-se que ocupava seu cargo sem entusiasmo, e que, se não temesse pôr em jogo a situação do partido, já o teria largado.

Em dado momento, sentindo o embaraço em que se achavam diante dos partidários da emancipação, que de todos os lados os apertavam, chegaram os ministros quase ao ponto de capitular. Assentaram mesmo que até maio de 71 tentariam alguma solução do caso do elemento servil, ao menos para calarem um pouco a grita geral. Até Muritiba, de todos o mais renitente na oposição a qualquer reforma, acabou cedendo, não sem tentar antes algumas reservas. Cotegipe, que no começo tinha sido um dos homens da resistência, já começava a aceitar o empuxo. Essa evolução do ministro da Marinha e interinamente dos Negócios Estrangeiros só se completará, porém, depois de cair o governo. Depois concordará mesmo com o projeto do ventre livre, se bem que, ausente do país, no rio da Prata, se veja impossibilitado de dar-lhe seu voto. Quanto a Paranhos, que o antecedera na missão diplomática, sabe--se que entendia já chegada a hora de uma decisão corajosa acerca do problema do trabalho escravo, e se não ousara ainda assumir posição mais clara a respeito foi por não querer abertamente dissociar-se dos colegas, achando-se ele no exterior em missão do governo.

Essa aparente omissão levara d. Pedro a falar na constante solidariedade de Paranhos com opiniões e atos do 16 de julho, quando foi lembrado seu nome para a organização de novo governo. No entanto, quando, em Assunção, a loja Fé realizou sessão solene a fim de homenageá-lo pela sua eleição para grã-mestre da maçonaria brasileira, e Filipe Néri, em discurso de saudação, apontou para a situação paradoxal de um país que, depois de libertar um povo da tirania que o escravizara, nada ainda fizera no sentido de libertar da escravidão tantos milhares de homens nascidos em seu solo, e tão brasileiros como seus senhores, não poderia ter sido mais incisiva a resposta do futuro visconde do Rio Branco. "Reformas como esta", foram suas palavras, "não podem ser impostas; hoje, estando o país preparado, é tempo de levá-la a efeito. Por minha parte asseguro que empenharei todas as minhas forças para que triunfe quanto antes essa causa..."

QUEDA DO 16 DE JULHO

Um indício de que até o governo principiava a compenetrar-se da inutilidade de uma resistência inflexível, no ponto a que tinham chegado as coisas, deu-se quando, a 20 de setembro, Nabuco de Araújo defendeu no Senado, em nome do Partido Liberal, um aditivo à lei orçamentária que significaria um passo no caminho da emancipação. A proposta era no sentido de reservar-se do saldo a soma de mil contos de réis para alforrias de escravos. Em resposta apressou-se a dizer Itaboraí que o assunto se prestaria a longos debates e prolongaria demais a aprovação do orçamento. Acrescentou, porém, que a medida teria seu voto se, em vez de apresentada como emenda ao mesmo orçamento, fosse objeto de projeto separado. Essa declaração inesperada surpreendeu os próprios liberais, que não contavam com tão fácil aquiescência à ideia. Falaram então Otaviano, Zacarias e Silveira da Mota, estranhando que o presidente do Conselho de repente se comprometesse a tomar medidas muito mais avançadas do que o pleiteado na Câmara pelos seus correligionários fiéis. Falou Paranhos também que, de volta do Paraguai, reassumira seu posto para dizer que até maio seguinte seria apresentado o projeto de reforma.

A emenda proposta por Nabuco teria, para a causa da emancipação, a vantagem de evitar protelações perigosas, podendo mesmo diluir-se a ideia no meio de debates intermináveis e dar tempo à resistência para erigir uma barreira à proposição. É possível que a formação dessa barreira estivesse no espírito de muitos dos que contrariavam o aditivo. Se de todo não fosse impossível evitar a reforma, ao menos tentariam atenuar-lhe os efeitos ou contemporizar, de sorte que ela se fizesse vagarosamente. O aditivo não podia agradar ao ronceirismo de uma Câmara feita para paralisar essa e outras reformas: assim saiu o orçamento sem emendas. Pretendeu-se geralmente que à proposta se deve a queda do Ministério. Também foi dito, e já àquela época, que o imperador mandou um bilhete a Itaboraí manifestando vivo empenho em que o aditivo Nabuco passasse na Câmara. Entretanto nada disso foi confirmado até hoje, e entre os papéis de Cotegipe, que procuraram enumerar em minúcias as causas da retirada do Gabinete de 16 de julho, o aditivo não chega a ser mencionado. Nada impede, apesar de tudo, que essa gota de água fizesse transbordar afinal uma longa impaciência.

Em outras ocasiões, durante seu reinado, mostrara-se inclinado o monarca a certas reformas, reformas sobretudo moralizadoras, acerca de eleições, provisões de emprego, magistratura, mas, via de regra, limitava-se a oferecer conselhos — ou "indicações", como preferia dizer, para não lacerar a mitologia do rei inatuante. Nunca porém, como agora, quando estava para arrumar as malas e se esquivava a comunicar o projeto ao Ministério, que no entanto precisaria ser informado a respeito para tomar as necessárias providências, se mostraria tão apressado em ter à vista uma solução. Mesmo quando a agitação abolicionista, que a Lei do Ventre Livre vai sofrear o mais possível, fazendo crer que o problema, daí por diante, se resolverá por si, sua atitude será mais a de espectador, interessado ou não, no rápido andamento do processo, do que a de ator que dele participe com vivo entusiasmo. Agora a sua obstinação leva-o a muitos atritos com os representantes dos senhores, que dominavam o Gabinete e as Câmaras, mormente a Câmara dos Deputados, pois no Senado não faltavam os oposicionistas, ou mesmo entre certos juristas que, mesmo sem ter escravos, ou depois de os libertar — o caso de um Andrade Figueira —, viam no status quo a expressão de uma ordem santa que as paixões humanas não podem impunemente revogar.

SÃO VICENTE NO PODER

Retirando-se o Ministério e resolvido o imperador a apelar para São Vicente, que já vinha reservadamente tentando preparar um novo Gabinete, era de crer que à questão da emancipação fosse dado novo rumo. No Partido Conservador era este a pessoa mais bem identificada com a causa. Era também, mais talvez do que o próprio Paranhos, bom conhecedor dos homens e coisas do rio da Prata e principalmente do Paraguai. A missão Pimenta Bueno em Assunção, entre 1843 e 47, fora rica em resultados positivos. Num momento difícil da vida do Paraguai chegou a ser ele uma espécie de mentor de López I, ameaçado pela ação absorvente de Rosas. Inspirou muitas das suas iniciativas, inclusive a da criação do periódico *El Paraguai Independiente*, onde, segundo se supõe, colaborou ativamente, lembrando-se a propósito os muitos lusismos que aparecem em editoriais da folha oficial. E subindo muito mais tarde ao poder, o próprio Solano López manifestou ao cônsul brasileiro que veria com muito interesse a ida a Assunção do ilustre conselheiro.

Bastava essa íntima familiaridade com os negócios do Paraguai, onde, segundo comunicou o cônsul Santos Barbosa ao seu governo, muitos viam nele a pessoa capaz de influir "para que o senhor presidente seja mais benigno com este povo, digno de compaixão", somada aos seus méritos de campeão da liberdade dos filhos de escravos, para que o nome do conselheiro José Antônio Pimenta Bueno, agora visconde de São Vicente, fosse cogitado para o lugar de Itaboraí como chefe de novo Ministério conservador. Relutara em aceitar o convite, porque, menos político do que jurisconsulto, não se sentia em condições de articular eficazmente as forças necessárias à aprovação de um projeto emancipador. Entre os conservadores puros ele ainda passava quase por um cristão-novo, tendo pertencido aos liberais. Era também o caso de Paranhos, mas Paranhos soubera compensar o mal de origem, mostrando depois uma fidelidade quase sem jaça aos do "consistório". São Vicente não. Bastava lembrar o ter elaborado aqueles projetos sobre a emancipação dos nascituros num momento em que semelhante iniciativa, na melhor das hipóteses, poderia ser acoimada de inoportuna. Em realidade era homem do Paço, não era homem do partido.

Quando afinal teve de ceder aos apelos de São Cristóvão, devendo apresentar a 29 de setembro seu programa de governo, parece que ainda não estava aparelhado para a difícil missão. A laboriosa sondagem de opiniões a que procedera com esse fito não escapara às especulações da imprensa, tanto ministerial como de oposição, atraindo contra ele desconfianças dos homens do governo. O deputado Teixeira Júnior, que havia rompido a unanimidade governamental da Câmara, pertencia aos íntimos de Sales Torres Homem, que ultimamente se via sempre em companhia do senador paulista, e cujas ideias em favor da emancipação eram notórias. Depois de Teixeira Júnior falara também o deputado Raimundo Ferreira de Araújo Lima, do Piauí, para propor medidas acerca da "liberdade do ventre", e esse, por sua vez, tinha relações estreitas com o próprio São Vicente. Tudo se apresentava como uma trama longamente armada com o fito de sacrificar às reformas o Gabinete Itaboraí. E como não pensar que o imperador em pessoa era o grande animador das manobras?

FIM DO SEGUNDO "QUINQUÊNIO LIBERAL"

Na escolha que fez São Vicente de Teixeira Júnior para a Agricultura, pasta singularmente importante no trato da questão do braço escravo, procuraram muitos ver uma intenção de hostilidade ao Gabinete que se exonerara. E era como um desafio à própria Câmara dos Deputados, que poucos dias antes, a 12 de setembro, derrotara, por 54 votos contra 21, uma proposta emancipadora do mesmo deputado, apresentada como de confiança. Por outro lado, o nome de Torres Homem, que passará a ocupar a pasta da Fazenda, parecia verdadeiro acinte aos liberais comandados por Zacarias de Góis, ainda que não fosse de molde a provocar a oposição ao menos ostensiva de uma Câmara toda conservadora, mais do que a de 1850, onde a unanimidade saquarema só fora quebrada pela voz solitária e dissonante de Bernardo de Sousa Franco. Havia agora, sem dúvida, matizes de opinião divergentes e até íntimas hostilidades, mas não se podia ainda falar em cisão partidária.

Para um gabinete cuja simples composição já servia para desgostar os agrupamentos políticos mais importantes do Império, o programa com que se apresentou deveria soar falso, onde dizia, por exemplo: "O Ministério não só concorrerá para isso, mas desejaria mesmo a coadjuvação de todos os brasileiros, sem quebra de suas opiniões conscienciosas. Ele prezará os serviços feitos ao Estado, a honra e os talentos, onde quer que estejam ou quaisquer que sejam as ideias políticas". Entre as reformas julgadas indispensáveis pelo governo, a do "elemento servil" vem mencionada em primeiro lugar. Mas a seguir, e como para dourar a pílula, ajunta-se que tal medida requeria prudência e previdência, cabendo procurar uma solução capaz de "compor e harmonizar os valiosos interesses que nesse assunto se acham incluídos". Para essa linguagem, toda moderação e concórdia, não faltava senão o timbre de São Cristóvão. Até o estilo parecia de d. Pedro.

PARTIDO NACIONAL?

D. Pedro vira-se constantemente acusado de procurar amenizar as paixões partidárias, estimulando tentativas como a da conciliação, e depois como a Liga, levado, segundo seus inimigos, pelo propósito de mais desembaraçadamente exercer sua soberania. Agora é S. Vicente que parece apresentar-se como seu profeta nesse trabalho ingente que condenaria ao marasmo a vida política do país. Ao Ministério de 29 de setembro faltavam claramente os meios para tamanha empresa, e no entanto houve quem o associasse a um esforço nesse sentido. Uma publicação póstuma do visconde de Sousa Carvalho (título português), antigo deputado geral pela província de Pernambuco, oferece dados, verídicos ou não, a esse respeito, mas expressivos, dos intentos conciliatórios do novo governo. Nela se diz, com efeito, que São Vicente, com outros elementos de realce do 29 de setembro, e entre eles destaca sobretudo Torres Homem, concebeu a ideia de formar "à custa dos conservadores, e com os destroços dos dois e históricos bandos políticos, um novo partido", que se chamaria Nacional. Diz-se mais que a ideia fora sugerida pela Coroa e, de qualquer maneira, tinha o decidido apoio e a aprovação de Sua Majestade.

REPTO AO REGIME

Por mais congraçadores que fossem os propósitos de São Vicente ou do imperador, o certo é que esse "partido nacional", se é que houve realmente a intenção de fundá-lo, só poderia conceber-se, no momento, como expediente de combate, não de apaziguamento. Em tais condições ele ainda poderia atender de algum modo à vontade generalizada de mudar, e até de apelar para uma ordem nova, que vinha ganhando terreno desde a queda do 3 de agosto e, a bem dizer, já se afirmara durante a Guerra do Paraguai,

FIM DO SEGUNDO "QUINQUÊNIO LIBERAL"

com o cortejo de frustrações e ressentimentos levados então à superfície. Mesmo depois da vitória, as denúncias à "política ao rei" eram sustentadas, abertamente ou não, por gente de todas as tendências. O clima não era decididamente favorável ao aparecimento de um partido que viesse a ser como um partido do rei. No entanto, do pequeno Clube Radical, um clube como os que existiram nos dias agitados da Regência, e que apesar de suas ramificações nas províncias, sobretudo em São Paulo, nunca pudera transformar-se em partido, vai sair a 3 de novembro outro clube, logo depois partido, que já se diz republicano. E passado um mês, no dia imediato ao do natalício de Sua Majestade, o imperador, nasce um órgão de imprensa que se propõe defender os princípios do novo grêmio. Na mesma data e na mesma folha, imprime-se o manifesto dos que propugnam a queda do regime.

Esse repto, dirigido não mais contra este ou aquele partido, mas contra as instituições, não deixou de inquietar profundamente o novo presidente do Conselho que, assustadiço de seu natural, e de uma suscetibilidade à flor da pele, já antecipava graves perigos com o movimento subversivo. Chegou mesmo a cogitar na adoção de medidas enérgicas para a defesa da Monarquia ameaçada. Dissuadiu-o de tal propósito o próprio imperador, que não via em tudo aquilo mais do que uma agitação epidérmica, animada por alguns homens públicos despeitados, e que se dissiparia com o maior juízo prudencial da idade madura, com as seduções da política ativa e com a isca dos empregos rendosos. Naqueles dias, o célebre "cresça e apareça", dito pelo conselheiro João Alfredo já no crepúsculo da Monarquia, ainda podia assentar bem a um republicanismo incipiente, que antes parecia um liberalismo amuado. E d. Pedro tinha razão de sobra para sossegar o seu ministro pouco experimentado em coisas políticas.

UM MINISTÉRIO INVIÁVEL

O perigo maior para o bom sucesso da organização ministerial não vinha desses quadrantes. Vinha antes de tudo de sua falta de unidade. Em alguns casos, pessoas que foram lembradas não puderam, por este ou aquele motivo, entrar no Gabinete. Consta que os primeiros entendimentos para sua composição se realizaram em uma cela que tinha o barão de S. Lourenço no convento de Santo Antônio do Rio de Janeiro. Anfitrião e sabedor das dificuldades com que ia lutando São Vicente, o senador baiano se teria prontificado a ajudá-lo, mas fê-lo com uma solicitude tal que parecia mais de um superministro a querer ditar normas sobre a orientação a ser tomada. Tanto bastaria para a oposição de Sua Majestade a que fosse incluído. Em outro caso, o do barão do Bom Retiro, foi o próprio imperador, segundo voz corrente na época, quem mais vivamente se interessou para que aceitasse uma pasta no Ministério, chocando-se entretanto com a tenaz intransigência de seu amigo dileto.

Outro convite recusado, e esse deu logo margem a muitas especulações, foi o visconde de Pelotas, destinado inicialmente à pasta da Guerra. Eram conhecidas as suas ideias liberais, mas num Gabinete que queria iniciar-se sob o signo da concórdia não parecia esse um obstáculo invencível, e o prestígio que desde Aquidabã cercava o general rio-grandense bastaria para silenciar vozes partidárias adversas. Além disso, passava Câmara por menos político do que a maioria dos militares gaúchos, e o era bem menos, certamente, do que Osório. Nada impediu, porém, que a primeira razão oferecida por ele para uma recusa, dada em telegrama, foi a da "divergência política com a situação inaugurada pelo senhor S. Vicente". A resposta ao telegrama foi um chamado urgente ao general para ir à Corte tratar de assunto de serviço público. Renovaram-se então no Rio as insistências e, segundo disseram os jornais da época,

FIM DO SEGUNDO "QUINQUÊNIO LIBERAL" 225

d. Pedro pessoalmente reiterou e reforçou o apelo. Foram baldados porém todos os esforços.

Além dessas recusas houve caso de um ministro que entrou para o governo, aparentemente, com o único fito de torpedear o plano emancipador. Foi o barão de Três Barras, depois visconde de Jaguari. Tendo feito declarações em favor da paulatina libertação dos escravos e sendo político de alto e antigo prestígio, é convidado para a pasta da Justiça, com a anuência, talvez por indicação, do próprio imperador. Verifica-se, porém, e logo no dia em que é lido o programa do 29 de setembro, que, se o barão tem ideias de algum modo avançadas, em comparação com as do Gabinete Itaboraí, não chegariam a ponto de fazê-lo concordar com o princípio da libertação dos nascituros. Repugnava a sua formação jurídica tudo quanto ferisse a ideia vinda do direito romano, do *partus sequitur ventrem*, e, por isso, embora aceitando a libertação dos filhos de mulher escrava, queria que ela só se desse após o nascimento destes, tornando-se assim a matrícula uma preliminar indispensável. A não seguir-se essa via, melhor fora, no seu entender, dar liberdade imediata e incondicional a todos os escravos existentes no Império e aceitar as consequências de semelhante medida, que lhe parecia, não obstante, catastrófica na prática, se bem que teoricamente defensável.

Dos outros ministros, João Alfredo Correia de Oliveira, titular da pasta do Império, se não fazia objeções à libertação dos nascituros, de que será um dos mais denodados campeões sob o governo Rio Branco, opunha reservas ao modo pelo qual o presidente do Conselho se propusera conduzir a reforma judiciária, que constituía o outro ponto importante do programa. Reservas semelhantes eram opostas pelo ministro da Marinha, Pereira Franco, ao encaminhamento que se pretendia dar ao mesmo plano. Todas essas e ainda outras divergências tornaram-se evidentes já no dia em que o Ministério se apresentou à Câmara. No dia imediato comentava a *Reforma* que, depois de longo lutar, o que afinal se via era um Ministério que dava a impressão de interino. Ajuntava o órgão liberal que nem os conservadores sinceros, segundo todas as probabilidades, podiam sentir-se satisfeitos com a solução dada a tão longa crise. O resultado a que se chegara era, entre todos, o mais surpreendente e o menos justificável.

Logo se tornou patente que não podia o novo governo contar com uma Câmara feita, apesar de umas poucas defecções, à semelhança do Ministério decaído. Como, porém, empossado o Ministério a 29 de setembro, a sessão legislativa devesse ser encerrada a 1º de outubro, ficava a batalha parlamentar adiada naturalmente para maio de 1871. Não era invencível a batalha, uma vez que o Gabinete contava, para perdurar, com um requisito importante, que era a confiança irrestrita de São Cristóvão. E isso lhe valeria, se faltasse, como tudo sugeria que faltava, a confiança da Câmara. Se a Câmara se mostrasse indomável, não haveria o remédio da dissolução? O invencível era unicamente a falta de coesão no próprio Ministério, onde São Vicente só contava com o apoio irrestrito de Torres Homem, na Fazenda, e, depois de 9 de novembro, de Raimundo de Araújo Lima, nomeado para a pasta da Guerra em consequência da recusa de Pelotas, interinamente substituído por Caldwell.

Logo se convenceu São Vicente de que não tinha o Gabinete sob sua chefia a consistência necessária e nem talvez, como um todo, vontade de realizar as reformas de que se incumbira, e fez logo sentir ao imperador a conveniência de apelar para quem tivesse meios de superar as dificuldades existentes para a aprovação da reforma. Contra o nome de Paranhos a única razão poderosa era o ter participado do Ministério anterior que tanto se distinguira pela resistência oposta às reformas. São Vicente não ignorava que, embora formalmente se achasse comprometido com essa resistência, o "Vice-Rei do Paraguai" já evoluíra completamente para a aceitação da reforma, sem a qual lhe pareciam inevitáveis sérias dificuldades no futuro. Evolução semelhante dera-se no caso de outro membro do Ministério de 16 de julho, o barão de Cotegipe. Com esse, o presidente do Conselho tivera longa conversação, logo depois de assumir o poder, e, nessa oportunidade, além de dissipar dúvidas existentes sobre a lisura de seu comportamento na aparente trama para levar o governo anterior a retirar-se, certificou-se de que o ex-ministro da Marinha tinha queixas bem fundadas de alguns dos seus antigos colegas.

Cotegipe, entretanto, não se ausentara do país enquanto governou o Gabinete de 16 de julho, e, fossem quais fossem agora as suas íntimas disposições no tocante ao problema do "elemento servil", o fato é que publicamente se identificara em tudo com a resistência à reforma, e não podia de repente apresentar-se como fervoroso paladino desta. A posição de Paranhos, que estivera longe do país, não participando ativamente das decisões do mesmo governo, era mais cômoda neste particular. Ainda quando fossem ignoradas geralmente suas declarações feitas em Assunção, entre as quatro paredes de uma loja maçônica, sobre a oportunidade e urgência da ação emancipadora, não era segredo para muitos a convicção que nele se desenvolvera justamente durante seus contatos com os povos vizinhos sobre o que havia de vexatório para o Império na persistência em suas terras do trabalho escravo. "Cada vez mais me convenci", dirá mais tarde ao defender a lei de 28 de setembro, "de que uma das causas, se não a mais influente, das antipatias, das prevenções e algumas vezes até do desdém com que somos vistos nos Estados sul-americanos nasce de uma falsa apreciação sobre o Brasil em consequência do estado servil."

O visconde de São Vicente, que conhecia essa convicção do amigo e que, com sua velha experiência nos negócios do Prata, sabia também apreciar devidamente os serviços do chefe da missão especial, tudo fizera para obter sua cooperação na atividade reformadora de que se achava incumbido. Procurou mesmo atraí-lo para seu Ministério, onde poderia valer-se, mais de perto, de sua consumada experiência e habilidade no trato dos homens públicos. Paranhos, entretanto, parte de novo para o Prata, a 13 de outubro, onde o rumo tomado pelas negociações com os antigos aliados requer sua presença. Do grande apreço em que era tido não só pelo governo como pelo imperador é prova o ter sido nomeado, a 20 de outubro, membro ordinário do Conselho de Estado. E duas semanas mais tarde, a 3 de novembro, recebe ainda o título de visconde do Rio Branco.

RAÍZES DO BRASIL

O semeador e o ladrilhador

A fundação de cidades como
instrumento de dominação.

·

Zelo urbanístico dos castelhanos:
o triunfo completo da linha reta.

·

Marinha e interior.

·

A rotina contra a razão abstrata.
O espírito da expansão portuguesa.
A nobreza nova do Quinhentos.

·

O realismo lusitano.

·

Papel da Igreja.

·

Notas ao capítulo 4:
1. Vida intelectual na América espanhola
e no Brasil
2. A língua-geral em São Paulo
3. Aversão às virtudes econômicas
4. Natureza e arte

Essa primazia acentuada da vida rural concorda bem com o espírito da dominação portuguesa, que renunciou a trazer normas imperativas e absolutas, que cedeu todas as vezes em que as conveniências imediatas aconselharam a ceder, que cuidou menos em construir, planejar ou plantar alicerces, do que em feitorizar uma riqueza fácil e quase ao alcance da mão.

Com efeito, a habitação em cidades é essencialmente antinatural, associa-se a manifestações do espírito e da vontade, na medida em que se opõem à natureza. Para muitas nações conquistadoras, a construção de cidades foi o mais decisivo instrumento de dominação que conheceram. Max Weber mostra admiravelmente como a fundação de cidades representou, para o Oriente Próximo e particularmente para o mundo helenístico e para a Roma imperial, o meio específico de criação de órgãos locais de poder, acrescentando que o mesmo fenômeno se encontra na China, onde, ainda durante o século passado, a subjugação das tribos miaotse pôde ser identificada à urbanização de suas terras. E não foi sem boas razões que esses povos usaram de semelhante recurso, pois a experiência tem demonstrado que ele é, entre todos, o mais duradouro e eficiente. As fronteiras econômicas estabelecidas no tempo e no espaço pelas fundações de cidades no Império Romano tornaram-se também as fronteiras do mundo que mais tarde ostentaria a herança da cultura clássica.[1] Os domínios rurais ganhavam tanto mais em importância quanto mais livres se achassem da influência das fundações de centros urbanos, ou seja, quanto mais distassem das fronteiras.

Mas não é preciso ir tão longe na história e na geografia. Em nosso próprio continente a colonização espanhola caracterizou-se largamente pelo que faltou à portuguesa: por uma aplicação insistente em assegurar o predomínio militar, econômico e político da metrópole sobre as terras conquistadas, mediante a criação de grandes núcleos de povoação estáveis e bem-ordenados. Um zelo minucioso e previdente dirigiu a fundação das cidades espanholas na América. Se, no primeiro momento, ficou ampla liberdade ao esforço individual, a fim de que, por façanhas memoráveis, tratasse de incorporar novas glórias e novas terras à Coroa de Castela, logo depois, porém, a mão forte do Estado fez sentir seu peso, impondo uma disciplina entre os novos e velhos habitadores dos países americanos, apaziguando suas rivalidades e dissensões e canalizando a rude energia dos colonos para maior proveito da metrópole. Concluída a povoação e terminada a construção dos edifícios, "não antes" — recomendam-no expressamente as *Ordenanzas de descubrimiento nuevo y población*, de 1563 —, é que governadores e povoadores, com muita diligência e sagrada dedicação, devem tratar de trazer, pacificamente, ao grêmio da Santa Igreja e à obediência das autoridades civis, todos os naturais da terra.

Já à primeira vista, o próprio traçado dos centros urbanos na América espanhola denuncia o esforço determinado de vencer e retificar a fantasia caprichosa da paisagem agreste: é um ato definido da vontade humana. As ruas não se deixam modelar pela sinuosidade e pelas asperezas do solo; impõem-lhes antes o acento voluntário da linha reta. O plano regular não nasce, aqui, nem ao menos de uma ideia religiosa, como a que inspirou a construção das cidades do Lácio e mais tarde a das colônias romanas, de acordo com o rito etrusco; foi simplesmente um triunfo da aspiração de ordenar e dominar o mundo conquistado. O traço retilíneo, em que se exprime a direção da vontade a um fim previsto e eleito, manifesta bem essa deliberação. E não é por acaso que ele impera decididamente em todas essas cidades espanholas, as primeiras cidades "abstratas" que edificaram europeus em nosso continente.

Uma legislação abundante previne de antemão, entre os descendentes dos conquistadores castelhanos, qualquer fantasia e capricho na edificação dos núcleos urbanos. Os dispositivos das Leis das Índias, que devem reger a fundação das cidades na América, exibem aquele mesmo senso burocrático das minúcias, que orientava os casuístas do tempo, ocupados em enumerar, definir e apreciar os complicados casos de consciência, para edificação e governo dos padres confessores. Na procura do lugar que se fosse povoar cumpria, antes de tudo, verificar com cuidado as regiões mais saudáveis, pela abundância de homens velhos e moços, de boa compleição, disposição e cor, e sem enfermidades; de animais sãos e de competente tamanho, de frutos e mantimentos sadios; onde não houvesse coisas peçonhentas e nocivas; de boa e feliz constelação; o céu claro e benigno, o ar puro e suave.

Se fosse na marinha, era preciso ter em consideração o abrigo, a profundidade, e a capacidade de defesa do porto e, quando possível, que o mar não batesse da parte do sul ou do poente. Para as povoações de terra dentro, não se escolhessem lugares demasiado altos, expostos aos ventos e de acesso difícil; nem muito baixos, que costumam ser enfermiços, mas sim os que se achassem a altura mediana, descobertos para os ventos de norte e sul. Se houvesse serras, que fosse pela banda do levante e poente. Caso recaísse a escolha sobre localidade à beira de um rio, ficasse ela de modo que, ao sair o sol, desse primeiro na povoação e só depois nas águas.

A construção da cidade começaria sempre pela chamada praça maior. Quando em costa de mar, essa praça ficaria no lugar de desembarque do porto; quando em zona mediterrânea, ao centro da povoação. A forma da praça seria a de um quadrilátero, cuja largura correspondesse pelo menos a dois terços do comprimento, de modo que, em dias de festa, nelas pudessem correr cavalos. Em tamanho, seria proporcional ao número de vizinhos e, tendo-se em conta que as povoações podem aumentar, não mediria menos de duzentos pés de largura por trezentos de comprimento, nem mais de oitocentos pés de comprido por 532 de largo; a mediana e boa proporção seria a de seiscentos pés de comprido por quatrocentos de largo. A praça servia de base para o traçado das ruas: as quatro principais sairiam do centro de cada face da praça. De cada ângulo sairiam mais duas, havendo o cuidado de que os quatro ângulos olhassem para os quatro ventos. Nos lugares frios, as ruas deveriam ser largas; estreitas nos lugares quentes. No entanto, onde houvesse cavalos, o melhor seria que fossem largas.[2]

Assim, a povoação partia nitidamente de um centro; a praça maior representa aqui o mesmo papel do *cardo* e do *decumanus* nas cidades romanas — as duas linhas traçadas pelo *lituus* do fundador, de norte a sul e de leste a oeste, que serviam como referência para o plano futuro da rede urbana. Mas, ao passo que nestas o agrupamento ordenado pretende apenas reproduzir na terra a própria ordem cósmica, no plano das cidades hispano-americanas, o que se exprime é a ideia de que o homem pode intervir arbitrariamente, e com sucesso, no curso das coisas e de que a história não somente "acontece", mas também pode ser dirigida e até fabricada.[3] É esse pensamento que alcança a sua melhor expressão e o seu apogeu na organização dos jesuítas em suas reduções. Estes não só o introduziram na cultura material das missões guaranis, "fabricando" cidades geométricas, de pedra lavrada e adobe, numa região

O SEMEADOR E O LADRILHADOR

rica em lenho e paupérrima em pedreiras, como o estenderam até às instituições. Tudo estava tão regulado, refere um depoimento, que, nas reduções situadas em território hoje boliviano, *"cônjuges Indiani media nocte sono tintinabuli ad exercendum coitum excitarentur"*.[4]

Na América portuguesa, entretanto, a obra dos jesuítas foi uma rara e milagrosa exceção. Ao lado do prodígio verdadeiramente monstruoso de vontade e de inteligência que constituiu essa obra, e do que também aspirou a ser a colonização espanhola, o empreendimento de Portugal parece tímido e mal aparelhado para vencer. Comparado ao dos castelhanos em suas conquistas, o esforço dos portugueses distingue-se principalmente pela predominância de seu caráter de exploração comercial, repetindo assim o exemplo da colonização na Antiguidade, sobretudo da fenícia e da grega; os castelhanos, ao contrário, querem fazer do país ocupado um prolongamento orgânico do seu. Se não é tão verdadeiro dizer-se que Castela seguiu até ao fim semelhante rota, o indiscutível é que ao menos a intenção e a direção inicial foram essas. O afã de fazer das novas terras mais do que simples feitorias comerciais levou os castelhanos, algumas vezes, a começar pela cúpula a construção do edifício colonial. Já em 1538, cria-se a Universidade de São Domingos. A de São Marcos, em Lima, com os privilégios, isenções e limitações da de Salamanca, é fundada por cédula real de 1551, vinte anos apenas depois de iniciada a conquista do Peru por Francisco Pizarro. Também de 1551 é a da Cidade do México, que em 1553 inaugura seus cursos. Outros institutos de ensino superior nascem ainda no século XVI e nos dois seguintes, de modo que, ao encerrar-se o período colonial, tinham sido instaladas nas diversas possessões de Castela nada menos de 23 universidades, seis das quais de primeira categoria (sem incluir as do México e Lima). Por esses estabelecimentos passaram, ainda durante a dominação espanhola, dezenas de milhares de filhos da América que puderam, assim, completar seus estudos sem precisar transpor o oceano.[5]

Esse exemplo não oferece senão uma das faces da colonização espanhola, mas que serve bem para ilustrar a vontade criadora que a anima. Não se quer dizer que essa vontade criadora distinguisse sempre o esforço castelhano e que nele as boas intenções tenham triunfado persistentemente sobre todos os esforços e prevalecido sobre a inércia dos homens. Mas é indiscutivelmente por isso que seu trabalho se distingue do trabalho português no Brasil. Dir-se-ia que, aqui, a colônia é simples lugar de passagem, para o governo como para os súditos. É, aliás, a impressão que levará Koster, já no século XIX, de nossa terra. Os castelhanos, por sua vez, prosseguiram no Novo Mundo a luta secular contra os infiéis, e a coincidência de ter chegado Colombo à América justamente no ano em que caía, na península, o último baluarte sarraceno parece providencialmente calculada para indicar que não deveria existir descontinuidade entre um esforço e outro. Na colonização americana reproduziram eles naturalmente, e apenas apurados pela experiência, os mesmos processos já empregados na colonização de suas terras da metrópole, depois de expulsos os discípulos de Mafoma. E acresce o fato significativo de que, nas regiões de nosso continente que lhes couberam, o clima não oferecia, em geral, grandes incômodos. Parte considerável dessas regiões estava situada fora da zona tropical e parte a grandes altitudes. Mesmo na cidade de Quito, isto é, em plena linha equinocial, o imigrante andaluz vai encontrar uma temperatura sempre igual, e que não excede em rigor à de sua terra de origem.[6]

Os grandes centros de povoação que edificaram os espanhóis no Novo Mundo estão situados precisamente nesses lugares onde a altitude permite aos europeus, mesmo na zona tórrida, desfrutar um clima semelhante ao que lhes é habitual em seu país. Ao contrário da colonização portuguesa, que foi antes de tudo litorânea e tropical, a castelhana parece fugir deliberadamente da marinha, preferindo as terras do interior e os planaltos. Existem, aliás, nas ordenanças para descobrimento e povoação, recomendações explícitas nesse sentido. Não se escolham, diz o legislador, sítios para povoação em lugares marítimos, devido ao perigo que há neles de corsários e por não serem tão sadios, e porque a gente desses lugares não se aplica em lavrar e em cultivar a terra, nem se formam tão bem os costumes. Só em caso de haver bons portos é que se poderiam instalar povoações novas ao longo da orla marítima e ainda assim apenas aquelas que fossem verdadeiramente indispensáveis para que se facilitasse a entrada, o comércio e a defesa da terra.

Os portugueses, esses criavam todas as dificuldades às entradas terra adentro, receosos de que com isso se despovoasse a marinha. No regimento do primeiro governador-geral do Brasil, Tomé de Sousa, estipula-se, expressamente, que pela terra firme adentro não vá tratar pessoa alguma sem licença especial do governador ou do provedor-mor da Fazenda Real, acrescentando-se ainda que tal licença não se dará, senão a pessoa que possa ir "a bom recado e que de sua ida e tratos se não seguirá prejuizo algum, nem isso mesmo irão de huas capitanias para outras por terra sem licença dos ditos capitães ou provedores posto que seja por terras que estãm de paz para evitar alguns enconvenientes que se disso seguem sob pena de ser açoutado sendo pião e sendo de moor calidade pagará vinte cruzados a metade para os cautivos e a outra metade para quem o accusar".[7]

Outra medida que parece destinada a conter a povoação no litoral é a que estipulam as cartas de doação das capitanias, segundo as quais poderão os donatários edificar junto do mar e dos rios navegáveis quantas vilas quiserem, "por que por dentro da terra fyrme pelo sertam as nam poderam fazer menos espaço de seys legoas de hua a outra pera que se posam ficar ao menos tres legoas de terra de termo a cada hua das ditas villas e ao tempo que se fizerem as tais villas ou cada hua dellas lhe lymetaram e asynaram logo termo pera ellas e depois nam poderam da terra que asy tiverem dado por termo fazer mays outra villa", sem licença prévia de Sua Majestade.[8]

Em São Vicente, a notícia da derrogação, em 1554, pela esposa do donatário, dona Ana Pimentel, da proibição feita pelo seu marido aos moradores do litoral, de irem tratar nos campos de Piratininga, provocou tal perplexidade entre os camaristas, que estes exigiram lhes fosse exibido o alvará em que figurava a nova resolução. Tão imprudente deve ter parecido a medida, que ainda durante os últimos anos do século XVIII era ela acerbamente criticada, e homens como frei Gaspar da Madre de Deus ou o ouvidor Cleto chegaram a lamentar o prejuízo que, por semelhante revogação, vieram a sofrer as terras litorâneas da capitania.

Com a criação na Borda do Campo da vila de Santo André e depois com a fundação de São Paulo, decaiu São Vicente e mesmo Santos fez menores progressos do que seria de esperar a princípio, assim como continuaram sem morador algum as terras de beira-mar que ficam ao norte de Bertioga e ao sul de Itanhaém; não trabalhavam mais os engenhos da costa e, por falta de gêneros que se transportassem, cessou a navegação da capitania tanto para Angola como para Portugal.

A providência de Martim Afonso parecia a frei Gaspar, mesmo depois que os paulistas, graças à sua energia e ambição, tinham corrigido por conta própria o traçado de Tordesilhas, estendendo a colônia sertão adentro, como a mais ajustada ao bem comum do Reino e a mais propícia ao desenvolvimento da capitania. O primeiro donatário penetrara melhor do que muitos dos futuros governadores os verdadeiros interesses do Estado: seu fim fora não somente evitar as guerras, mas também fo-

O SEMEADOR E O LADRILHADOR

mentar a povoação da costa; previu que da livre entrada
dos brancos nas aldeias dos índios seguir-se-iam contendas sem fim, alterando a paz tão necessária ao desenvolvimento da terra; não ignorava que d. João III tinha mandado fundar colônias em país tão remoto com o intuito
de retirar proveitos para o Estado, mediante a exportação
de gêneros de procedência brasileira: sabia que os gêneros
produzidos junto ao mar podiam conduzir-se facilmente
à Europa e que os do sertão, pelo contrário, demoravam
a chegar aos portos onde fossem embarcados e, se che-
gassem, seria com tais despesas, que aos lavradores "não
faria conta largá-los pelo preço por que se vendessem os
da marinha".

Assim dizia frei Gaspar da Madre de Deus há século
e meio. E acrescentava: "Estes foram os motivos de an-
tepor a povoação da costa à do sertão; e porque também
previu que nunca, ou muito tarde, se havia de povoar
bem a marinha, repartindo-se os colonos, dificultou a
entrada do campo, reservando-a para o tempo futuro,
quando estivesse cheia e bem cultivada a terra mais vizinha aos portos".[9]

A influência dessa colonização litorânea, que pratica-
vam, de preferência, os portugueses, ainda persiste até aos
nossos dias. Quando hoje se fala em "interior", pensa-se,
como no século XVI, em região escassamente povoada e
apenas atingida pela cultura urbana. A obra das bandeiras paulistas não pode ser bem compreendida em toda a
sua extensão, se a não destacarmos um pouco do esforço
português, como um empreendimento que encontra em si
mesmo sua explicação, embora ainda não ouse desfazer-
-se de seus vínculos com a metrópole europeia, e que, de-
safiando todas as leis e todos os perigos, vai dar ao Brasil
sua atual silhueta geográfica. Não é mero acaso o que faz
com que o primeiro gesto de autonomia ocorrido na colônia, a aclamação de Amador Bueno, se verificasse justamente em São Paulo, terra de pouco contato com Portugal

e de muita mestiçagem com forasteiros e indígenas, onde ainda no século XVIII as crianças iam aprender o português nos colégios como as de hoje aprendem o latim.[10]

No planalto de Piratininga nasce em verdade um momento novo de nossa história nacional. Ali, pela primeira vez, a inércia difusa da população colonial adquire forma própria e encontra voz articulada. A expansão dos *pioneers* paulistas não tinha suas raízes do outro lado do oceano, podia dispensar o estímulo da metrópole e fazia-se frequentemente contra a vontade e contra os interesses imediatos desta. Mas ainda esses audaciosos caçadores de índios, farejadores e exploradores de riqueza, foram, antes do mais, puros aventureiros — só quando as circunstâncias o forçavam é que se faziam colonos. Acabadas as expedições, quando não acabavam mal, tornavam eles geralmente à sua vila e aos seus sítios da roça. E assim, antes do descobrimento das minas, não realizaram obra colonizadora, salvo esporadicamente.

No terceiro século do domínio português é que temos um afluxo maior de emigrantes para além da faixa litorânea, com o descobrimento do ouro das Gerais, ouro que, no dizer de um cronista do tempo, "passa em pó e em moeda para os reinos estranhos; e a menor parte he a que fica em Portugal e nas cidades do Brasil, salvo o que se gasta em cordões, arrecadas e outros brincos, dos quaes se vem hoje carregadas as mulatas de máo viver, muito mais que as senhoras".[11] E mesmo essa emigração faz-se largamente a despeito de ferozes obstruções artificialmente instituídas pelo governo; os estrangeiros, então, estavam decididamente excluídos delas (apenas eram tolerados — mal tolerados — os súditos de nações amigas: ingleses e holandeses), bem assim como os monges, considerados dos piores contraventores das determinações régias, os padres sem emprego, os negociantes, estalajadeiros, todos os indivíduos, enfim, que pudessem não ir exclusivamente a serviço da insaciável avidez da metrópole. Em 1720 pretendeu-se mesmo fazer uso de um derradeiro recurso, o da proibição de passagens para o Brasil. Só as pessoas investidas de cargo público poderiam embarcar com destino à colônia. Não acompanhariam esses funcionários mais do que os criados indispensáveis. Dentre os eclesiásticos podiam vir os bispos e missionários, bem como os religiosos que já tivessem professado no Brasil e precisassem regressar aos seus conventos. Finalmente seria dada licença excepcionalmente a particulares que conseguissem justificar a alegação de terem negócios importantes, e comprometendo-se a voltar dentro de prazo certo.

Então, e só então, é que Portugal delibera intervir mais energicamente nos negócios de sua possessão ultramarina, mas para usar de uma energia puramente repressiva, policial, e menos dirigida a edificar alguma coisa de permanente do que a absorver tudo quanto lhe fosse de imediato proveito. É o que se verifica em particular na chamada Demarcação Diamantina, espécie de Estado dentro do Estado, com seus limites rigidamente definidos, e que ninguém pode transpor sem licença expressa das autoridades. Os moradores, regidos por leis especiais, formavam como uma só família, governada despoticamente pelo intendente-geral. "Única na história", observa Martius, "essa ideia de se isolar um território, onde todas as condições civis ficavam subordinadas à exploração de um bem exclusivo da Coroa."[12]

A partir de 1771, os moradores do distrito ficaram sujeitos à mais estrita fiscalização. Quem não pudesse exibir provas de identidade e idoneidade julgadas satisfatórias devia abandonar imediatamente a região. Se regressasse, ficava sujeito à multa de cinquenta oitavas de ouro e a seis meses de cadeia; em caso de reincidência, a seis anos de degredo em Angola. E ninguém poderia, por sua vez, pretender residir no distrito, sem antes justificar minuciosamente tal pretensão. Mesmo nas terras próximas à demarcação, só se estabelecia quem tivesse obtido consentimento prévio do intendente. "A devassa geral, que se conservava sempre aberta", diz um historiador, "era como uma teia imensa, infernal, sustentada pelas delações misteriosas, que se urdia nas trevas para envolver as vítimas, que muitas vezes faziam a calúnia, a vingança particular, o interesse e ambição dos agentes do fisco."[13] A circunstância do descobrimento das minas, sobretudo das minas de diamantes, foi, pois, o que determinou finalmente Portugal a pôr um pouco mais de ordem em sua colônia, ordem mantida com artifício pela tirania dos que se interessavam em ter mobilizadas todas as forças econômicas do país para lhe desfrutarem, sem maior trabalho, os benefícios.

Não fosse também essa circunstância, veríamos, sem dúvida, prevalecer até ao fim o recurso fácil à colonização litorânea, graças à qual tais benefícios ficariam relativamente acessíveis. Nada se imagina mais dificilmente, em um capitão português, do que um gesto como o que se atribui a Cortez, de ter mandado desarmar as naus que o conduziram à Nova Espanha, para aproveitar o lenho nas construções de terra firme. Nada, no entanto, mais legitimamente castelhano de que esse ato verdadeiramente simbólico do novo sistema de colonização, que se ia inaugurar. Pizarro repetiria mais tarde a façanha quando, em 1535, assediado por um exército de 50 mil índios no Peru, ordenou que os navios se afastassem do porto, a fim de retirar aos seus homens toda veleidade ou tentação de fuga, enquanto prosseguia triunfante a conquista do grande império de Ttahuantinsuyu.

Para esses homens, o mar certamente não existia, salvo como obstáculo a vencer. Nem existiam as terras do litoral, a não ser como acesso para o interior e para as *tierras templadas* ou *frias*.[14] No território da América Central, os centros mais progressivos e mais densamente povoados situam-se perto do oceano, é certo, mas do oceano Pacífico, não do Atlântico, estrada natural da conquista e do comércio. Atraídos pela maior amenidade do clima nos

O SEMEADOR E O LADRILHADOR 245

altiplanos das proximidades da costa ocidental, foi neles
que fizeram os castelhanos seus primeiros estabelecimentos. E ainda em nossos dias é motivo de surpresa para historiadores e geógrafos o fato de os descendentes de antigos
colonos não terem realizado nenhuma tentativa séria para
ocupar o litoral do mar das Antilhas entre o Yucatán e
o Panamá. Embora esse litoral ficasse quase à vista das
possessões insulares da Coroa espanhola, e embora seu
povoamento devesse encurtar apreciavelmente a distância
entre a mãe-pátria e os estabelecimentos da costa do Pacífico, preferiram eles abandoná-lo aos mosquitos, aos índios bravos e aos entrelopos ingleses. Em mais de um ponto, os maiores núcleos de população centro-americanos
acham-se até hoje isolados da costa oriental por uma barreira de florestas virgens quase impenetráveis.[15]

A facilidade das comunicações por via marítima e, à
falta desta, por via fluvial, tão menosprezada pelos castelhanos, constituiu pode-se dizer que o fundamento do esforço colonizador de Portugal. Os regimentos e forais con-
cedidos pela Coroa portuguesa, quando sucedia tratarem
de regiões fora da beira-mar, insistiam sempre em que se
povoassem somente as partes que ficavam à margem das
grandes correntes navegáveis, como o rio São Francisco.
A legislação espanhola, ao contrário, mal se refere à navegação fluvial como meio de comunicação; o transporte dos
homens e mantimentos podia ser feito por terra.

No Brasil, a exploração litorânea praticada pelos portugueses encontrou mais uma facilidade no fato de se
achar a costa habitada de uma única família de indígenas, que de norte a sul falava um mesmo idioma. É esse
idioma, prontamente aprendido, domesticado e adaptado
em alguns lugares, pelos jesuítas, às leis da sintaxe clássica, que há de servir para o intercurso com os demais
povos do país, mesmo os de casta diversa. Tudo faz crer
que, em sua expansão ao largo do litoral, os portugueses
tivessem sido sempre antecedidos, de pouco tempo, das

extensas migrações de povos tupis e o fato é que, durante todo o período colonial, descansaram eles na área previamente circunscrita por essas migrações.

O estabelecimento dos tupis-guaranis pelo litoral parecia ter ocorrido em data relativamente recente, quando aportaram às nossas costas os primeiros portugueses. Um americanista moderno fixa esse fato como se tendo verificado, provavelmente, a partir do século XV. E, com efeito, ao tempo de Gabriel Soares, isto é, aos fins do século XVI, ainda era tão viva na Bahia a lembrança da expulsão dos povos não tupis para o sertão, que o cronista nos pode transmitir até os nomes das nações "tapuias" das terras conquistadas depois pelos tupinaés e tupinambás. Ainda depois de iniciada a colonização portuguesa, vamos assistir a uma nova extensão dos tupis, esta alcançando o Maranhão e as margens do Amazonas. O capuchinho Claude d'Abbeville, que viveu no Maranhão em 1612, chegou a conhecer pessoalmente algumas testemunhas da primeira migração tupinambá para aquelas regiões. Métraux acredita, fundado em poderosos motivos, que essa migração se teria produzido entre os anos de 1560 e 1580.[16]

A opinião de que a conquista da orla litorânea pelas tribos tupis se verificou pouco tempo antes da chegada dos portugueses parece ainda confirmada pela perfeita identidade na cultura de todos os habitantes da costa, pois estes, conforme disse Gandavo, "ainda que estejam divisos e haja entre eles diversos nomes de nações, todavia na semelhança, condição, costumes e ritos gentílicos todos sam huns".[17]

Confundindo-se com o gentio principal da costa, cujas terras ocuparam, ou repelindo-o para o sertão, os portugueses herdaram muitas das suas inimizades e idiossincrasias. Os outros, os não tupis, os "tapuias", continuaram largamente ignorados durante todo o período colonial e sobre eles corriam as lendas e versões mais fantásticas. E é significativo que a colonização portuguesa não se tenha firmado ou prosperado muito fora das regiões antes povoadas pelos indígenas da língua-geral. Estes, dir-se-ia que apenas prepararam terreno para a conquista lusitana. Onde a expansão dos tupis sofria um hiato, interrompia-se também a colonização branca, salvo em casos excepcionais, como o dos goianás de Piratininga, que ao tempo de João Ramalho já estariam a caminho de ser absorvidos pelos tupiniquins, ou então como o dos cariris do sertão ao norte do São Francisco.

O litoral do Espírito Santo, o "vilão farto" de Vasco Fernandes Coutinho, assim como a zona sul-baiana, as antigas capitanias de Ilhéus e Porto Seguro, permaneceram quase esquecidos dos portugueses, só porque, justamente nessas regiões, logo se abriram grandes claros na dispersão dos tupis, desalojados pelos primeiros habitantes do lugar. Handelmann chegou a dizer, em sua *História do Brasil*, que, excetuado o alto Amazonas, era essa a zona mais escassamente povoada de todo o Império, e espantava-se de que, após trezentos anos de colonização, ainda houvesse uma região tão selvagem, tão pobremente cultivada, entre a baía de Todos os Santos e a baía do Rio de Janeiro. No Espírito Santo, para manterem os raros centros povoados, promoveram os portugueses migrações artificiais de índios da costa que os defendessem contra as razias dos outros gentios. E só no século XIX, graças ao zelo beneditino de Güido Tomás Marlière, foi iniciada a catequese dos que se presume serem os últimos descendentes dos ferozes aimorés das margens do rio Doce, em outros tempos, o flagelo dos colonos.

Assim, acampando nos lugares antes habitados dos indígenas que falavam o abanheenga, mal tinham os portugueses outra notícia do gentio do sertão, dos que falavam "outra língua", como se exprime a respeito deles o padre Cardim, além do que lhes referia a gente costeira. Como já foi dito, não importava muito aos colonizadores povoar e conhecer mais do que as terras da marinha, por onde a comunicação com o Reino fosse mais fácil. Assim, o fato de acharem essas terras habitadas de uma só raça de homens, falando a mesma língua, não podia deixar de representar para eles inestimável vantagem.

A fisionomia mercantil, quase semita, dessa colonização exprime-se tão sensivelmente no sistema de povoação litorânea ao alcance dos portos de embarque, quanto no fenômeno, já aqui abordado, do desequilíbrio entre o esplendor rural e a miséria urbana. Justamente essas duas manifestações são de particular significação pela luz que projetam sobre as fases ulteriores de nosso desenvolvimento social. O padre Manuel da Nóbrega, em carta de 1552, exclamava: "[...] de quantos lá vieram, nenhum tem amor a esta terra [...] todos querem fazer em seu proveito, ainda que seja a custa da terra, porque esperam de se ir". Em outra carta, do mesmo ano, repisa o assunto, queixando-se dos que preferem ver sair do Brasil muitos navios carregados de ouro do que muitas almas para o Céu. E acrescenta: "Não querem bem à terra, pois têm sua afeição em Portugal; nem trabalham tanto para a favorecer, como por se aproveitarem de qualquer maneira que puderem; isto é geral, posto que entre eles haverá alguns fora desta regra".[18] E frei Vicente do Salvador, escrevendo no século seguinte, ainda poderá queixar-se de terem vivido os portugueses até então "arranhando as costas como caranguejos" e lamentará que os povoadores, por mais arraigados que à terra estejam e mais ricos, tudo pretendam levar a Portugal, e "se as fazendas e bens que possuem souberam falar, também lhes houveram de ensinar a dizer como papagaios, aos quais a primeira cousa que ensinam é: papagaio real para Portugal, porque tudo querem para lá".[19]

Mesmo em seus melhores momentos, a obra realizada no Brasil pelos portugueses teve um caráter mais acentuado de feitorização do que de colonização. Não convinha que aqui se fizessem grandes obras, ao menos quando não

O SEMEADOR E O LADRILHADOR

produzissem imediatos benefícios. Nada que acarretasse maiores despesas ou resultasse em prejuízo para a metrópole. O preceito mercantilista, adotado aliás por todas as potências coloniais até ao século XIX, segundo o qual metrópole e colônias hão de completar-se reciprocamente, ajustava-se bem a esse ponto de vista. Assim era rigorosamente proibida, nas possessões ultramarinas, a produção de artigos que pudessem competir com os do Reino. Em fins do século XVIII, como da capitania de São Pedro do Rio Grande principiasse a exportação de trigo para outras partes do Brasil, o gabinete de Lisboa fazia sustar sumariamente o cultivo desse cereal. E no alvará de 5 de janeiro de 1785, que mandava extinguir todas as manufaturas de ouro, prata, seda, algodão, linho e lã porventura existentes em território brasileiro, alegava-se que, tendo os moradores da colônia, por meio da lavoura e da cultura, tudo quanto lhes era necessário, se a isso ajuntassem as vantagens da indústria e das artes para vestuário, "ficarão os ditos habitantes totalmente independentes da sua capital dominante".

Com tudo isso, a administração portuguesa parece, em alguns pontos, relativamente mais liberal do que a das possessões espanholas. Assim é que, ao contrário do que sucedia nessas, foi admitida aqui a livre entrada de estrangeiros que se dispusessem a vir trabalhar. Inúmeros foram os espanhóis, italianos, flamengos, ingleses, irlandeses, alemães que para cá vieram, aproveitando-se dessa tolerância. Aos estrangeiros era permitido, além disso, percorrerem as costas brasileiras na qualidade de mercadores, desde que se obrigassem a pagar 10% do valor das suas mercadorias, como imposto de importação, e desde que não traficassem com os indígenas. Essa situação prevaleceu ao menos durante os primeiros tempos da colônia. Só mudou em 1600, durante o domínio espanhol, quando Filipe II ordenou fossem terminantemente excluídos todos os estrangeiros do Brasil. Proibiu-se então seu emprego como administradores de propriedades agrícolas, determinou-se fosse realizado o recenseamento de seu número, domicílio e cabedais, e em certos lugares — como em Pernambuco — deu-se-lhes ordem de embarque para os seus países de origem. Vinte e sete anos mais tarde renova-se essa proibição, que só depois da Restauração seria parcialmente revogada, em favor de ingleses e holandeses.

Na realidade o exclusivismo dos castelhanos, em contraste com a relativa liberalidade dos portugueses, constitui parte obrigatória, inalienável de seu sistema. Compreende-se que, para a legislação castelhana, deva ter parecido indesejável, como prejudicial à boa disciplina dos súditos, o trato e convívio de estrangeiros em terras de tão recente conquista e de domínio tão mal assente. Essa liberalidade dos portugueses pode parecer, em comparação, uma atitude negativa, mal definida, e que proviria, em parte, de sua moral interessada, moral de negociantes, embora de negociantes ainda sujeitos, por muitos e poderosos laços, à tradição medieval.

Pouco importa aos nossos colonizadores que seja frouxa e insegura a disciplina fora daquilo em que os freios podem melhor aproveitar, e imediatamente, aos seus interesses terrenos. Para isso também contribuiria uma aversão congênita a qualquer ordenação impessoal da existência, aversão que, entre os portugueses, não encontrava corretivo na vontade de domínio, sujeita aos meios relativamente escassos de que dispunham como nação, nem em qualquer tendência pronunciada para essa rigidez ascética a que a própria paisagem áspera de Castela já parece convidar os seus naturais e que se resolve, não raro, na inclinação para subordinar esta vida a normas regulares e abstratas.

A fantasia com que em nossas cidades, comparadas às da América espanhola, se dispunham muitas vezes as ruas ou habitações é, sem dúvida, um reflexo de tais circunstân-

O SEMEADOR E O LADRILHADOR   251

cias. Na própria Bahia, o maior centro urbano da colônia, um viajante do princípio do século XVIII notava que as casas se achavam dispostas segundo o capricho dos moradores. Tudo ali era irregular, de modo que a praça principal, onde se erguia o Palácio dos Vice-Reis, parecia estar só por acaso no seu lugar.[20] Ainda no primeiro século da colonização, em São Vicente e Santos, ficavam as casas em tal desalinho, que o primeiro governador-geral do Brasil se queixava de não poder murar as duas vilas, pois isso acarretaria grandes trabalhos e muito dano aos moradores.[21]

É verdade que o esquema retangular não deixava de manifestar-se — no próprio Rio de Janeiro já surge em esboço — quando encontrava poucos empecilhos naturais. Seria ilusório, contudo, supor que sua presença resultasse da atração pelas formas fixas e preestabelecidas, que exprimem uma enérgica vontade construtora, quando o certo é que procedem, em sua generalidade, dos princípios racionais e estéticos de simetria que o Renascimento instaurou, inspirando-se nos ideais da Antiguidade. Seja como for, o traçado geométrico jamais pôde alcançar, entre nós, a importância que veio a ter em terras da Coroa de Castela: não raro o desenvolvimento ulterior dos centros urbanos repeliu aqui esse esquema inicial para obedecer antes às sugestões topográficas.

A rotina e não a razão abstrata foi o princípio que norteou os portugueses, nesta como em tantas outras expressões de sua atividade colonizadora. Preferiam agir por experiências sucessivas, nem sempre coordenadas umas às outras, a traçar de antemão um plano para segui-lo até ao fim. Raros os estabelecimentos fundados por eles no Brasil que não tenham mudado uma, duas ou mais vezes de sítio, e a presença da clássica vila velha ao lado de certos centros urbanos de origem colonial é persistente testemunho dessa atitude tateante e perdulária.

Assim, o admirável observador que foi Vilhena podia lamentar-se, em começo do século passado, de que, ao edificarem a cidade do Salvador, tivessem os portugueses escolhido uma colina escarpada "cheia de tantas quebras e ladeiras", quando ali, a pouca distância, tinham um sítio "talvez dos melhores que haja no mundo para fundar uma cidade, a mais forte, a mais deliciosa e livre de mil incômodos a que está sujeita esta no sítio em que se acha".[22]

A cidade que os portugueses construíram na América não é produto mental, não chega a contradizer o quadro da natureza, e sua silhueta se enlaça na linha da paisagem. Nenhum rigor, nenhum método, nenhuma previdência, sempre esse significativo abandono que exprime a palavra "desleixo" — palavra que o escritor Aubrey Bell considerou tão tipicamente portuguesa como "saudade" e que, no seu entender, implica menos falta de energia do que uma íntima convicção de que "não vale a pena...".[23]

Pode-se acrescentar que tal convicção, longe de exprimir desapego ou desprezo por esta vida, se prende antes a um realismo fundamental, que renuncia a transfigurar a realidade por meio de imaginações delirantes ou códigos de postura e regras formais (salvo nos casos onde estas regras já se tenham estereotipado em convenções e dispensem, assim, qualquer esforço ou artifício). Que aceita a vida, em suma, como a vida é, sem cerimônias, sem ilusões, sem impaciências, sem malícia e, muitas vezes, sem alegria.

A esse chão e tosco realismo cabe talvez atribuir a pouca sedução que, ainda em nossos dias, exercem sobre o gosto um tanto romanesco de alguns historiadores muitas façanhas memoráveis dos portugueses na era dos descobrimentos. Comparada ao delirante arroubo de um Colombo, por exemplo, não há dúvida que mesmo a obra do grande Vasco da Gama apresenta, como fundo de tela, um bom senso atento a minudências e uma razão cautelosa e pedestre. Sua jornada fez-se quase toda por mares já conhecidos — uma cabotagem em grande estilo, disse Sophus Ruge — com destino já conhecido, e, quando foi necessário cruzar o Índico, pôde dispor de pilotos experimentados, como Ibn Majid.

A expansão dos portugueses no mundo representou sobretudo obra de prudência, de juízo discreto, de entendimento "que experiências fazem repousado". E parece certo que assim foi desde o primeiro ato, apesar de todas as galas poéticas em que se tem procurado envolver, por exemplo, a conquista de Ceuta.[24] Uma coragem sem dúvida obstinada, mas raramente descomedida, constitui traço comum de todos os grandes marinheiros lusitanos, exceção feita de Magalhães.

A grandeza heroica de seus cometimentos e a importância universal e duradoura do alto pensamento que os presidia é claro que foram vivamente sentidas, e desde cedo, pelos portugueses. A ideia de que superavam mesmo as lendárias façanhas de gregos e romanos impõe-se como verdadeiro lugar-comum de toda a sua literatura quinhentista. Mas é significativo, ao mesmo tempo, que essa exaltação literária caminhe em escala ascendente na medida em que se vai tornando tangível o descrédito e o declínio do poderio português. É uma espécie de engrandecimento retrocessivo e de intenção quase pedagógica o que vamos encontrar, por exemplo, nas páginas do historiador João de Barros. E a "fúria grande e sonorosa" de Luís de Camões só há de ser bem compreendida se, ao lado dos *Lusíadas,* lermos o *Soldado prático,* de Diogo do Couto, que fornece, se não um quadro perfeitamente fiel, ao menos o reverso necessário daquela grandiosa idealização poética.

De nenhuma das maiores empresas ultramarinas dos portugueses parece lícito dizer, aliás, que foi verdadeiramente popular no reino. O próprio descobrimento do caminho da Índia, é notório que o decidiu el-rei contra vontade expressa dos seus conselheiros. A estes parecia imprudente largar-se o certo pelo vago ou problemático. E o certo, nas palavras de Damião de Góis, eram o pacífico trato da Guiné e a honrosa conquista dos lugares de

África, para ganho dos mercadores, proveito das rendas do Reino e exercício de sua nobreza.

Mais tarde, quando o cheiro da canela indiana começa a despovoar o Reino, outras razões se juntam àquelas para condenar a empresa do Oriente. É que o cabedal rapidamente acumulado ou a esperança dele costuma cegar os indivíduos a todos os benefícios do esforço produtivo, naturalmente modesto e monótono, de modo que só confiam verdadeiramente no acaso e na boa fortuna.

A funesta influência que sobre o ânimo dos portugueses teriam exercido as conquistas ultramarinas é, como se sabe, tema constante dos poetas e cronistas do Quinhentos. E não deve ser inteiramente fortuito o fato de essa influência ter coincidido, em geral, com o processo de ascensão da burguesia mercantil, que se impusera já com a casa de Avis, mas recrudesceu sensivelmente desde que d. João II conseguiu abater a arrogância dos homens de solar.

A relativa infixidez das classes sociais fazia com que essa ascensão não encontrasse, em Portugal, forte estorvo, ao oposto do que sucedia ordinariamente em terras onde a tradição feudal criara raízes fundas e onde, em consequência disso, era a estratificação mais rigorosa. Como nem sempre fosse vedado a netos de mecânicos alçarem-se à situação dos nobres de linhagem e misturarem-se a eles, todos aspiravam à condição de fidalgos.

O resultado foi que os valores sociais e espirituais, tradicionalmente vinculados a essa condição, também se tornariam apanágio da burguesia em ascensão. Por outro lado, não foi possível consolidarem-se ou cristalizarem-se padrões éticos muito diferentes dos que já preexistiam para a nobreza, e não se pôde completar a transição que acompanha de ordinário as revoluções burguesas para o predomínio de valores novos.

À medida que subiam na escala social, as camadas populares deixavam de ser portadoras de sua primitiva mentalidade de classe para aderirem à dos antigos grupos dominantes. Nenhuma das "virtudes econômicas" tradicionalmente ligadas à burguesia pôde, por isso, conquistar bom crédito, e é característico dessa circunstância o sentido depreciativo que se associou em português a palavras tais como *traficante* e sobretudo *tratante*, que a princípio, e ainda hoje em castelhano, designam simplesmente, e sem qualquer labéu, o homem de negócios. Boas para genoveses, aquelas virtudes — diligência pertinaz, parcimônia, exatidão, pontualidade, solidariedade social... — nunca se acomodariam perfeitamente ao gosto da gente lusitana.[25]

A "nobreza nova" do Quinhentos era-lhes particularmente adversa. Não só por indignas de seu estado como por evocarem, talvez, uma condição social, a dos mercadores citadinos, a que ela se achava ligada de algum modo pela origem, não pelo orgulho. De onde seu afã constante em romper os laços com o passado, na medida em que o passado lhe representava aquela origem, e, ao mesmo tempo, de robustecer em si mesma, com todo o ardor dos neófitos, o que parecesse atributo inseparável da nobreza genuína.

Esta hipertrofia dos ideais autênticos ou supostos da classe nobre responderia, no caso, à necessidade de compensar interiormente e para os demais uma integração imperfeita na mesma classe. A invenção e a imitação tomaram o lugar da tradição como princípio orientador, sobretudo no século XVI, quando se tinham alargado as brechas nas barreiras já de si pouco sólidas que, em Portugal, separavam as diferentes camadas da sociedade. Através das palavras do soldado prático pode-se assistir ao desfile daqueles capitães que se vão, aos poucos, desapegando dos velhos e austeros costumes e dando moldura vistosa à nova consciência de classe. É assim que desaparecem de cena os famosos veteranos de barbas pelos joelhos, calções curtos, chuça ferrugenta na mão ou besta às costas.

Os que agora surgem só querem andar de capa debruada de veludo, gibão e calças do mesmo estofo, meias de retrós, chapéus com fitas de ouro, espada e adaga douradas, topete muito alto e barba tosada ou inteiramente rapada. Com isso se vai perdendo o antigo brio e valor dos lusitanos, pois, conforme ponderou um deles, "a guerra não se faz com invenções, senão com fortes corações; e nehũa coisa deita mais a perder os grandes impérios, que a mudança de trajos e de leis".[26]

Diogo do Couto desejaria os seus portugueses menos permeáveis às inovações, mais fiéis ao ideal de imobilidade que fizera, no seu entender, a grandeza duradoura de outros povos, como o veneziano ou o chinês. A nova nobreza parece-lhe, e com razão, uma simples caricatura da nobreza autêntica, que é, em essência, conservadora. O que prezam acima de tudo os fidalgos quinhentistas são as aparências ou exterioridades por onde se possam distinguir da gente humilde.

Pondo todo o garbo nos enfeites que sobre si trazem, o primeiro cuidado deles é tratar de garantir bem aquilo de que fazem tamanho cabedal. E como só querem andar em palanquins, já não usam cavalos e assim desaprendem a arte da equitação, tão necessária aos misteres da guerra.[27] Os próprios jogos e torneios, que pertencem à melhor tradição da aristocracia e que os antigos tinham criado para que "o uso das armas nam se perdesse", segundo já dissera el-rei d. João I,[28] começavam a fazer-se mais cheios de aparato do que de perigos.

E se muitos ainda não ousavam trocar a milícia pela mercancia, que é profissão baixa, trocavam-na pela toga e também pelos postos da administração civil e empregos literários, de modo que conseguiam resguardar a própria dignidade, resguardando, ao mesmo tempo, a própria comodidade. O resultado era que, até em terras cercadas de inimigos, como a Índia, onde cumpre andar sempre de espada em punho, se metiam "varas em lugar de lanças, leis

O SEMEADOR E O LADRILHADOR

em lugar de arneses, escrivães em lugar de soldados", e tornavam-se correntes, mesmo entre iletrados, expressões antes desusadas, como *libelo, contrariedade, réplica, tréplica, dilações, suspeições* e outras do mesmo gosto e qualidade.[29]

Sobre essa paisagem de decadência, deve situar-se como sobre um cenário que, ao mesmo tempo, a completa e aviva pelo contraste, não só a exasperação nativista de um Antônio Ferreira, mas até, e principalmente, o "som alto e sublimado" dos *Lusíadas*. Em Camões, a tinta épica de que se esmaltavam os altos feitos lusitanos não corresponde tanto a uma aspiração generosa e ascendente, como a uma retrospecção melancólica de glórias extintas. Nesse sentido cabe dizer que o poeta contribuiu antes para desfigurar do que para fixar eternamente a verdadeira fisionomia moral dos heróis da expansão ultramarina.

A tradição portuguesa, longe de manifestar-se no puro afã de glórias e na exaltação grandíloqua das virtudes heroicas, parece exprimir-se, ao contrário, no discreto uso das mesmas virtudes. E se Camões encontrou alguma vez o timbre adequado para formular essa tradição, foi justamente nas oitavas finais de sua epopeia, em que aconselha d. Sebastião a favorecer e levantar os mais experimentados que sabem "o como, o quando e onde as coisas cabem", e enaltece a disciplina militar que se aprende pela prática assídua — "vendo, tratando, pelejando" — e não pela fantasia — "sonhando, imaginando ou estudando".

Para esse modo de entender ou de sentir, não são os artifícios, nem é a imaginação pura e sem proveito, ou a ciência, que podem sublimar os homens. O crédito há de vir pela mão da natureza, como um dom de Deus, ou pelo exercício daquele bom senso amadurecido na experiência, que faz com que as obras humanas tenham mais de natureza do que de arte. Já observara o velho Sá de Miranda que

Pouco por força podemos,
isso que é, por saber veio,

todo o mal jaz nos extremos,
o bem todo jaz no meio.

E um século antes, el-rei d. Duarte tinha colocado acima da "vontade espiritual" a "vontade perfeita", sobre a qual "faz fundamento a real prudência", dizendo preferir os que seguem o "juízo da razom e do entender", "caminho da discrição, que em nossa linguagem chamamos verdadeiro siso", aos que andam em feitos de cavalaria, "pondo-se a todos os perigos e trabalhos que se lhes oferecem, nom avendo resguardo aos que, segundo seu estado e poder lhe som razoados", que tudo quanto lhes apraz seguem "destemperadamente, que nom teem cuidado de comer, dormir, nem de folgança ordenada que o corpo naturalmente requer".[30]

A essas regras de tranquila moderação, isentas de rigor e já distanciadas em muitos pontos dos ideais aristocráticos e feudais, ainda se mostra fiel o filho do Mestre de Avis, quando aconselha o leitor de seu tratado, para bom regimento da consciência, a que "nom se mova sem certo fundamento, nem cure de sinais, sonhos, nem topos de verdade [...]".[31] Nisso mostra-se representante exemplar desse realismo que repele abstrações ou delírios místicos, que na própria religião se inclina para as devoções mais pessoais, para as manifestações mais tangíveis da divindade. E se é certo que na literatura medieval portuguesa surge com insistência característica o tema da dissonância entre o indivíduo e o mundo, e até o comprazer-se nela, não é evidente que essa mesma dissonância já implica uma imagem afirmativa, um gosto pelo mundo e pela vida? Longe de corresponder a uma atitude de perfeito desdém pela sociedade dos homens, o apartar-se deles, nestes casos, significa, quase sempre, incapacidade para abandonar inteiramente os vãos cuidados terrenos. O próprio Amadis, modelo de valor e espelho de cortesia, não consegue tornar-se um anacoreta genuíno no ermo da Penha Pobre, porque tem a acompanhar todos os seus pensamentos e obras a lembrança indelével de Oriana.

O SEMEADOR E O LADRILHADOR

Na lírica dos antigos cancioneiros, onde vamos encontrar essa atitude em estado bruto, as efusões do coração, as evocações ternas ou sombrias, as malogradas aspirações, as imprecações, os desenganos jamais se submeterão àquelas construções impessoais que admirariam mais tarde os artistas do Renascimento e do classicismo, mas compõem um rústico jardim de emoções íntimas. Todo arranjo teórico será insólito aqui, pois os acidentes da experiência individual têm valor único e terminante. Muitos males se escusariam, dirá uma personagem da *Diana* de Jorge de Montemor, e muitas desditas não aconteceriam, "*se nosotros dexassemos de dar crédito a palabras bien ordenadas y razones bien compuestas de corazones libres, porque en ninguna cosa ellos muestran tanto serio como en saber dezir por orden un mal que, quando es verdadero, no ay cosa mas fuera delia*". Reflexão que representa como um eco desta outra da Menina e Moça: "[...] de tristezas nam se pode contar nada ordenadamente, porque desordenadamente acõtecem ellas".[32]

Atribuindo embora caráter positivo e intransferível a tais estados, a poesia portuguesa nunca os levará, nem depois do romantismo, ao ponto de uma total desintegração da personalidade, e nisso mostra bem que ainda pertence ao galho latino e ibérico. Também não se perde nos transes ou desvarios metafísicos, que possam constituir solução para todos os inconformismos. Canta desilusões, mas sem pretender atrair tempestades, invocar o demônio ou fabricar o ouro. A ordem que aceita não é a que compõem os homens com trabalho, mas a que fazem com desleixo e certa liberdade; a ordem do semeador, não a do ladrilhador. É também a ordem em que estão postas as coisas divinas e naturais pois que, já o dizia Antônio Vieira, se as estrelas estão em ordem, "he ordem que faz influência, não he ordem que faça lavor. Não fez Deus o Céu em xadrez de estrelas [...]".[33]

A visão do mundo que assim se manifesta, de modo cabal, na literatura, sobretudo na poesia, deixou seu cunho impresso nas mais diversas esferas da atividade dos portugueses, mormente no domínio que em particular nos interessa: o da expansão colonizadora. Cabe observar, aliás, que nenhum estímulo vindo de fora os incitaria a tentar dominar seriamente o curso dos acontecimentos, a torcer a ordem da natureza. E ainda nesse caso será instrutivo o confronto que se pode traçar entre eles e outros povos hispânicos. A fúria centralizadora, codificadora, uniformizadora de Castela, que tem sua expressão mais nítida no gosto dos regulamentos meticulosos — capaz de exercer-se, conforme já se acentuou, até sobre o traçado das cidades coloniais —, vem de um povo internamente desunido e sob permanente ameaça de desagregação. Povo que precisou lutar, dentro de suas próprias fronteiras peninsulares, com o problema dos aragoneses, o dos catalães, o dos euscaros e, não só até 1492, mas até 1611, o dos mouriscos.

Não é assim de admirar se, na medida em que a vocação imperial dos castelhanos vai lançando sua sombra sobre flamengos e alemães, borguinhões e milaneses, napolitanos e sicilianos, muçulmanos da Berberia e índios da América e do Oriente, a projeção da monarquia do Escorial para além das fronteiras e dos oceanos tenha como acompanhamento obrigatório o propósito de tudo regular, ao menos em teoria, quando não na prática, por uma espécie de compulsão mecânica. Essa vontade normativa, produto de uma agregação artificiosa e ainda mal segura, ou melhor, de uma aspiração à unidade de partes tão desconexas, pôde exprimir-se nas palavras de Olivares, quando exortava Filipe IV, rei de Portugal, de Aragão, de Valência e conde de Barcelona, a "reduzir todos os reinos de que se compõe a Espanha aos estilos e leis de Castela, pois desse modo há de ser o soberano mais poderoso do mundo".[34] O amor exasperado à uniformidade e à simetria surge, pois, como um resultado da carência de verdadeira unidade.

Portugal, por esse aspecto, é um país comparativamente sem problemas. Sua unidade política, realizara-a desde o século XIII, antes de qualquer outro Estado europeu moderno, e em virtude da colonização das terras meridionais, libertas enfim do sarraceno, fora-lhe possível alcançar apreciável homogeneidade étnica. A essa precoce satisfação de um impulso capaz de congregar todas as energias em vista de um objetivo que transcendia a realidade presente, permitindo que certas regiões mais elevadas da abstração e da formalização cedessem o primeiro plano às situações concretas e individuais — as "árvores que não deixam ver a floresta", segundo o velho rifão —, cabe talvez relacionar o "realismo", o "naturalismo" de que deram tamanhas provas os portugueses no curso de sua história.

Explica-se como, por outro lado, o natural conservantismo, o deixar estar — o "desleixo" — pudessem sobrepor--se tantas vezes entre eles à ambição de arquitetar o futuro, de sujeitar o processo histórico a leis rígidas, ditadas por motivos superiores às contingências humanas. Restava, sem dúvida, uma força suficientemente poderosa e arraigada nos corações para imprimir coesão e sentido espiritual à simples ambição de riquezas. Contra as increpações de Paulo Jóvio, que acusava os portugueses de ganância e falta de escrúpulo no negócio das especiarias, podia o humanista Damião de Góis objetar que os proveitos da mercancia eram necessários para se atenderem às despesas com guerras imprevistas na propagação da fé católica. E se abusos houvesse, caberia toda culpa aos mercadores, bufarinheiros e regatões, para os quais nenhuma lei existe além da que favorece sua ambição de ganho.

Mas essa escusa piedosa não impede que, ao menos nas dependências ultramarinas de Portugal, quando não na própria metrópole, o catolicismo tenha acompanhado quase sempre o relaxamento usual. Estreitamente sujeita ao poder civil, a Igreja católica, no Brasil em particular, seguiu--lhe também estreitamente as vicissitudes e circunstâncias. Em consequência do grão-mestrado da Ordem de Cristo, sobretudo depois de confirmada em 1551 por sua santidade o papa Júlio III, na bula *Praeclara carissimi*, sua transferência aos monarcas portugueses com o patronato nas terras descobertas, exerceram estes, entre nós, um poder praticamente discricionário sobre os assuntos eclesiásticos. Propunham candidatos ao bispado e nomeavam-nos com cláusula de ratificação pontifícia, cobravam dízimos para dotação do culto e estabeleciam toda sorte de fundações religiosas, por conta própria e segundo suas conveniências momentâneas. A Igreja transformara-se, por esse modo, em simples braço do poder secular, em um departamento da administração leiga ou, conforme dizia o padre Júlio Maria, em um *instrumentum regni*.

O fato de os nossos clérigos se terem distinguido frequentemente como avessos à disciplina social e mesmo ao respeito pela autoridade legal, o célebre "liberalismo" dos eclesiásticos brasileiros de outrora parece relacionar-se largamente com semelhante situação. Como corporação, a Igreja podia ser aliada e até cúmplice fiel do poder civil, onde se tratasse de refrear certas paixões populares; como indivíduos, porém, os religiosos lhe foram constantemente contrários. Não só no período colonial, mas também durante o Império, que manteve a tradição do padroado, as constantes intromissões das autoridades nas coisas da Igreja tendiam a provocar no clero uma atitude de latente revolta contra as administrações.

Essa revolta reflete-se na própria pastoral coletiva do episcopado brasileiro de março de 1890, que surge quase como um aplauso franco ao regime republicano, implantado quatro meses antes, não obstante lhe seja impossível aprovar, em princípio, as ideias de separação entre a Igreja e o Estado. Nesse documento são ridicularizados os ministros de Estado que ordenavam aos bispos o cumprimento dos cânones do Concílio de Trento nos provimentos das paróquias; que lhes proibiam a saída da diocese sem licença do governo, sob pena de ser declarada a sé vacante e de procederem as autoridades civis à nomeação do sucessor; que exigiam fossem sujeitos à aprovação dos administradores

O SEMEADOR E O LADRILHADOR   263

leigos os compêndios de teologia em que deveriam estudar
os alunos dos seminários; que vedavam às ordens regulares
o receberem noviços; que negavam aos vigários o direito de
reclamarem velas da banqueta; que fixavam a quem competia a nomeação do porteiro da maça nas catedrais. Referindo-se, por fim, aos efeitos do padroado, em que se firmava
essa posição de inconteste supremacia do poder temporal,
conclui a pastoral: "Era uma proteção que nos abafava".

Pode-se acrescentar que, subordinando indiscriminadamente clérigos e leigos ao mesmo poder por vezes caprichoso e despótico, essa situação estava longe de ser propícia à
influência da Igreja e, até certo ponto, das virtudes cristãs
na formação da sociedade brasileira. Os maus padres, isto
é, negligentes, gananciosos e dissolutos, nunca representa-
ram exceções em nosso meio colonial. E os que pretendessem reagir contra o relaxamento geral dificilmente encontrariam meios para tanto. Destes, a maior parte pensaria
como o nosso primeiro bispo, que em terra tão nova "muitas mais coisas se ão de dessimular que castigar".[35]

NOTAS AO CAPÍTULO 4

1. Vida intelectual na América espanhola
e no Brasil

O desaparecimento de vários arquivos universitários, como
os de Lima e Chuquisaca, é uma das razões da falta de dados precisos sobre o número de estudantes diplomados por
esses estabelecimentos. Contudo não seria exagerada a es-
timativa feita por um historiador, que avalia em cerca de
150 mil o total para toda a América espanhola. Só da Universidade do México sabe-se com segurança que, no período entre 1775 e a independência, saíram 7850 bacharéis e
473 doutores e licenciados.[36] É interessante confrontar este
número com o dos naturais do Brasil graduados durante o

mesmo período (1775-1821) em Coimbra, que foi dez vezes menor, ou exatamente 720.[37]

Igualmente surpreendente é o contraste entre as Américas espanhola e portuguesa no que respeita à introdução de outro importante instrumento de cultura: a imprensa. Sabe-se que, já em 1535, se imprimiam livros na Cidade do México e que quatro anos mais tarde se instalava ali a oficina do lombardo Giovanni Paoli ou Juan Pablos, agente do impressor alemão João Gronberger, de Sevilha. Da Nova Espanha a arte tipográfica é levada, ainda em fins do século XVI, para Lima, datando de 1584 a autorização para se estabelecer oficina impressora na capital peruana.

Em todas as principais cidades da América espanhola existiam estabelecimentos gráficos por volta de 1747, o ano em que aparece no Rio de Janeiro, para logo depois ser fechada, por ordem real, a oficina de Antônio Isidoro da Fonseca.[38] A carta régia de 5 de julho do referido ano, mandando sequestrar e devolver ao Reino, por conta e risco dos donos, as "letras de imprensa", alega não ser conveniente que no Estado do Brasil "se imprimão papeis no tempo presente, nem ser utilidade aos impressores trabalharem no seu ofício aonde as despesas são maiores que no Reino, do qual podem hir impressos os livros e papeis no mesmo tempo em que d'elles devem hir as licenças da Inquizição e do meu Conselho Ultramarino, sem as quaes se não podem imprimir nem correrem as obras".

Antes de iniciado o século XIX, em que verdadeiramente se introduziu a imprensa no Brasil, com a vinda da Corte portuguesa, o número de obras dadas à estampa só na Cidade do México, segundo pôde apurar José Toribio Medina, elevou-se a 8979, assim distribuídas:

Século XVI. 251
Século XVII. 1838
Século XVIII. 6890

O SEMEADOR E O LADRILHADOR

Em começo do século XIX, até 1821, publicaram-se na Cidade do México mais 2673 obras, o que eleva a 11 652 o total saído das suas oficinas durante o período colonial.

Não é de admirar se, já em fins do século XVIII, se inicia ali a imprensa periódica americana com a publicação, a partir do ano de 1671, da primeira *Gaceta*, que saiu da loja de Bernardo Calderón.

Posto que menos considerável do que a do México, a bibliografia limenha é, ainda assim, digna de registro. Medina pôde assinalar, conhecidos *de visu* ou através de referências fidedignas, 3948 títulos de obras saídas das oficinas da capital peruana entre os anos de 1584 e 1824.

Acerca da imprensa colonial na América espanhola, merece ser consultado, entre os mais recentes, o excelente e exaustivo estudo de José Torres Rovello, *Orígenes de la imprenta en España y su desarrollo en América española* (Buenos Aires, 1940). Do mesmo autor existe outro trabalho relacionado mais particularmente com a legislação sobre o livro e a imprensa na América espanhola: *El libro, la imprenta y el periodismo en América durante la dominación española* (Buenos Aires, 1940.) Interessantes e profusamente ilustrados são os estudos publicados na revista *Mexican Art and Life* 7 (jul. 1939), dedicados ao quarto centenário da introdução da imprensa no México, especialmente o de Frederico Gomez de Orozco, intitulado "Mexican Books in the Seventeenth Century". Assim como o trabalho de Ernst Wittich, *Die Erste Drückerei in Amerika*, publicado no *Ibero-Amerikanisches Archiv* (Berlim, abr. 1938), pp. 68-87.

Os entraves que ao desenvolvimento da cultura intelectual no Brasil opunha a administração lusitana faziam parte do firme propósito de impedir a circulação de ideias novas que pudessem pôr em risco a estabilidade de seu domínio. E é significativo que, apesar de sua maior liberalidade na admissão de estrangeiros capazes de contribuir com seu trabalho para a valorização da colônia, tolerassem muito menos aqueles cujo convívio pudesse excitar entre os moradores do Brasil pensamentos de insubordinação e rebeldia. É bem conhecido, a esse respeito, o caso da ordem expedida, já na aurora do século XIX, pelo príncipe regente, aos governadores das capitanias do Norte, até o Ceará, para que atalhassem a entrada em terras da Coroa de Portugal de "um tal barão de Humboldt, natural de Berlim", por parecer suspeita a viagem e "sumamente prejudicial aos interesses políticos" da mesma Coroa.[39]

Há notícia de que, sabedor da ordem, se apressou o conde da Barca em interceder junto ao príncipe regente em favor de Alexandre Humboldt. É pelo menos o que consta de carta que a este dirigiu, em 1848, Eschwege, onde se relata com pormenores o fato ocorrido quase meio século antes. À margem da cópia da ordem citada, que lhe enviou juntamente o autor do *Pluto Brasiliensis*, escreveu Humboldt do próprio punho, com data de 1854, as palavras seguintes: "Desejo que este documento seja publicado depois de minha morte".

Sobre o mesmo assunto é interessante o trecho do diário de Varnhagen de Ense, correspondente a 11 de agosto de 1855, que vai a seguir traduzido:

Humboldt foi ultimamente condecorado com a grande ordem brasileira em virtude de sentença arbitral que proferiu num litígio entre o Brasil e a Venezuela.[40] Valera seu parecer, ao Império, uma porção apreciável de território.

— Em outros tempos, no Rio de Janeiro, quiseram prender-me e mandar-me de volta à Europa como espião perigoso, e o aviso baixado nesse sentido é exibido por lá como objeto de curiosidade. Hoje fazem-me juiz. É evidente que eu só poderia decidir em favor do Brasil, pois necessitava de uma condecoração, coisa que não existe na república da Venezuela!

O SEMEADOR E O LADRILHADOR   267

Interrompi essas palavras, ditas com jovial ironia:
— Como tudo muda!
— É isso mesmo — retrucou Humboldt. — A ordem de prisão primeiro; depois a comenda.[41]

2. *A língua-geral em São Paulo*

O assunto, que tem sido ultimamente objeto de algumas controvérsias, foi tratado pelo autor no *Estado de S. Paulo* de 11 e 18 de maio e 13 de junho de 1945, em artigos cujo texto se reproduz, a seguir, quase na íntegra.

Admite-se, em geral, sobretudo depois dos estudos de Teodoro Sampaio, que ao bandeirante, mais talvez do que ao indígena, se deve nossa extraordinária riqueza de topônimos de procedência tupi. Mas admite-se sem convicção muito arraigada, pois parece evidente que uma população "primitiva", ainda quando numerosa, tende inevitavelmente a aceitar os padrões de seus dominadores mais eficazes.

Não faltou, por isso mesmo, quem opusesse reservas a um dos argumentos invocados por Teodoro Sampaio, o de que os paulistas da era das bandeiras se valiam do idioma tupi em seu trato civil e doméstico, exatamente como os dos nossos dias se valem do português.

Esse argumento funda-se, no entanto, em testemunhos precisos e que deixam pouco lugar a hesitações, como o é o do padre Antônio Vieira, no célebre voto que proferiu acerca das dúvidas suscitadas pelos moradores de São Paulo em torno do espinhoso problema da administração do gentio. "É certo", sustenta o grande jesuíta, "que as famílias dos portuguezes e índios de São Paulo estão tão ligadas hoje humas ás outras, que as mulheres e os filhos se criam mystica e domesticamente, e a lingua que nas ditas familias se fala he a dos indios, e a portugueza a vão os meninos aprender à escola [...]."[42]

Não se diga que tal afirmação, vinda de quem veio, pudesse ter sido uma invenção piedosa, destinada a abonar o parecer dos adversários da entrega do gentio a particulares e partidários do regime das aldeias, onde, no espiritual, pudessem os índios ser doutrinados e viver segundo a lei da Igreja. Era antes um escrúpulo e dificuldade, que tendia a estorvar o parecer de Vieira, pois "como desunir esta tão natural união", sem rematada crueldade para com os que "assim se criaram e há muitos anos vivem"?

Tentando precaver-se contra semelhante objeção, chega a admitir o jesuíta que se os índios ou índias tivessem realmente tamanho amor aos seus chamados senhores, que quisessem ficar com eles por espontânea vontade, então ficassem, sem outra qualquer obrigação além desse amor, que é o cativeiro mais doce e a liberdade mais livre.

Que Vieira, conhecendo apenas de informações o que se passava em São Paulo, tenha sido levado facilmente a repetir certas fábulas que, entre seus próprios companheiros de roupeta, correriam a respeito dos moradores da capitania sulina não é contudo improvável. Caberia, por conseguinte, ao lado do seu, coligir outros depoimentos contemporâneos sobre o assunto e verificar até onde possam eles ter sido expressão da verdade.

O empenho que mostraram constantemente os paulistas do século XVII em que fossem dadas as vigararias da capitania, de preferência a naturais dela, pode ser atribuído ao mesmo nativismo que iria explodir mais tarde na luta dos emboabas. Mas outro motivo plausível é apresentado mais de uma vez em favor de semelhante pretensão: o de que os religiosos procedentes de fora, desconhecendo inteiramente a língua da terra, se entendiam mal com os moradores.

É explícita, a propósito, uma exposição que, isso já em 1725, enviaram a el-rei os camaristas de São Paulo.[43] E em 1698, ao solicitar de Sua Majestade que o provimento de párocos para as igrejas da repartição do Sul recaísse em religiosos conhecedores da língua-geral dos índios, o governador Artur de Sá e Meneses exprimia-se nos seguintes termos: "[...] a mayor parte daquella Gente se não explica em outro ydioma, e principalmente o sexo feminino e todos os servos, e desta falta se experimenta irreparável perda, como hoje se ve em São Paulo como o nouo Vigario que veio provido naquella Igreja, o qual ha mister quem o interprete".[44]

Que entre mulheres principalmente o uso da língua--geral tivesse caráter mais exclusivista, eis uma precisão importante, que o texto citado vem acrescentar às informações de Vieira. Mais estreitamente vinculada ao lar do que o homem, a mulher era aqui, como o tem sido em toda parte, o elemento estabilizador e conservador por excelência, o grande custódio da tradição doméstica. E a tradição que no caso particular mais vivaz se revela é precisamente a introduzida na sociedade dos primeiros conquistadores e colonos pelas cunhas indígenas que com eles se misturaram.

Em favor da persistência de semelhante situação em São Paulo através de todo o século XVII deve ter agido, em grau apreciável, justamente o lugar preeminente que ali ocuparia muitas vezes o elemento feminino. Casos como o de uma Inês Monteiro, a famosa *Matrona* de Pedro Taques, que quase sem auxílio se esforçou por segurar a vida do filho e de toda a sua gente contra terríveis adversários, ajudam a fazer ideia de tal preeminência. Atraindo periodicamente para o sertão distante parte considerável da população masculina da capitania, o bandeirismo terá sido uma das causas indiretas do sistema quase matriarcal a que ficavam muitas vezes sujeitas as crianças antes da idade da doutrina e mesmo depois. Na rigorosa reclusão caseira, entre mulheres e serviçais, uns e outros igualmente ignorantes do idioma adventício, era o da terra que teria de constituir para elas o meio natural e mais ordinário de comunicação.

Num relatório escrito por volta de 1692 dizia o governador Antônio Pais de Sande das mulheres paulistas que eram "formosas e varonis, e he costume alli deixarem seus maridos á sua disposição o governo das casas e das fazendas". Linhas adiante acrescentava ainda que "os filhos primeiro sabem a lingua do gentio do que a materna".[45] Isto é, a portuguesa.

Um século depois de Antônio Vieira, de Artur de Sá e Meneses, de Antônio Pais de Sande, condição exatamente idêntica à que, segundo seus depoimentos, teria prevalecido no São Paulo do último decênio seiscentista será observada por d. Félix de Azara em Curuguati, no Paraguai. Ali também as mulheres falavam só o guarani e os homens não se entendiam com elas em outra língua, posto que entre si usassem por vezes do castelhano. Essa forma de bilinguismo desaparecia, entretanto, em outras partes do Paraguai, onde todos, homens e mulheres, indiscriminadamente, só se entendiam em guarani, e apenas os mais cultos sabiam o espanhol.

Deve-se notar, de passagem, que ao mesmo Azara não escaparam as coincidências entre o que lhe fora dado observar no Paraguai e o que se afirmava dos antigos paulistas. "Lo mismo", escreve, "ha succedido exatamente en la imensa provincia de San Pablo, donde los portugueses, habiendo olvidado su idioma, no hablan sino el guarani."[46]

Ao tempo em que redigia suas notas de viagem, essa particularidade, no que diz respeito a São Paulo, já pertencia ao passado, mas permaneceria viva na memória dos habitantes do Paraguai e do Prata castelhanos, terras tantas vezes ameaçadas e trilhadas pelos antigos bandeirantes.

Sobre os testemunhos acima citados pode dizer-se que precisamente seu caráter demasiado genérico permitiria atenuar, embora sem destruir de todo, a afirmação de que entre paulistas do século XVII fosse corrente o uso da língua-geral, mais corrente, em verdade, do que o do próprio português. Nada impede, com efeito, que esses

O SEMEADOR E O LADRILHADOR

testemunhos aludissem sobretudo às camadas mais humildes (e naturalmente as mais numerosas) do povo, onde a excessiva mistura e a convivência de índios quase impunham o manejo constante de seu idioma.

Que os paulistas das classes educadas e mais abastadas também fossem, por sua vez, muito versados na língua-geral do gentio, comparados aos filhos de outras capitanias, nada mais compreensível, dado seu gênero de vida. Aliás não é outra coisa o que um João de Laet, baseando-se, este certamente, em informações de segunda mão, dá a entender em sua história do Novo Mundo, publicada em 1640. Depois de referir-se ao idioma tupi, que no seu parecer é fácil, copioso e bem agradável, exclama o então diretor da Companhia das Índias Ocidentais: *"Or les enfants des Portugais nés ou eslevés de jeunesse dans ces provinces, le sçavent comme le leur propre, principalement dans le gouvernement de St Vincent"*.[47]

Outros dados ajudam, no entanto, a melhor particularizar a situação a que se referem os já mencionados depoimentos. Um deles é o inventário de Brás Esteves Leme, publicado pelo Arquivo do Estado de São Paulo. Ao fazer-se o referido inventário, o juiz de órfãos precisou dar juramento a Álvaro Neto, prático na língua da terra, a fim de poder compreender as declarações de Luzia Esteves, filha do defunto, "por não saber falar bem a língua portuguesa".[48]

Cabe esclarecer que o juiz de órfãos era, neste caso, d. Francisco Rendon de Quebedo, morador novo em São Paulo, pois aqui chegara depois de 1630 e o inventário em questão data de 36. Isso explica como, embora residente na capitania, tivesse ele necessidade de intérprete para uma língua usual entre a população.

O exemplo de Luzia Esteves não será, contudo, dos mais convincentes, se considerarmos que, apesar de pertencer, pelo lado paterno, à gente principal da terra, era ela própria mamaluca de primeiro grau.

Mais importante, sem dúvida, para elucidar-se o assunto é o caso de Domingos Jorge Velho, o vencedor dos Palmares e desbravador do Piauí. Na ascendência do grande régulo parnaibano o elemento português predomina francamente, embora, para acompanhar a regra, não isento de mestiçagem com o gentio pois, se não falham os genealogistas, foi tetraneto, por um lado, da filha de Piquerobi e, por outro, da tapuia anônima de Pedro Afonso.

Não deixa, assim, de ser curioso que, tendo de tratar com o bispo de Pernambuco no sítio dos Palmares, em 1697, precisasse levar intérprete, "porque nem falar sabe", diz o bispo. E ajunta: "nem se diferença do mais bárbaro Tapuia mais que em dizer que he Christão, e não obstante o haver se casado de pouco lhe assistem sete Indias Concubinas, e daqui se pode inferir como procede no mais".[49]

Um estorvo sério à plena aceitação desse depoimento estaria no fato de se conhecerem, escritos e firmados de próprio punho por Domingos Jorge, diversos documentos onde se denuncia certo atilamento intelectual que as linhas citadas não permitem supor. Leiam-se, por exemplo, no mesmo volume onde vêm reproduzidas as declarações do bispo de Pernambuco, as palavras com que o famoso caudilho procura escusar e até exaltar o comportamento dos sertanistas preadores de índios, em face das acres censuras que tantas vezes lhes endereçaram os padres da Companhia.

Primeiramente, observa, as tropas de paulistas não são de gente matriculada nos livros de Sua Majestade, nem obrigada por soldo ou pão de munição. Não vão a cativar, mas antes a reduzir ao conhecimento da civil e urbana sociedade um gentio brabo e comedor de carne humana. E depois, se esses índios ferozes são postos a servir nas lavras e lavouras, não entra aqui nenhuma injustiça clamorosa, "pois he para os sustentarmos a eles e aos seus filhos, como a nós e aos nossos", o que, bem longe de significar cativeiro, constitui para aqueles infelizes inestimável serviço, pois aprendem a arrotear a terra, a plantar, a colher, enfim a trabalhar para o sustento próprio, coisa que, antes de amestrados pelos brancos, não sabiam fazer.

É esse, segundo seu critério, o único meio racional de se fazer com que cheguem os índios a receber da luz de Deus e dos mistérios da sagrada religião católica, o que baste para sua salvação eterna, pois, observa, "em vão trabalha quem os quer fazer anjos antes de os fazer homens".

Deixando de parte toda aquela rústica e especiosa pedagogia com que se procura disfarçar o serviço forçado do gentio em benefício de senhores particulares, é impossível desprezar a sentença cabal que aqui se lavra contra o sistema dos padres. Anjos, não homens, é o que pretendem realmente fabricar os inacianos em suas aldeias, sem conseguir, em regra, nem uma coisa, nem outra. Ainda nos dias de hoje é essa, sem dúvida, a mais ponderável crítica que se poderá fazer ao regime das velhas missões jesuíticas.

Permanece intato, todavia, o problema de saber-se se o "tapuia bárbaro", que nem falar sabia — entenda-se: falar português —, terá sido efetivamente autor de tão sutis raciocínios. Restaria, em verdade, o recurso de admitir que, sendo porventura sua a letra com que foram redigidos os escritos, não o seriam as palavras e, ainda menos, as ideias.

Seja como for, não cabe repelir de todo algumas das afirmações do bispo pernambucano, apesar de sua rancorosa aversão ao bandeirante, que se denuncia da primeira à última linha. No que diz respeito ao escasso conhecimento da língua portuguesa por parte de Domingos Jorge, a carta constitui mais um depoimento, entre muitos outros semelhantes, sobre os paulistas do século XVII. Depoimento que, neste caso especial, pode merecer reparos e reservas, mas que não é lícito pôr de parte.

Além desses testemunhos explícitos, quase todos do século XVII, existe uma circunstância que deve merecer aqui nossa atenção. Se procedermos a um rigoroso exame das alcunhas tão frequentes na antiga São Paulo verificaremos que, justamente, por essa época, quase todas são de procedência indígena. Assim é que Manuel Dias da Silva era conhecido por "Bixira"; Domingos Leme da Silva era o "Botuca"; Gaspar de Godói Moreira, o "Tavaimana"; Francisco Dias da Siqueira, o "Apuçá"; Gaspar Vaz da Cunha, o "Jaguaretê"; Francisco Ramalho, o "Tamarutaca"; Antônio Rodrigues de Góis, ou da Silva, o "Tripoí". Segundo versão nada inverossímil, o próprio Bartolomeu Bueno deveu aos seus conterrâneos, não aos índios goiás, que por sinal nem falavam a língua-geral, a alcunha tupi de Anhanguera, provavelmente de ter um olho furado ou estragado. O episódio do fogo lançado a um vaso de aguardente, que anda associado à sua pessoa, Pedro Taques atribuiu-o a outro sertanista, Francisco Pires Ribeiro.

No mesmo século XVII as alcunhas de pura origem portuguesa é que constituem raridade. Um dos poucos exemplos que se podem mencionar é a de "Perna de Pau" atribuída a Jerônimo Ribeiro, que morreu em 1693. Não faltam, ao contrário, casos em que nomes ou apelidos de genuína procedência lusa recebem o sufixo aumentativo do tupi, como a espelhar-se, num consórcio às vezes pitoresco, de línguas tão dessemelhantes, a mistura assídua de duas raças e duas culturas. É por esse processo que Mecia Fernandes, a mulher de Salvador Pires, se transforma em Meciuçu. E Pedro Vaz de Barros passa a ser Pedro Vaz Guaçu. Num manuscrito existente na Biblioteca Nacional do Rio de Janeiro lê-se que ao governador Antônio da Silva Caldeira Pimentel puseram os paulistas o cognome de Casacuçu, porque trazia constantemente uma casaca comprida.[50] Sinal, talvez, de que ainda em pleno Setecentos persistiria, ao menos em determinadas camadas do povo, o uso da chamada língua da terra. E não é um exemplo isolado. Salvador de Oliveira Leme, natural de Itu e alcunhado o "Sarutaiá", só vem a morrer em 1802.

Trata-se, porém, já agora de casos isolados, que escapam à regra geral e podem ocorrer a qualquer tempo. O que de fato se verifica, à medida que nos distanciamos do

O SEMEADOR E O LADRILHADOR

século XVII, é a frequência cada vez maior e mais exclusivista de alcunhas portuguesas como as de "Via-Sacra",
"Ruivo", "Orador", "Cabeça do Brasil", e esta, de sabor
ciceroniano: "Pai da Pátria". As de origem tupi, predo-
minantes na era seiscentista, é que vão diminuindo, até
desaparecerem praticamente por completo. Não parece de
todo fortuita a coincidência cronológica desse fato, que
sugere infiltração maior e progressiva do sangue reinol na
população da capitania, com os grandes descobrimentos
do ouro das Gerais e o declínio quase concomitante das
bandeiras de caça ao índio.

Em que época, aproximadamente, principia a desaparecer, entre moradores do planalto paulista, o uso corrente da língua tupi? Os textos até aqui invocados para indicar o predomínio de tal idioma procedem, em sua grande
maioria, do século XVII, conforme se viu, e precisamente
do último decênio do século XVII. De 1692 ou 93, pouco
mais ou menos, é o relatório de Antônio Pais de Sande. O
famoso voto do padre Antônio Vieira sobre as dúvidas
dos moradores da capitania traz a data de 1694. De 1697
é o depoimento do bispo de Pernambuco acerca de Domingos Jorge Velho. Mil seiscentos e noventa e três é o
ano da carta do governador Artur de Sá e Meneses, recomendando que recaísse em sacerdotes práticos na língua
do gentio o provimento de párocos em São Paulo, assim
como em todo o território da repartição do Sul.

Nos primeiros tempos da era setecentista ainda aparecem, é certo que menos numerosas, referências precisas ao
mesmo fato. Em 1709, segundo documento manuscrito
que me acaba de ser amavelmente comunicado pelo mestre Afonso de Taunay, Antônio de Albuquerque Coelho
de Carvalho teve ocasião de surpreender uma conversa
entre cabos de forças paulistas acampadas perto de Gua-
ratinguetá, cujo teor, desprimoroso para ele e sua gente, o
governador emboaba só conseguiu perceber devido a ter
sido anteriormente capitão-general do Maranhão, terra

onde também era corrente o emprego do tupi. Ou talvez devido à presença, em sua escolta, de algum padre catequista habituado ao trato do gentio.

A textos semelhantes junte-se ainda o significativo testemunho do biógrafo, quase hagiógrafo, do padre Belchior de Pontes. Este, segundo nos afiança Manuel da Fonseca, dominava perfeitamente o "idioma que aquela gentilidade professava, porque era, naquelles tempos, comum a toda a Comarca".[51] Tendo-se em consideração que Belchior de Pontes nasceu no ano de 1644, isto quer dizer que a língua do gentio seria usual em toda a capitania pela segunda metade do século XVII. Já não o era em meados do seguinte, pois o padre Manuel da Fonseca se refere ao fato como coisa passada. De modo que o processo de integração efetiva da gente paulista no mundo da língua portuguesa pode dizer-se que ocorreu, com todas as probabilidades, durante a primeira metade do século XVIII.

E é possível que, mesmo nessa primeira metade e até mais tarde, não se tivesse completado inteiramente em certos lugares, ou entre algumas famílias mais estremes de contato com novas levas de europeus. Assim se explica como Hércules Florence, escrevendo em 1828, dissesse, no diário da expedição Langsdorff, que as senhoras paulistas, sessenta anos antes — isto é, pelo ano de 1780 —, conversavam naturalmente na língua-geral brasílica, que era a da amizade e a da intimidade doméstica. "No Paraguai", acrescentava, "é comum a todas as classes, mas (como outrora em São Paulo) só empregada em família, pois com estranhos se fala espanhol."[52]

Observação que se ajusta à de d. Félix de Azara, já citada, e que ainda em nossos dias pode ser verificada não apenas na República do Paraguai como na província argentina de Corrientes e em partes do sul do nosso Mato Grosso. Na província de São Paulo, aonde chegou no ano de 1825, o próprio Florence pudera ouvir ainda a língua--geral da boca de alguns velhos. Não seria para admirar se isso se desse durante sua demora de mais de um semestre em Porto Feliz, distrito onde fora numerosa a mão de obra indígena e onde, segundo se lê nas *Reminiscências* do velho Ricardo Gumbleton Daunt, em princípios do século passado "de portas adentro não se falava senão guarani".[53]

Nos lugares onde escasseavam índios administrados, e era o caso, por exemplo, de Campinas, o português dominava sem contraste. Mesmo em Campinas, porém, havia por aquele tempo quem ainda soubesse falar correntemente o tupi. Gumbleton Daunt, fundando-se em tradição oral, informa que um genro de Barreto Leme, Sebastião de Sousa Pais, era "profundo conhecedor dessa língua". Poderia acrescentar que, tendo nascido bem antes de 1750, posto que morresse no século seguinte, já centenário, segundo ainda reza a tradição, Sousa Pais era ituano de origem e ascendência, como talvez a maioria dos principais moradores de Campinas. De terra, por conseguinte, onde tinha sido considerável o número de índios administrados durante grande parte do Setecentos.

A utilização em larga escala de tais índios nos misteres caseiros e na lavoura, enquanto não se generalizava a importação de escravos pretos, deve atribuir-se à menor docilidade com que, em algumas zonas rurais, os habitantes cederam ao prestígio, já então sempre expansivo, da língua portuguesa. Ainda em princípio do século passado, d. Juana Furquim de Campos, filha de português, não falava sem deixar escapar numerosas palavras do antigo idioma da terra. E isso vinha, segundo informa Francisco de Assis Vieira Bueno, da circunstância de seu pai, estabelecido em Mogi-Guaçu, ter tido ali grande "escravatura indígena por ele domesticada".[54]

Note-se que essa influência da língua-geral no vocabulário, na prosódia e até nos usos sintáxicos de nossa população rural não deixava de exercer-se ainda quando os indígenas utilizados fossem estranhos à grande família tupi-guarani: o caso dos bororós e sobretudo o dos parecis, que no São Paulo do século XVIII tiveram papel em tudo comparável ao dos carijós na era seiscentista, a era por excelência das bandeiras. É que, domesticados e catequizados de ordinário na língua-geral da costa, não se entendiam com os senhores em outro idioma.

Sabemos que a expansão bandeirante deveu seu impulso inicial sobretudo à carência, em São Paulo, de braços para a lavoura ou antes à falta de recursos econômicos que permitissem à maioria dos lavradores socorrer-se da mão de obra africana. Falta de recursos que provinha, por sua vez, da falta de comunicações fáceis ou rápidas dos centros produtores mais férteis, se não mais extensos, situados no planalto, com os grandes mercados consumidores de além-mar.

Ao oposto do que sucedeu, por exemplo, no Nordeste, as terras apropriadas para a lavoura do açúcar ficavam, em São Paulo, a apreciável distância do litoral, nos lugares de serra acima — pois a exígua faixa litorânea, procurada a princípio pelo europeu, já estava em parte gasta e imprestável para o cultivo antes de terminado o século XVI. O transporte de produtos da lavoura através das escarpas ásperas da Paranapiacaba representaria sacrifício quase sempre penoso e raramente compensador.

Para vencer tamanhas contrariedades impunha-se a caça ao índio. As grandes entradas e os descimentos tinham aqui objetivo bem definido: assegurar a mesma espécie de sedentarismo que os barões açucareiros do Norte alcançavam sem precisar mover o pé dos seus engenhos. Por estranho que pareça, a maior mobilidade, o dinamismo, da gente paulista, ocorre, nesse caso, precisamente em função do mesmo ideal de permanência e estabilidade que, em outras terras, pudera realizar-se com pouco esforço desde os primeiros tempos da colonização.

Mas se é verdade que, sem o índio, os portugueses não poderiam viver no planalto, com ele não poderiam sobreviver em estado puro. Em outras palavras, teriam

O SEMEADOR E O LADRILHADOR

de renunciar a muitos dos seus hábitos hereditários, de suas formas de vida e de convívio, de suas técnicas, de suas aspirações e, o que é bem mais significativo, de sua linguagem. E foi, em realidade, o que ocorreu.

O que ganharam ao cabo, e por obra dos seus descendentes mestiços, foi todo um mundo opulento e vasto, galardão insuspeitado ao tempo do Tratado de Tordesilhas. O império colonial lusitano foi descrito pelo historiador R. H. Tawney como "pouco mais do que uma linha de fortalezas e feitorias de 10 mil milhas de comprido".[55] O que seria absolutamente exato se se tratasse apenas do Império português da era quinhentista, era em que, mesmo no Brasil, andavam os colonos arranhando as praias como caranguejos. Mas já no século XVIII a situação mudará de figura, e as fontes de vida do Brasil, do próprio Portugal metropolitano, se transferem para o sertão remoto que as bandeiras desbravaram. E não será talvez por mera coincidência se o primeiro passo definitivo para a travessia e exploração do continente africano foi dado naquele século por um filho de São Paulo e neto de mamalucos, Francisco José de Lacerda e Almeida. Tão memorável tentativa foi a sua, que passados muitos decênios ainda se conservava na lembrança dos pretos selvagens, conforme o atestou Livingstone em seu diário.

No trabalho monumental que escreveu sobre o caráter do descobrimento e conquista da América pelos europeus, Georg Friederici teve estas palavras acerca da ação das bandeiras: "Os descobridores, exploradores, conquistadores do interior do Brasil não foram os portugueses, mas os brasileiros de puro sangue branco e muito especialmente brasileiros mestiços, mamalucos. E também, unidos a eles, os primitivos indígenas da terra. Todo o vasto sertão do Brasil foi descoberto e revelado à Europa, não por europeus, mas por americanos".[56]

Não penso em tudo com o etnólogo e historiador alemão onde parece diminuir por sistema o significado da obra portuguesa nos descobrimentos e conquistas, contrastando-a com a de outros povos. Acredito mesmo que, na capacidade para amoldar-se a todos os meios, em prejuízo, muitas vezes, de suas próprias características raciais e culturais, revelou o português melhores aptidões de colonizador do que os demais povos, porventura mais inflexivelmente aferrados às peculiaridades formadas no Velho Mundo. E não hesitaria mesmo em subscrever pontos de vista como o recentemente sustentado pelo sr. Júlio de Mesquita Filho, de que o movimento das bandeiras se enquadra, em substância, na obra realizada pelos filhos de Portugal na África, na Ásia, e na América, desde os tempos do infante d. Henrique e de Sagres.[57] Mas eu o subscreveria com esta reserva importante: a de que os portugueses precisaram anular-se durante longo tempo para afinal vencerem. Como o grão de trigo dos Evangelhos, o qual há de primeiramente morrer para poder crescer e dar muitos frutos.

3. Aversão às virtudes econômicas

As qualidades morais que requer naturalmente a vida de negócios distinguem-se das virtudes ideais da classe nobre nisto que respondem, em primeiro lugar, à necessidade de crédito, não à de glória e de fama. São virtudes antes de tudo lucrativas, que à honra cavalheiresca e palaciana procuram sobrepor a simples honorabilidade profissional, e aos vínculos pessoais e diretos, a crescente racionalização da vida.

Sucede que justamente a repulsa firme a todas as modalidades de racionalização e, por conseguinte, de despersonalização tem sido, até os nossos dias, um dos traços mais constantes dos povos de estirpe ibérica. Para retirar vantagens seguras em transações com portugueses e castelhanos, sabem muitos comerciantes de outros países que é da

O SEMEADOR E O LADRILHADOR

maior conveniência estabelecerem com eles vínculos mais imediatos do que as relações formais que constituem norma ordinária nos tratos e contratos. É bem ilustrativa a respeito a anedota referida por André Siegfried [...], acerca do negociante de Filadélfia que verificou ser necessário, para conquistar um freguês no Brasil ou na Argentina, principiar por fazer dele um amigo.

"Dos amigos", nota um observador, referindo-se especialmente à Espanha e aos espanhóis, "tudo se pode exigir e tudo se pode receber, e esse tipo de intercurso penetra as diferentes relações sociais. Quando se quer alguma coisa de alguém, o meio mais certo de consegui-lo é fazer desse alguém um amigo. O método aplica-se inclusive aos casos em que se quer prestação de serviços e então a atitude imperativa é considerada particularmente descabida. O resultado é que as relações entre patrão e empregado costumam ser mais amistosas aqui do que em outra qualquer parte."

A esse mesmo observador e fino psicólogo que é Alfred Rühl chamou atenção, entre espanhóis, o fato de julgarem perfeitamente normal a aquisição de certo gênero de vantagens pessoais por intermédio de indivíduos com os quais travaram relações de afeto ou camaradagem, e não compreenderem que uma pessoa, por exercer determinada função pública, deixe de prestar a amigos e parentes favores dependentes de tal função. Das próprias autoridades requerem-se sentimentos demasiado humanos. Como explicar por outra forma, pergunta, a circunstância de as companhias de estradas de ferro viverem embaraçadas diante das verdadeiras avalanchas de pedidos de passes gratuitos ou com redução de preço, pedidos esses que partem, em regra, de pessoas pertencentes justamente às classes mais abastadas?[58]

Assim, raramente se tem podido chegar, na esfera dos negócios, a uma adequada racionalização; o freguês ou cliente há de assumir de preferência a posição do amigo.

Não há dúvida que, desse comportamento social, em que o sistema de relações se edifica essencialmente sobre laços diretos, de pessoa a pessoa, procedam os principais obstáculos que na Espanha, e em todos os países hispânicos — Portugal e Brasil inclusive —, se erigem contra a rígida aplicação das normas de justiça e de quaisquer prescrições legais.

De outra parte, o bom ou mau êxito alcançado por certos povos nas suas relações econômicas com espanhóis e portugueses tem dependido necessariamente de sua maior ou menor capacidade de ajuste a esse tipo de relações. O contraste com a chamada mentalidade capitalista não é fenômeno recente. Existem a respeito sugestivos testemunhos históricos. Conhecemos, por exemplo, graças a Henri Sée, o texto de uma circular dirigida em 1742 pelo intendente de Bretanha aos seus subdelegados, onde se lê que os negociantes locais *"apprehendent de commercer avec les Portugais, attendue leur infidélité; si les Portugais sont si infidèles, ils le sont pour toutes les nations; cépendant les Hollandais commercent au Portugal utilement et les Anglais y font un commerce d'une étendue et d'un avantage étonnantes; c'est donc la faute des Français de ne savoir pas prendre les mesures justes pour établir en Portugal un commerce assuré"*.[59]

Sobre a "infidelidade" dos comerciantes portugueses revela ainda Sée o caso de certo armador de Saint Malo que, no período de 1720 a 1740, costumava expedir muitos tecidos para Lisboa por conta dos seus fregueses, mas só raramente os remetia por conta própria, pois desconfiava da "exatidão" daqueles comerciantes, os quais, por outro lado, pediam sempre créditos excessivos.[60]

Essa infidelidade e falta de exatidão nos negócios com estranhos denuncia, sem dúvida, nos portugueses da época setecentista, e também de outras épocas, o gosto desordenado e imprevidente da pecúnia. Engana-se quem tente discernir aqui os germes do espírito capitalista. A simples

O SEMEADOR E O LADRILHADOR

ganância, o amor às riquezas acumuladas à custa de outrem, principalmente de estranhos, pertence, em verdade, a todas as épocas e não caracteriza a mentalidade capitalista se desacompanhada de certas virtudes econômicas que tendam a contribuir decisivamente para a racionalização dos negócios. Virtudes como a honorabilidade e a exatidão, diversas da lealdade devida a superiores, amigos e afins.

Nada indica que nos portugueses ou espanhóis sejam menos pronunciados do que em outros povos o gosto e o prestígio dos bens materiais. Na própria Itália do Renascimento, onde tiveram seu berço, nos tempos modernos, algumas daquelas virtudes burguesas, distinguiam-se, idos da península Ibérica, os catalães *"que de las piedras sacan panes"*, segundo o ditado, como gananciosos e avaros.[61] E o autor do *Guzmán de Alfarache*, a famosa novela picaresca publicada a partir de 1599, podia lamentar-se de que câmbios e recâmbios de toda sorte, assim como diversos estratagemas de mercadores, longe de constituírem privilégio dos genoveses, já faziam sua granjearia ordinária por toda parte, "especialmente em Espanha", nota, onde se tinham por lícitos numerosos negócios de especulação que a Igreja condenava como usurários. Entre outros, os empréstimos sobre prendas de ouro e prata, com prazo limitado, e particularmente o chamado "câmbio seco".[62]

Para mostrar como não viviam os povos ibéricos, durante esse tempo, tão alheados do incremento geral das instituições financeiras, poderiam acrescentar-se os aperfeiçoamentos que, precisamente nas feiras espanholas de Villalón, Rioseco e Medina del Campo, tanto como em Gênova, tinham alcançado certos gêneros de operações de crédito que depois se disseminariam em outros países. Ou ainda a contribuição dos negociantes portugueses da era dos grandes descobrimentos para a elaboração do direito comercial e singularmente para o progresso dos seguros marítimos. Cabe notar que a Portugal se deve mesmo o primeiro corpo de doutrina acerca do seguro: o *Tractatus perutilis et quotidianus de assecurationibus et sponsionibus Mercatorum* de Santerna (Pedro de Santarém), que se publicou em 1554 e foi várias vezes reeditado durante o século XVI.

Lembre-se finalmente o papel nada irrelevante, embora tão esquecido, que tiveram na história das finanças do mesmo século banqueiros e comerciantes espanhóis da bolsa de Antuérpia — principalmente burgaleses, não apenas catalães ou judeus — e que só desapareceu, por assim dizer, com a segunda bancarrota do Estado, em 1575. Dele, sobretudo, de um Curiel de la Torre e de um Fernandez de Espinoza, isto é, dos que vicejaram no penúltimo quartel do século, informa-nos Ehrenberg, o historiador dos Fugger, que em ausência de escrúpulos no emprego dos cabedais ultrapassavam todos os seus competidores. "Eram usurários autênticos", exclama, "e no sentido atual da palavra, não apenas no sentido canônico." Os próprios feitores dos Fugger em Antuérpia escandalizavam-se continuamente diante da ilimitada ganância desses homens e um deles afirma que o rei costumava encontrar mais virtude entre genoveses, tradicionalmente vezeiros em toda sorte de especulações, do que entre os comerciantes espanhóis.[63]

Dos fidalgos portugueses que andavam então pelas partes do Oriente sabemos como, apesar de toda a sua prosápia, não desdenhavam os bens da fortuna, mesmo nos casos em que, para alcançá-los, precisassem desfazer-se até certo ponto de preconceitos associados à sua classe e condição. É ainda Diogo do Couto quem nos refere exemplos de nobres e até vice-reis de seu tempo que não hesitavam em "despir as armas e tratar da fazenda", ou que deixavam de ser capitães e se faziam mercadores, "largando por mão as obrigações de seu cargo e descuidando-se das armadas e tudo mais por fartarem o seu apetite", ou a quem pouco importava "pôr a Índia em uma balança, só por cumprir com sua paixão". "E não sei", diz ainda pela boca de seu soldado, "se passou aquela peste deste Reino àquele Estado, porque todos chegam a ele com esta linguagem de quanto tens, tanto vales."[64]

A própria liberalidade, virtude capital da antiga nobreza, caíra em descrédito, ao menos na prática, entre alguns destes fidalgos da decadência, se é certo que só então se puseram a comer fechados e em silêncio, para deixarem de repartir com os pobres, e a ter não por honra e grandeza, antes por infâmia, o precisar agasalhá-los e sustentá-los. Assemelhavam-se nisto ao filho avarento de pai nobre, do conto que vem na *Corte na aldeia*, o qual, tendo ajuntado em poucos anos imensa quantidade de ouro, guardava-o com tão solícito cuidado "como costumam os que com cobiça e trabalho o adquiriram".[65]

Em realidade não é pela maior temperança no gosto das riquezas que se separam espanhóis ou portugueses de outros povos, entre os quais viria a florescer essa criação tipicamente burguesa que é a chamada mentalidade capitalista. Não o é sequer por sua menor parvificência, pecado que os moralistas medievais apresentavam como uma das modalidades mais funestas da avareza. O que principalmente os distingue é, isto sim, certa incapacidade, que se diria congênita, de fazer prevalecer qualquer forma de ordenação impessoal e mecânica sobre as relações de caráter orgânico e comunal, como o são as que se fundam no parentesco, na vizinhança e na amizade.

4. *Natureza e arte*

No célebre "Sermão da Sexagésima", pronunciado em 1655 na capela real, em Lisboa, lembra Antônio Vieira que o pregar é em tudo comparável ao semear, "porque o semear he hua arte que tem mays de natureza que de arte; caya onde cahir".[66] Pensamento cujas raízes parecem mergulhar no velho naturalismo português. A comparação entre o pregar e o semear, Vieira a teria tomado diretamente às Escrituras, elaborando-a conforme seu argumento. O mesmo já não cabe dizer de sua imagem do céu estrelado, que se ajusta a concepções correntes da época e não apenas em Portugal.

Segundo a observação de H. von Stein, ao ouvir a palavra "natureza", o homem dos séculos XVII e XVIII pensa imediatamente no firmamento; o do século XIX pensa em uma paisagem. Pode ser elucidativo, a esse respeito, um confronto que, segundo parece, ainda não foi tentado, com certa passagem de outro discípulo de santo Inácio, Baltasar Gracián, que poderia representar, no caso, uma das fontes de Vieira. Na primeira parte (Crisi II) do *Criticón*, cuja publicação antecede de quatro anos o mencionado "Sermão da Sexagésima", Andrênio, estranhando a disposição em que se acham as estrelas no céu, pergunta: *"Por que, ya que el soberano Artífice hermoseó tanto esta artesonada bóveda del mundo con tanto florón y estrellas, por que no las dispuso, decia yo, con orden y concierto, de modo que entretejieron vistosos lazos y formaron primorosos labores?*

— Ya te entiendo, acudió Critilo, quisiera tu que estuvieron dispuestas en forma, ya de un artificioso recamado, ya de un precioso joyel, repartidas con arte y correspondencia.

— Sí, sí, eso mismo. Porque a más de que campearan otro tanto y fuera un espectáculo muy agradable a la vista, brillantísimo artificio, destruia con eso del todo el divino hacedor aquel necio escrúpulo de haberse hecho acaso y declaraba de todo punto su divina Providencia."[67]

A última palavra cabe naturalmente a Critilo, para quem a Divina Sabedoria, formando e repartindo as estrelas, atendeu a outra e mais importante correspondência, *"qual lo es de sus movimientos y aquel templarse de influencias"*.

VISÃO DO PARAÍSO

Peças e pedras

À imagem ou não do dourado propriamente dito — o dos Omágua e de Manoa — e também do Dourado de Meta, isto é, o dos Chibcha, foram repontando aqui e ali muitos outros reinos áureos ou argênteos, não menos lisonjeiros para a desordenada cobiça dos soldados. Georg Friederici consegue assinalar, em sumária relação, o Dourado de Paititi, nas regiões de Mojos e Chiquitos; o Dourado dos Césares, na Patagônia, até o estreito de Magalhães e, para o norte, na área de Chaco; o Dourado das Sete Cidades, no território do Novo México atual,[1] e o de Quivira, ao oriente das grandes planuras da América do Norte.[2]

A esses poderia juntar o Dourado do Vupabuçu e Paraupava, no Brasil, isto é, aquela mesma lagoa dourada, segundo todos os indícios, que Gabriel Soares saíra a procurar e em cuja demanda se finou. Tributário, embora, do mito que se esgalhara de Nova Granada para a Guiana e o país dos Omágua, é significativo que esse Dourado, impelido por alguns até o Xaraies, na direção do Peru, não teve para nenhum dos cronistas portugueses, ao que se saiba, aquelas cores deslumbrantes ou a auréola paradisíaca de que se envolvera a Manoa lendária.

Registrado em alguns mapas e citado de passagem por frei Vicente do Salvador com aquele nome de Dourado ou Lagoa Dourada, a ele não se faz, entretanto, qualquer alusão nos escritos conhecidos do próprio Gabriel Soares.

E em realidade o simples atrativo do ouro, e ainda o da prata, segundo o exemplo de Potosí, bastaria, independentemente de qualquer elemento fantástico, para autorizar o longo prestígio alcançado por uma região imprecisa, onde depoimentos dos índios faziam presumir que comportava abundantes jazidas de metal precioso. Esse elemento fantástico, se existiu no caso do Dourado brasileiro, nenhum texto quinhentista o certifica.

Esse fato surpreende tanto mais quanto a mestiçagem e o assíduo contato dos portugueses com o gentio da costa, longe de amortecer, eram de molde talvez a reanimar alguns dos motivos edênicos trazidos da Europa e que tanto vicejaram em outras partes do Novo Mundo. Sabe-se, por exemplo, graças aos textos meticulosamente recolhidos e examinados por Alfred Métraux, o papel considerável que para muitas daquelas tribos chegara a ter a sedução de uma terra misteriosa "onde no se morre".[3] Nem essa ideia, porém, que dera origem, por volta de 1540, à extensa migração tupinambá do litoral atlântico para o poente — causa, por sua vez, da malfadada aventura de Pedro de Orsúa na selva amazônica —, nem outras miragens paradisíacas dos mesmos índios, que se poderiam inocular nas chamadas "santidades" do gentio,[4] parecem ter colorido entre nossos colonos o fascínio, este indiscutível, que exerceram sobre eles as notícias da existência de minas preciosas.

Num primeiro momento, é certo, tiveram essas notícias qualquer coisa de deslumbrante. Delas tratara, em carta a d. João III, certo Filipe Guillén, castelhano de nação, o qual, tendo sido boticário em sua terra, fizera-se passar em Portugal por grande astrônomo e astrólogo, até que, revelado um dia seu embuste, o mandou prender el-rei. Já à sua chegada ao Brasil, pelo ano de 1539, esse mesmo homem, de quem Gil Vicente chegou a declarar, numas trovas maldizentes, que andou por céus e terras, olhou o solo e o abismo,

PEÇAS E PEDRAS

del abismo vió el profundo,
del profundo el paraiso,
del paraiso vió el mundo,
del mundo vió quanto quiso,[5]

pretendera ter ouvido como de Porto Seguro entravam terra adentro uns homens e andavam lá cinco e seis meses. Empenhando-se em inquirir e saber das "estranhas coisas deste Brasil", propusera-se sair, com o favor de Sua Alteza, a descobrir as minas que os índios diziam lá haver.

As tenças com que, apesar de tudo, o honrou d. João III, quando o fez vir ao Brasil, não teriam ajudado a melhorar muito, na Corte, o crédito de Guillén.[6] De outro modo, como explicar a nenhuma atenção dada ali a essas auspiciosas notícias que se apressara a mandar por "todas as vias e navios que pera o reyno yan?". Amargurado com o pouco-caso e por não vir recado nem mandado de Sua Alteza, esse homem, de tão boa prática e que tão docemente mentia, continuará, não obstante, aferrado aqui aos "falsos panos" e, não menos, naturalmente, ao extraordinário astrolábio de sua invenção, com que

sin ver astrolomia
el toma el sol por el rabo
en qualquiera hora del dia,

certo de que o socorro dessa máquina lhe valerá muito quando puder ir desvendar os segredos da terra.

Do paraíso, que deveria andar refolhado entre as montanhas do Brasil, só lhe chegarão uns confusos prenúncios no momento em que, já gasto da idade e dos achaques, não o poderá ver com os próprios olhos, nem medir com aquela "arte de Leste a Oeste", que pretendia ter achado. Querendo, porém, servir ao soberano, comunica-lhe em 1550 que, no mês de março desse mesmo ano, uns índios dos que vivem "junto de hu gram rio" tinham chegado a

Porto Seguro com a novidade de uma serra situada em seu país, que "resplandece muito" e que, por esse seu resplendor, era chamada "sol da terra".

Além de resplandecente era a serra de cor amarelada e despejava ao rio pedras dessa mesma cor, que se conheciam pelo nome de "pedaços de ouro". Tamanha era sua quantidade que os índios, quando iam à guerra, apanhavam dos ditos pedaços para fazer gamelas, em que davam aos porcos de comer "que pera si no ousam fazer cousa alguma, porque dizem que aquele metal endoença". E pela mesma razão não ousavam passar-se à serra, que era muito para temer, devido ao resplendor.

Ao menos desta vez teve o astrônomo, em Tomé de Souza, quem lhe desse ouvidos e o mandasse a descobrir as montanhas, que outros já pensavam em ir procurar por conta própria. Respondeu-lhe o castelhano que importava, para isso, ir homem de muito siso e cuidado, capaz de tomar a altura do Sol, fazer roteiro de ida e vinda, olhar a disposição da terra e o que nela existisse. Ele próprio, no entanto, já podia anunciar que sem dúvida havia ali esmeraldas e outras pedras finas, e como nada desejava mais do que gastar a vida em serviço de Deus e Sua Alteza, prontificava-se a ir em pessoa e estivera nessa disposição. Aqui, dizia a el-rei, enganou-o a vontade no que a idade o vinha desenganando, pois adoeceu dos olhos e não pôde levar a cabo sua tenção.[7]

Passados vinte anos, a fama das montanhas reluzentes do sertão ainda perdura intata. É de crer, com efeito, que Gandavo, escrevendo por volta de 1570, se reporte no seu tratado da terra ao mesmo caso que narrara a el-rei o astrônomo castelhano, quando alude às novas levadas a Porto Seguro por certos índios, de umas pedras verdes encontradas numa serra "fermosa e resplandecente", muitas léguas pela terra dentro. As quais pedras, segundo amostras apresentadas, seriam esmeraldas, ainda que de baixo preço.[8] E nada impede que já então tivesse surgido, além da fama, o nome do Sabarabuçu associado a essas montanhas, embora se ache pela primeira vez documentado a propósito de uma entrada de 1601, feita de São Paulo e não de Porto Seguro.

De qualquer modo a explicação fornecida por Teodoro Sampaio, de que o nome "serra resplandecente" a que se referira Gandavo corresponde ao tupi *Itaberaba* e, no aumentativo, *Itaberabaoçu*, que sem dificuldade se corrompia em Taberaboçu e, finalmente, Sabarabuçu, tem sido geralmente acatada entre os historiadores e pode vir em abono dessa hipótese.[9] Semelhante interpretação parece tanto mais aceitável, aliás, quando uma das formas intermediárias possíveis, *Tuberabuçu*, ocorre nas *Memórias históricas* de monsenhor Pizarro, que a poderia ter derivado de fonte hoje perdida, ao lado da alternativa Sabrá-boçu. Observando que essas montanhas foram o alvo principal de Fernão Dias Pais, em sua grande bandeira, escreve o cronista que ela "se diz hoje serra Negra ou das Esmeraldas".[10]

É difícil contestar, além disso, a existência de uma continuidade entre a versão quinhentista das montanhas que reluzem e a Sabaraboçu mítica de Fernão Dias. A localização da mesma Sabaraboçu aproximadamente na latitude da capitania onde primeiro a procuraram será expressamente admitida, aliás, quando se organizarem as buscas pelo caminho de São Paulo. E é bem sabido que a preferência dada a este último caminho, quando se cogitou na entrada do governador das esmeraldas, seguiu-se quase imediatamente ao malogro da expedição de Agostinho Barbalho Bezerra, cuja tentativa deveria ser retomada e rematada pelo primeiro. Ora, Barbalho, que também levava expressamente a missão de descobrir a Sabaraboçu, saíra do Espírito Santo, capitania vizinha à de Porto Seguro, afundando-se nos matos do rio Doce.

Por outro lado, as descrições conhecidas das refulgentes montanhas, que surgem em várias épocas nas capitanias do Centro e do Sul, oferecem entre si tais semelhanças que parecem todas dependentes, em última análise, daquelas notícias levadas a Porto Seguro, já em 1550, pelos índios do sertão, segundo a narrativa de Guillén.

Assim como este, querendo denunciar a abundância de metal amarelo, alude às gamelas que do mesmo metal fazia o gentio, para dar de comer aos porcos, o aventureiro inglês Anthony Knivet, que em 1597 se desgarra no sertão com doze portugueses de uma bandeira saída de Paraty, referirá depois, entre as muitas maravilhas de sua jornada, que os índios daquelas partes se valiam do ouro para as suas pescarias, atando à extremidade da linha um granete dele. E se em seu relato o resplendor da enorme serra avistada no percurso não se mostra tão temível que dê para afugentar os índios, como acontecia com as ofuscantes montanhas da versão do espanhol, o fato é que ainda continua a apresentar dificuldades a quem procure acercar-se das encostas. Ele próprio e seus camaradas portugueses não tinham conseguido chegar-se a elas durante o dia e com o sol a pino.

Além dessas montanhas deslumbradoras, vira Knivet pedras verdes, e tinham o verde da erva do campo. Estas ou algumas das gemas brilhantes que também encontrou, brilhantes como cristal, vermelhas, verdes, azuis, brancas de tanta formosura e galantaria que davam contentamento aos olhos, deviam aparentar-se, por sua vez, às esmeraldas e outras pedras finas pressentidas por Filipe Guillén e noticiadas por Gandavo.

Por essas mostras julgara-se Knivet a pouca distância de Potosí. Tomando o rumo de sudoeste foi dar, porém, com os companheiros, a uma grande serra áspera e selvagem; depois, passada ela, a um lugar de terras pardacentas, todo cheio de colinas, penedias e ribeiros. Aqui acharam de novo muito ouro, que se apresentava em fragmentos do tamanho de avelãs ou desfeito em pó. Deste pó havia grandíssima quantidade, que cobria, como se fora areia, as beiradas de muitos riachos.

A crença de que o Potosí não ficaria longe, sugere-a o inglês ainda em outra ocasião, ao descrever a entrada de Martim de Sá. Nessa jornada, os expedicionários, depois de transposta a Mantiqueira e alcançada certa "montanha de pedras verdes", chegaram a um rio de nome Jaguari (Jawary), o qual tinha suas cabeceiras no próprio "cerro de Potosí, para as bandas do Peru".[11] Sobre tal opinião, aceita mesmo entre muitos portugueses da época, de que o Peru não podia estar a grande distância da costa do Brasil, iria repousar, aparentemente, a fama de certa montanha de prata no íntimo do continente, identificada aos poucos com a Sabaraboçu e distinguida de uma serra das esmeraldas. Assim se vai duplicando ou multiplicando aquela misteriosa serra resplandecente dos primeiros tempos, segundo o parecer que mais atenda à cobiça dos colonizadores.

Ao tempo de Gabriel Soares ainda não se teria ela bifurcado dessa maneira e muitos admitiam que seu fulgor vinha apenas do cristal, cristal finíssimo, embora, que ali existisse. Sóbrio e pouco dado a aventurosas fantasias, o autor do *Tratado descriptivo* parece pensar também assim. E reporta-se a informações de terceiros para dizer que "se enxerga o resplendor dela de muito longe, e afirmam alguns portugueses que a viram, que parece de longe as serras de Hespanha quando estão cobertas de neve...".[12] No texto castelhano da obra, só ultimamente impresso, conforme o manuscrito existente na biblioteca do Palácio Real de Madri, precisa ele ainda que o resplendor daquelas montanhas "desde lejos obscurece la vista", prova da fineza de seu cristal.[13]

Então, à semelhança do mito do Dourado, nascido nas Índias de Castela e que já a contagiara, a paisagem mágica se tinha ataviado de uma grande lagoa fabulosamente rica. E não era necessária qualquer fantasia aventurosa, senão uma crédula e precavida curiosidade, explicável em terra de recente conquista e onde tudo era surpresa, para se pensar em procurá-la, como o fará o mesmo Gabriel Soares. Já antes de sua chegada ao Brasil, que fora pelo ano de 1569, vinha ela sendo assinalada entre os cartógrafos sob o nome de *Eupana*,[14] que suponho ser uma simples deformação gráfica do *Eupaua*, ou *Upaua*, dos naturais do país. Este último nome e, de preferência, as formas dele derivadas, como Upavuçu — o célebre Vupabuçu de Fernão Dias, que Pizarro designa também por Hepabuçu — e ainda Paraupava — em que se reúnem as ideias de "mar" e de "lagoa" e equivalente, porventura, à que Sebastião Fernandes Tourinho encontrou pouco antes de 1573, tendo subido o rio Doce, chamada pelo gentio Boca do Mar, devido a ser muito grande e funda —,[15] hão de perdurar longamente. Outra denominação, a de Lago Dourado, também registrada pelos antigos cartógrafos, terá igual longevidade.[16]

Nada mais próprio, aliás, do que esse Vapabuçu do ouro para fazer companhia digna à Sabarabuçu da prata e à serra das Esmeraldas. É em vão que se procurará nas antigas crônicas, além da fama de serem prodigiosamente ricas as águas dessa lagoa, o halo de lenda que pertence aos eldorados quinhentistas. Gandavo, por exemplo, onde se reporta às notícias do muito ouro do sertão, dadas pelo gentio, não deixa de aludir à pouca fé e verdade desses homens. O crédito que podiam merecer tais notícias, em sua opinião, vinha de serem os mais deles conformes neste ponto e falarem em diferentes lugares por uma só boca. "Principalmente", diz, "he fala publica entre eles que ha huma lagoa mui grande no interior da terra, donde procede o rio de São Francisco [...], dentro da qual dizem haver muitas ilhas e nellas edificadas muitas povoações, e outras ao redor della mui grandes, onde ha muito ouro, e mais quantidade, segundo se affirma, que em nenhuma parte desta província."[17]

Essa localização da lagoa grande, como também lhe chamavam, para as bandas do São Francisco, provavel-

PEÇAS E PEDRAS   297

mente o "gran rio" de que já falara a carta de Guillén, e
melhor ao seu nascedouro, é a mais admitida entre escritores quinhentistas e seiscentistas. Gabriel Soares, que
a procurou no mesmo rumo, também alude às "joias de
ouro, de que ha certa informação", usadas por um gentio
que "se afirma viver à vista da Alagoa grande tão afama-
da e desejada de descobrir, da qual este rio nasce".[18] E é
significativo que tenha sido essa a direção tomada pela
maior parte das entradas de descobrimento e exploração
de minas, que se realizaram antes e depois da sua.

Já em 1550, o ano em que chegaram a Porto Seguro
os índios do sertão levando as primeiras notícias da serra resplandecente, determinara Tomé de Sousa que saísse
uma galé para explorar o rio a partir do desaguadouro.
Desejava o governador-geral "ver o que vai por esta terra", na esperança de poder descobrir alguma boa ventura
para Sua Alteza, pois tinha a convicção de que "esta terra
e o Peru he todo hum".

Partindo a expedição em novembro, passados mais de
sete meses não vinha recado da galé, de onde deduziu
Tomé de Sousa que a teria comido o mar, porque se desse
na costa ou em algum rio, não faltariam, através dos índios, notícias de seu paradeiro. O mau sucesso da empresa,
capitaneada por certo Miguel Henriques, "homem honrado e pera todo cargo que lhe quizerem dar", aconselhava a
que se fizessem as explorações, daí por diante, com a maior
cautela e resguardo. Assim cuidava o próprio Tomé de Sousa que, em carta a el-rei, comenta com certo fatalismo o
desastre. "O que daqui recolho", escreve, "é que, quando o
Nosso Senhor aprouver de dar outro Peru a Vossa Alteza
aqui, que as ordenará quando e como quizer, e nós, por
muito que madruguemos, não há de amanhecer mais asi-
nha, e contudo homem não se pode ter que não faça alguma diligencia, e eu algũua farei, mas hão de ser com tento e
pouca perda de gente e fazenda, tirando as que V. A. mandar, que estas farei com parecer bem a V. A."[19]

A suspeita de que pelo sertão adentro, e sobretudo pelas águas do São Francisco, se atingiriam os confins do Peru não pertencia apenas ao governador-geral e aos portugueses. Que as entradas em busca do metal precioso, projetadas ou esperadas, da costa do Brasil, poderiam atingir as conquistas de Sua Majestade e constituir de qualquer modo um perigo para os tesouros do Peru, admitiam-no sem dificuldade os próprios castelhanos. E sabe-se que a Corte espanhola não se mostrou insensível a esse perigo, mormente quando se veio a saber dos planos e esperanças acalentados pelo mesmo governador-geral.

A tais ameaças achava-se tão atento, em Lisboa, o embaixador de Sua Majestade, Luís Sarmiento de Mendoza, que não deixava de transmitir ao príncipe regente, o futuro Filipe II, carregando porventura as tintas, os menores rumores sobre atividades de portugueses que pudessem contrariar o assentado e capitulado em Mérida, no ano de 1529, depois das negociações de Saragoça, sobre a demarcação entre as possessões e senhorios ultramarinos das duas Coroas. E, quando lhe parecia de seu dever chamar a atenção de d. João III para aquelas atividades de seus vassalos, tratava de recorrer aos bons ofícios da rainha dona Catarina, irmã do imperador e tia, por conseguinte, do regente.

Ora, a chegada em 1553, a Lisboa, de Tomé de Sousa, de volta do Brasil, onde lhe sucedera d. Duarte da Costa no governo-geral, parecia ocasião própria para se acenderem desconfianças, ressentimentos ou malquerenças no tocante a esse problema da demarcação. O ex-governador, como tantos dos seus compatriotas, seria pouco inclinado aos de Castela, segundo o mostra a passagem de uma das suas cartas a el-rei onde parece lamentar Sua Alteza não se possa desapegar dos castelhanos em parte alguma.

Preocupava-o particularmente a notícia do estabelecimento de Assunção do Paraguai, que presumia estar, como a muitos parecia — "parece-nos a todos", diz —, na demarcação lusitana: se Castela isto negasse, mal provaria que fossem suas as Molucas, e "se estas palavras parecem a V. A. de mao esferico e peor cosmografo", acrescenta, "terá V. A. muita razão, que eu não sei nada disto, senão desejar que todo o mundo fosse de V. A. e de vossos herdeiros".[20]

Com tais razões e disposições devera ter ele embarcado para o reino, e o fez com efeito logo depois, tendo entregue a seu substituto o governo do Brasil. A prova de que mesmo entre letrados havia quem como ele pensasse quanto aos eventuais direitos portugueses sobre Assunção, direitos que os rumores, falsos embora, do descobrimento de minas preciosas naquelas partes pareciam tornar mais eloquentes, acha-se na circunstância de um Manuel da Nóbrega, por exemplo, ter manifestado por mais de uma vez convicções semelhantes. Ao padre Luís Gonçalves da Câmara chegara o então vice-provincial da missão jesuítica do Brasil a escrever que fizesse ver a Sua Alteza a conveniência de mandar prover em breve de justiça aquela cidade, se se encontrasse na posse dela.[21]

À própria Coroa, por outro lado, não pareceram de tão mau esférico e cosmógrafo as razões de Tomé de Sousa, que deixasse de mandar emissário seu a informar-se em Castela, com "toda dissimulação", por algum oficial do Conselho das Índias, sobre a atitude do imperador no caso das entradas de descobrimento e conquista de uns castelhanos, que tinham "feito no Brasil uma povoação que chamam d'Assumçam".

Ao mesmo emissário determinava el-rei, quase à mesma época, e em termos mais categóricos, que falasse ao príncipe regente, valendo-se da carta de crença de que fora munido, a ver se se atalhava a ida, por ordem do imperador, de uma armada de Sevilha às regiões platinas: "E porque este Rio da Prata como sabeys, he de minha conquista e caye debaixo de minha demarcaçam, pareçeome deuer loguo mandar nisso falar por vos ao príncipe

[...]". Pessoalmente, no entanto, queria Sua Alteza afetar incredulidade acerca da exatidão da notícia, que era um modo de fazê-la passar por insólita: "[...] posto que me fose muito afirmado, eu o nam pude crer, por quam sabido he e deue ser que o Rio da Prata he de minha demarquaçan e comquista, e por quam deuida cousa nam se deuer cuidar, semdo asy, que o emperador meu yirmão queira que seus vasalos vam a êle".[22]

De manhas semelhantes valia-se também o regente para se opor às ambições de el-rei seu tio. A Luís Sarmiento, que lhe tinha dado conta dessas pretensões e da fingida incredulidade e ignorância de d. João acerca dos preparativos castelhanos visando ao rio da Prata e ao Paraguai, recomendava Filipe que comunicasse ao sereníssimo rei de Portugal e à rainha dona Catarina sua surpresa com relação aos pretensos direitos da Coroa lusitana sobre aquelas províncias: "será bien que [...] les digais con me escrivistes esto y que estamos maravilhados de lo que os dixeron por que con todos saben y es cosa muy notoria el pueblo de la assunción que dizem esta publado en la provincia que dizen rrio de la plata que allende de caer con muchas leguas dentro de la demarcación de su magestad y a más de quarenta años que esta descubierto por capitanes de el catholico rrey mi señor y aguelo que aya santa gloria primeramente y después por capitanes de su magestad y entendido y poblado muchos años a y puesto por ellos en la provincia del Rio de la plata é ansi an sido proveydos muchos governadores y agora lo esta y poblado el dho pueblo de mas de seiscientos vecinos e se an embiado navios para los proveer y continuando aquello sa haze la armada que dize en sevilla [...]".[23]

No mesmo mês de novembro de 1553, em que buscava d. João III reviver o debate em torno da posse do rio da Prata, a notícia trazida por Tomé de Sousa de muitas minas nas proximidades dos lugares povoados pelos portugueses no Brasil dava outro motivo de inquietação ao embaixador Luís Sarmiento. Entre as novidades que mandava dizer ao regente, nenhuma seria mais extraordinária, certamente, do que as informações atribuídas a certo mameluco do Brasil que em sua companhia levara Tomé de Sousa.

Filho de um português, pretendia esse informante ter andado no Peru, de onde tornara por terra à costa do Brasil e afirmava que da dita costa àquela conquista castelhana se poderia ir em muito poucos dias. Acrescentara, no entanto, que nas terras da demarcação lusitana havia bem maior quantidade de ouro e prata do que ali. Referindo o caso ao regente, manifestava Sarmiento sua convicção de que as terras muito ricas ficariam, ao contrário, na demarcação de Sua Majestade.[24] A princípio não parecera d. João III vivamente impressionado pelas informações ou não dera grande atenção ao informante. De sorte que, ao deixá-lo, teria este exprimido a alguém seu descontentamento e ameaçado dirigir-se a Castela, onde esperava alcançar melhor acolhida e galardão. E o teria feito se, alertado pelo duque de Aveiro e outros, não o chamasse el-rei a sua presença, com a promessa de mercê. Diante da novidade andavam em Lisboa todos alvoroçados, como se o homem, escrevia o embaixador, fosse tomar providências para que tivessem "outro Peru".

Acusando e agradecendo o ofício de Sarmiento, e fê-lo com a maior presteza, incumbiu-o o regente de tentar obter dissimuladamente e enviar-lhe traslados dos poderes e instruções que o sereníssimo rei de Portugal, seu tio, tivesse dado ou viesse a dar às pessoas por ele mandadas ao Brasil. Outrossim aprovava o alvitre do mesmo Sarmiento de ir falar à rainha dona Catarina sobre o assunto. Seria da maior importância, porém, que o fizesse sem dar a entender que recebera instruções nesse sentido.

Ignora-se até hoje quem fosse o mameluco informante ou se as suas revelações chegaram a exercer qualquer influência no rumo tomado pelas pesquisas realizadas em seguida no Brasil em busca de metal precioso. O fato é que essas entradas, geralmente de inspiração oficial, continuariam a fazer-se quase sempre na direção apontada pelas notícias de Filipe Guillén, quer dizer, para as bandas do "gran rio", o São Francisco provavelmente, e de preferência para as suas cabeceiras. E não deve ser por acaso que tais entradas vieram a ganhar maior incremento depois que por toda parte se despejaram as novas da veia rica do Potosí, descoberta em 1545.

Passados apenas cinco anos, justamente o tempo necessário para que elas melhor se divulgassem e ganhassem corpo, é que o astrólogo castelhano, sabedor, com certeza, de tais notícias, principia a trazer inquietas e transtornadas as imaginações, nas costas do Brasil e mesmo na Corte portuguesa, com os rumores da serra resplandecente. Outro castelhano, Francisco Bruza de Espinoza y Megero, "homem de bem e de verdade e de bons espíritos", encabeça em 1554 a primeira jornada por via terrestre de que ficou notícia, rumo àquelas paragens. Tendo levado em sua companhia, ao que parece, o padre Azpilcueta Navarro, também súdito do rei católico, voltará com muitas notícias de haver entre o gentio do sertão minas de ouro e prata. Não acabou, contudo, de descobrir esses tesouros, já que dispunha de poucos homens.[25] Do mesmo Espinoza consta positivamente, ao que pôde apurar Basílio de Magalhães,[26] ter estado no Peru e ser bom conhecedor das minas daquela conquista.

Filipe Guillén, de sua parte, continuava a confiar no feliz sucesso das explorações auríferas ou argentíferas, e nesse sentido dirigiu-se a el-rei em carta de 12 de março de 1561, insistindo em que as fizesse prosseguir. Não deixava de lembrar, a esse propósito, o muito que lucrara a Coroa de Castela com proteger a Colombo, que lhe dera tamanha riqueza com tão pouca despesa. Parecia-lhe contudo da maior importância que fossem as expedições suficientemente numerosas para poderem vencer o embaraço dos índios contrários.[27] Outro tanto dissera em 1560

Vasco Rodrigues de Caldas, quando obteve de Mem de Sá autorização para rematar a jornada do espanhol.

No mesmo ano e no anterior tinham-se realizado as expedições de Brás Cubas e Luís Martins, saídas do litoral vicentino. De uma delas há boas razões para presumir que teria alcançado a área do São Francisco, onde recolheu amostras de minerais preciosos. Marcava-se, assim, um trajeto que seria frequentemente utilizado no século seguinte pelas bandeiras paulistas. É de crer, no entanto, que o governo, interessado, porventura, em centralizar os trabalhos de pesquisa mineral, tanto quanto possível, junto à sua sede no Brasil, não estimulasse as penetrações a partir de lugares que, dada a distância, escapavam mais facilmente à sua fiscalização.

Seja como for, as expedições realizadas a esse tempo e depois na capitania sulina independeram largamente das iniciativas oficiais e visaram menos à busca de ouro, prata ou pedras coradas do que à captura do gentio para as lavouras naquela e em outras regiões. É provável que a mesma vontade de colocar a Bahia e suas vizinhanças ao centro das explorações de minas tivesse presidido a formação da leva sob o comando de Vasco Roiz de Caldas. Se o alvo dos expedicionários era retomar e rematar os trabalhos de Espinoza, tudo faz supor que pretendiam atingir o São Francisco. Em vez de saírem, contudo, de Porto Seguro, tomaram ao que parece o rumo ditado pelo curso do Paraguaçu, a menor distância da cidade do Salvador.

Mal valeram a Caldas as precauções sugeridas por ele e Mem de Sá e provavelmente seguidas em sua jornada se, surpreendido, como parece, pelo gentio tupinaém, a sessenta ou setenta léguas do ponto de partida, teve de desandar o caminho, largando no sertão fazenda e munições. Os escassos pormenores que se conhecem dessa entrada resultam porém das referências de uma carta do padre Leonardo do Vale[28] e não se acha fora de toda dúvida que lhe correspondam as descrições do jesuíta. Em todo caso, na própria exiguidade de informações a respeito não estaria um indício de pouco ou nenhum fruto de seu trabalho?

Ao malogro, por essa época, de uma tentativa de penetração em lugar relativamente próximo da sede do governo, talvez das partes ao norte do Recôncavo, e é o caso do Paraguaçu, pode prender-se o fato das expedições feitas durante os anos seguintes terem partido, em geral, do Porto Seguro. Era, aliás, o caminho indicado pelas primeiras notícias da serra que resplandece e das minas de ouro e prata. E são tais notícias e as das esmeraldas, levadas à mesma capitania pelos índios do sertão, o motivo que dá Gandavo para a jornada de Martim Carvalho.

Este, segundo o mesmo cronista, foi dar a umas terras fragosas, a 220 léguas da marinha, onde as mais das serras eram de finíssimo cristal. Outras montanhas haveria no lugar, de cor azulada e que prometiam muito: com efeito, num ribeiro que delas corria foram achados entre a areia uns granetes amarelos, os quais palpados com os dentes facilmente cederam, posto que não se esfarinhassem. Isso e o grande peso dos fragmentos não deixaram dúvidas quanto à grande riqueza daquelas terras, pois tudo fazia crer que tinham atinado com boa pinta. Assentado que aquilo era ouro, e nem podia ser outra coisa, passaram adiante os expedicionários, determinados a efetuar mais detidas buscas durante a viagem de volta.

Não foram eles, porém, mais venturosos do que o tinham sido os sertanistas que os antecederam. Do ouro que apanharam ou julgaram ter apanhado, e meteram numa canoa, tudo se perdeu numa cachoeira do Cricaré. Tendo gastado oito meses nas andanças, chegaram a Porto Seguro dizimados e de mãos vazias. As febres, além da hostilidade do gentio, foram a causa principal de tamanho desbarato. Contudo, se não trouxeram as riquezas cobiçadas, contribuíram esses homens, aparentemente, para que se enriquecesse a geografia mítica dos sertões ocidentais. Das terras auríferas que pensaram ter atingido não corriam mais de

PEÇAS E PEDRAS 305

cem léguas, segundo as informações dos índios, até a serra das pedras verdes, que teriam sido o grande chamariz da jornada. E não muito adiante ficava o Peru, que, no entender de muitos, quase devia confinar com o São Francisco. Tendo saído, segundo consta, em busca de esmeraldas, tiveram a dita de achar ouro, se a verdade correspondia em tudo à aparência. Não é de estranhar que depois disso passem a surgir, lado a lado e como amalgamadas na imaginação dos colonos e sertanistas, a ideia da lagoa dourada e a das montanhas ofuscantes.

Porto Seguro continuará a ser, ainda por algum tempo, a porta principal do sertão das minas. E assim como a entrada de Vasco Rodrigues se prendera à do Espinoza, a de Sebastião Fernandes Tourinho, pouco anterior a 1573, se anexa de certo modo à de Martim Carvalho. À vastidão dos territórios que chegará a cortar, só comparável à que cobririam algumas bandeiras paulistas, pois presume-se que avistou do sertão o Rio de Janeiro como ao próprio cabo da tropa fora dado apurar, tanto pela altura do sol, que saberia tomar muito bem, como pelo conhecimento que tinha da serra dos Órgãos, correspondem os novos e mais dilatados horizontes adquiridos agora pela mitologia das terras do metal e cristal preciosos. A grande lagoa chamada Boca do Mar pelos índios; as serras de pedras verdoengas, tirando para o azul e semelhantes a turquesas; pedreiras de esmeraldas e safiras; montanhas de cristais verdes e vermelhos, compridos como os dedos da mão; ouro em quantidade, são algumas das maravilhas vistas ou ouvidas pelos expedicionários.

Com o fito de ampliar os resultados obtidos pelas gentes de Sebastião Tourinho, interna-se no ano seguinte pelo rio Caravelas, à frente de uma tropa de 150 brancos e mestiços, além de quatrocentos índios, o mameluco Antônio Dias Adorno, neto do Caramuru e de um dos irmãos genoveses daquele apelido que, ao início da colonização, se tinham estabelecido em São Vicente e na Bahia. Na sua jornada também foram vistas esmeraldas e safiras, de que se tiraram amostras. Em outras partes encontraram-se pedras de tamanho desacostumado e grande peso. Dessas nada levaram, por não poderem carregar mais do que as primeiras, e no entanto julgaram que deviam conter ouro. Sua principal colheita, ao que parece, foi de índios apresados. A esse respeito é omisso Gabriel Soares, em cujas propriedades foram ter afinal esses homens. Frei Vicente do Salvador, porém, chegará a pretender que subiu a 7 mil o número de índios tupinaéns que levou de volta o mameluco baiano. De onde o concluir ele que os tais homens não tinham saído a caçar pedras, senão peças.[29]

Esse resultado e o rápido esmorecimento das entradas pela capitania de Porto Seguro, caminho tradicional das serras que resplandecem, poderiam indicar que ia perdendo o seu atrativo a busca de riquezas minerais. O exame feito nas supostas esmeraldas de Adorno indicava que essas riquezas não se achariam tão ao alcance da mão. Não se duvidava de que seriam esmeraldas. O que ficara provado, porém, é que seriam de baixa qualidade.

Do modo que tinham aqueles aventureiros para apanhar as pedras, deixou-nos Gabriel Soares algumas precisões, sobre as quais tivera tempo para entender-se com Adorno e seus companheiros. Refere, por exemplo, que, encontrando algumas delas no meio do cristal, tratavam de aquentá-lo ao fogo, com o qual arrebentava, soltando as gemas. O resultado era que estas, ainda que limpas muitas vezes, e de honesto tamanho, logo perdiam a cor e, em parte, o brilho natural. E como deveriam ser das que o solo despede de si, e a escória das boas, escondidas nas entranhas da terra, não é de maravilhar a pouca estima em que eram tidas pelos entendidos.[30] A solução estaria em procurá-las debaixo do solo onde se acreditava que se achassem as de boa casta.

A interrupção que sofreu, depois da entrada do Adorno, o movimento de penetração pelo caminho de Porto

PEÇAS E PEDRAS

Seguro prende-se, por sua vez, a causas que pouco têm a ver com algum desalento nas buscas de minas. Relaciona--se, antes, à destruição crescente dos índios domésticos da costa, ora devida às enfermidades, ora aos maus-tratos que lhes infligiam os moradores, fazendo com que aos poucos ficassem desguarnecidos os estabelecimentos dos portugueses nas terras que foram de Pero do Campo.[31]

De início era a mansidão daqueles índios um dos motivos de se preferir a outras esta porta do sertão, além da fama de que no interior das suas terras se achariam misteriosos tesouros. Duarte de Lemos, que participava de semelhante crença, tanto que em carta de el-rei datada de 1550, quase contemporânea do célebre relato de Guillén, pretendera ser oriunda daquele sertão a maior parte do ouro saído do Peru "que está nesta altura de dezasete graos que lhe aonde esta capitania está", frisava a facilidade com que por ali se alcançariam os lugares "donde está ho ouro", ao dizer que "por nenh~ua terra destas partes podem milhor yr a elle que por esta de Porto Seguro por ho gentio della estarem em pas e muitos nosos amigos".[32]

Passados vinte anos ou pouco mais, com a destruição dos mesmos índios tupiniquins, que tinham sido o socorro dos portugueses em muitas ocasiões, essa paz e tranquilidade estará prejudicada. Amiúdam-se, agora, as investidas do aimoré, gentio intratável e feroz, que, já não podendo ser contido em seus matos, infesta cada vez mais as povoações da capitania, até que, achando quase desimpedido o caminho, se assenhoreia das bocas dos rios.

Desse modo irá fechar-se, e por largo tempo, a antiga via de acesso ao sertão das esmeraldas e do ouro. Em certa relação manuscrita das costas do Brasil redigida em data incerta, mas posterior a 1565, porque nela se mencionam a expugnação do Rio de Janeiro, tomado aos franceses, e a presença de Estácio de Sá no posto de capitão-mor daquela conquista, consta como os quinhentos vizinhos portugueses de Porto Seguro já não entravam seis léguas terra adentro por causa da hostilidade dos índios do mato.[33] A tanto se reduziram, afinal, as possibilidades oferecidas pela antiga capitania de Pero do Campo à cobiça aventureira dos moradores.

Do desamparo e fraqueza a que a destruição do gentio manso condenou a população luso-brasileira, o exemplo de Porto Seguro, ainda que particularmente eloquente, não era isolado. Até mesmo Pernambuco, a próspera donatária de Duarte Coelho, se ressentiria, em dado momento, dessa carência dos antigos naturais da terra, tão numerosos outrora, e tão prestativos na resistência dos assaltos do gentio contrário.

Fernão Cardim, ou quem fosse o autor de uns artigos concernentes aos deveres de S. M. el-rei Nosso Senhor e ao bem comum do Estado do Brasil, de que apenas se conhece versão inglesa, refere como, despovoados de índios, a costa e o sertão da capitania já não dispunham de quem os socorresse. Cada dia assolavam-nos os pitiguara da Paraíba, antes amigos dos portugueses e tornados depois em inimigos implacáveis devido às injustiças que padeceram.[34]

O esmorecimento, pelas razões indicadas, das expedições saídas de Porto Seguro não significa, no entanto, que tenha desaparecido o alvo constante dessas entradas. Sua tradicional meta que devera ter sido o São Francisco e, de preferência, as cabeceiras do rio, onde se encontrariam os misteriosos tesouros do sertão, continua a atrair da mesma forma os sertanistas. O que muda é o ponto de partida das expedições. Em vez de sair de Porto Seguro, Sebastião Álvares, por exemplo, que se interna quase simultaneamente com o Adorno, retoma a empresa outrora confiada a Miguel Henriques, de entrar no grande rio pelo desaguadouro. Os resultados dessa tentativa foram, contudo, tão desalentadores quanto os da primeira, pois Sebastião, ou Bastião, como lhe chama Gabriel Soares, acabou sacrificado pelos tupinambá da margem esquerda.

PEÇAS E PEDRAS

Tal malogro deveu-se, conforme o autor do *Tratado descriptivo*, a terem os homens de Bastião procurado navegar ao arrepio das águas. Outra expedição, a de João Coelho de Sousa, que percorreu parte do São Francisco em sentido contrário, isto é, ao sabor da corrente, pôde atingir, no entanto, um ponto situado a cem léguas aproximadamente do sumidouro que, segundo crença geral mais tarde desmentida, formaria o rio a oitenta e noventa léguas acima da cachoeira. Assim o pretende o mesmo Gabriel Soares, irmão do cabo da tropa.[35]

Além dessa e, sem dúvida, muito mais importante pelos resultados atingidos, foi a alternativa fornecida pelas entradas espírito-santenses. Estas, longe de constituírem ciclo à parte, entrosam-se claramente na série iniciada em Porto Seguro e representam, a bem dizer, seu prolongamento natural, desde que as tiranias do aimoré trancaram aquela passagem. Nem se pode afirmar com inteira segurança que só então se deslocaram mais para o sul os movimentos de penetração inaugurados aparentemente com a bandeira do Espinoza, por isso que um deles, pelo menos, o de Sebastião Fernandes Tourinho, já se tinha feito pelas águas do rio Doce, na capitania do Espírito Santo.

É esse mesmo o caminho que, a partir de 1596, hão de seguir sucessivamente, rumo às celebradas montanhas resplandescentes, Diogo Martins Cão, o Matante Negro, e Marcos de Azeredo. Se o primeiro efetuou sua jornada com o estímulo mais decidido do governador d. Francisco de Sousa, que determinara expressamente sua partida, foi o segundo quem, em mais de uma viagem, acertou com a serra das Esmeraldas, guardando, porém, o itinerário seguido, que transmitiu aos parentes, de sorte que se tornaria, depois, uma espécie de segredo de família. Das pedras que colheu, foram amostras ao reino, onde as tiveram por boas os lapidadores, sempre com a ressalva de que eram de superfície e tostadas: se cavassem mais fundo as achariam, porém, claras e finíssimas.[36]

Os sucessos de Marcos de Azeredo pareciam indicar que o antigo "vilão farto" de Vasco Fernandes Coutinho, menos premido do que Porto Seguro pelas ameaças dos índios contrários, se acharia em condições de converter-se num grande ninho de sertanistas, exploradores de minas preciosas. Nascera essa possibilidade, aliás, com a própria capitania, de onde o primeiro donatário, pouco depois de chegado a ela, se tornara ao reino a "aviar-se pera ir pelo sertão a conquistar minas de ouro e prata de que tinha novas".[37]

Quando, passados os primeiros contratempos sucedidos já na administração de Vasco Fernandes, se fizeram mais quentes as novas de minas do sertão, deu-se, talvez por isso mesmo, um maior fluxo de povoadores para aquelas partes e um começo de prosperidade. De sorte que, pouco a pouco, pareciam elas restabelecer-se do desbarato a que se viram de início condenadas. O assalto de que foi alvo a capitania por parte de Thomas Cavendish, fiado na notícia que lhe deram de ser aquela uma região sem-par no Brasil, para quem pretendesse obter vitualhas ou outras comodidades,[38] e posteriormente o ataque de Piet Heyn tendem a confirmar essa recuperação.

Não seria outra, porventura, a causa da tentativa para o estabelecimento ali, algum tempo depois, de colonos toscanos, de que há documentação no Arquivo de Estado de Florença, ao lado de outros textos, de 1591 a 1595, relacionados com a pretensão de mercadores florentinos interessados em obter autorização para a viagem direta de certo número de embarcações entre o Brasil e Liorne[39] ou — estes de data ulterior — com um pedido de Jerônimo Cavalcanti de Albuquerque, do "ramo de Cavalcanti trapiantato nell'Indie", para que o grão-duque de Toscana, lembrado das relações de seu defunto pai, o grão-duque Ferdinando I, com Filipe, pai do sobredito Jerônimo, intercedesse junto à Coroa espanhola em favor dos seus negócios de açúcar.[40] O projeto da colonização,

PEÇAS E PEDRAS   311

assim como o da navegação direta, foi naturalmente impedido pelo zelo da Coroa, que procurava embaraçar, tanto quanto possível, os contatos de estrangeiros com suas terras ultramarinas.

É lícito supor, no entanto, que o interesse, nesse caso, pela América lusitana resultasse em parte, e justamente na parte que tem a ver com o projeto de envio de colonos ao Espírito Santo, de notícias contidas na "relação e descrição" que ao grão-duque enviara um súdito seu, Baccio da Filicaja, engenheiro e capitão de artilharia, que durante perto de onze anos servirá a d. Francisco de Sousa em vários lugares do Brasil. Infelizmente não deram fruto até hoje as investigações efetuadas no sentido de se localizar esses escritos.[41]

Da vocação pioneira que na mesma capitania se desenvolveria depois de empreendimentos como os de Marcos de Azeredo e seus herdeiros, há indícios no fato de espírito-santenses como os irmãos Melo Coutinho, talvez da estirpe de Vasco Fernandes, figurarem mais tarde nas levas paulistas de Manuel Preto e Raposo Tavares que assaltarão as reduções do Guairá. Os nomes daqueles irmãos e em particular o de Fradique de Melo aparecerão mesmo unidos, como gente da mesma cepa, aos homens de São Paulo na documentação jesuítica do Paraguai. E a tal ponto se identificam uns e outros que uma cédula real sobre a liberdade dos índios, datada de Madri, aos 16 de setembro de 1639, reproduzida pelo padre Francisco Jarque, menciona Fradique ao lado de Antônio Raposo como um dos dois cabos dos mamelucos que deveriam ser responsabilizados em maior grau pelos atropelos praticados contra os padres e os índios do Guairá.[42] De passagem convém notar que surgiriam tarde a acusação e a ordem de prisão de que foi objeto Fradique, pois que este já em 1633 se finara na vila de São Paulo. Dos seus irmãos, se um, Pedro, continuará a tomar parte nas expedições paulistas, vindo a morrer por volta de 1654 numa delas, o outro, Manuel, regressa a sua terra, logo após a grande bandeira de 1628, em que se achou, à frente de uma leva de 47 índios do gentio da terra, entre fêmeas, machos velhos e crianças, provenientes em grande parte, se não em sua totalidade, das peças descidas por Antônio Raposo Tavares. Dessa leva destacou Manuel de Melo dois curumins, que levou depois à Bahia, onde os ofereceu ao capitão-general do Estado do Brasil, Diogo Luís de Oliveira, pela mesma época em que lá tinham ido os padres Simão Maceta e Justo Mansilla, da Companhia de Jesus, a queixar-se ao mesmo governador das atividades dos paulistas.[43] A simples aceitação do presente parece mostrar o pouco empenho de Diogo Luís em atender seriamente às reclamações dos padres.

O fato de esses espírito-santenses irem buscar aventuras em São Paulo não é indício, no entanto, de que já não encontravam na sua terra ambiente para elas ou colheita que fartasse o seu apetite? Além disso, as colheitas que os chamavam às terras paulistas assemelhavam-se nisto às do mameluco Antônio Adorno, que eram de peças, não de pedras. Ainda que estivesse fadado a reabilitar-se momentaneamente com Salvador Correia de Sá, o velho sonho afagado por d. Francisco de Sousa dos tesouros do Paraupava e Sabarabaçu parecia quase desterrado da capitania que foi de Vasco Fernandes Coutinho. Nas terras vicentinas, por outro lado, mais do que em qualquer outro lugar do Brasil, era viva e bem arraigada a tradição da caça ao gentio, que oferecia vantagens menos incertas do que as das minas lendárias, e é explicável que para elas se encaminhassem facilmente os que buscavam tais vantagens.

Por outro lado, essa maior familiaridade dos paulistas, mormente dos mamelucos paulistas, com o sertão e o índio deve ter sido uma das causas — e não era, com certeza, a única — de se ter transferido para a capitania sulina o núcleo principal das pesquisas minerais. Das entradas que lá se efetuavam, menos por obrigação imposta aos

PEÇAS E PEDRAS

moradores do que por uma necessidade comezinha, pois
delas esperavam remédio para a sua pobreza, teria nascido a ideia de que pouco faltava para se encontrarem, por
aquela via, os cobiçados tesouros. E a ideia de ver cana-
lizados esses empreendimentos individuais e espontâneos
em benefício da Coroa e da Fazenda Real, pela ampliação
das pesquisas de minas preciosas, deve ter-se apresentado
a d. Francisco de Sousa antes mesmo de ir estabelecer-se
naquelas terras.

Quando faltassem recursos de fora para o financiamen-
to das grandes jornadas exploradoras, não estava à mão o
próprio ouro do planalto? E se aqui, onde ele era minguado, havia quem o tirasse em quantidades compensadoras,
que dizer dos lugares onde era sobejo? A possibilidade de
se acharem pelo caminho de São Paulo as mesmas riquezas
que tinham sido procuradas a partir de Porto Seguro, do
Espírito Santo e da Bahia ficara demonstrada, aliás, desde
que Brás Cubas, conforme já foi notado, trouxera ou fizera
trazer do sertão mostras de ouro, além de recolher pedras
verdes de suas mesmas propriedades, que corriam, como
se sabe, até ao limite ocidental da demarcação lusitana, ou
seja, até as raias do Peru.[44] E em 1574, segundo um documento divulgado por Jaime Cortesão, certo Domingos
Garrucho (ou Garocho?), morador na capitania de São Vicente, e possivelmente em Santos, onde devera ter conhecido Brás Cubas, recebeu patente de "mestre de campo do
descobrimento da lagoa do Ouro".[45]

Seja como for, nomeado capitão-general de São Vicente, Espírito Santo e Rio de Janeiro, ou melhor, quando
ainda governador-geral do Brasil, preferira d. Francisco
eleger a primeira daquelas capitanias para centro das atividades de pesquisa. São Paulo estaria em condições de
suceder, nesse sentido, ao Espírito Santo, assim como o
Espírito Santo substituirá por algum tempo a capitania
de Porto Seguro. E assim sendo, é lícito mesmo admitir,
como já houve quem o admitisse,[46] que à ação disciplina-

dora do senhor de Beringel se deve largamente o tipo de organização tomado mais tarde pelas bandeiras paulistas.

É mister não esquecer, porém, a parte certamente considerável em que as bandeiras independem dessa sua ação. Pode dizer-se mesmo que, em certo sentido, e durante longo tempo, tal expansão se alheia ao essencial das diretrizes que lhe teriam sido impressas pelo senhor de Beringel. Por estas, procura-se dar às entradas empreendidas a partir de São Paulo, velho movimento condicionado sobretudo por situações e imperativos locais, um cunho, em realidade, que, às expedições saídas a princípio de Porto Seguro e depois deslocadas para o Espírito Santo, pudera dar a sedutora mitologia geográfica desenvolvida naquelas capitanias.

Não é provavelmente por mero acaso se algumas das grandes bandeiras formadas em São Paulo, em obediência a instruções de d. Francisco, se dirigem para as mesmas partes que, desde a malograda expedição de Bruza de Espinoza, tinham sido o estímulo e alvo mais frequentes das entradas rumo ao sertão remoto organizadas naquelas capitanias do bafejo das autoridades portuguesas.

Assim se dará com a bandeira de João Pereira de Sousa, o Botafogo, da qual, preso o seu chefe em 1597, um ramo irá esgalhar-se na direção do fabuloso Paraupava, aparentemente aquela mesma lagoa dourada que seduzira Gabriel Soares. Idêntico rumo tomará em 1601 a jornada de André de Leão, cujo roteiro é conhecido pela descrição que dele nos deixou o holandês Glimmer. Sobre a bandeira de Nicolau Barreto, de 1602, as razões que levaram Orville Derby a dirigir seu itinerário para a região do rio das Velhas, do São Francisco e do Paracatu, tendem novamente a impor-se graças à publicação de documentos até há pouco ignorados e a uma leitura mais precisa dos textos municipais que serviriam para elucidá-la.[47]

Todavia a demanda que é objeto de todas as manhas e cuidados de d. Francisco de Sousa permanece, a rigor, exógena entre os moradores de São Paulo. De preferência

PEÇAS E PEDRAS   315

à prata, ao ouro e às pedras coradas, alvo principal das
bandeiras "dirigidas", não tardarão eles a volver-se para
o cabedal mais seguro, mais imediato e mais consentâneo
ao cabo com a rústica economia das terras do planalto.
Isto é, para a riqueza que representa a abundância de mão
de obra afeita à lavoura, fornecida principalmente pelos
índios domesticados do Guairá e do Itatim, ou, em último
caso, por certas tribos menos erradias e andantes, como o
são os Tupiniquim, os Tupinaém, os Temiminó (e o serão,
muito depois, os Pareci do sertão remoto). Esse gentio,
além daqueles carijós, deverá ser, por longo tempo ainda,
o grande atrativo das expedições piratininganas. Expedições que o governador pretenderá converter, no entanto,
em novas empresas de argonautas, caçadoras de tesouros
encobertos.

A mobilização da gente do planalto visando à captura
de fantásticas riquezas para a Coroa constitui, sem dúvida, uma ameaça à vida livre e sem sujeição de quem se
tinha habituado, de longa data, a tamanha soltura. Da
resistência que opunham os de São Paulo a quaisquer providências tendentes a cercear essa liberdade há exemplo,
aliás, em outros setores. Assim, quando o mesmo d. Francisco pretendeu forçar o plantio ali de trigais e videiras,
levantou-se logo no povo uma celeuma grande, pois que os
lavradores só queriam cultivar o que bem lhes aprouvesse.
Em maio de 1610, enquanto seu filho se preparava para ir
à Espanha levando a incumbência, entre outras, de fazer
vir bacelos de vinha e sementes de trigo, a fim de se intro-
duzirem dessas granjearias, assentou-se em câmara que, na
procuração dada a d. Antônio em nome do povo, para ir
tratar de coisas relacionadas com o bem comum, fosse excluída qualquer solicitação para a vinda daquelas plantas,
de modo a que ninguém ficasse depois com a obrigação
de as cultivar.[48]

Semelhante exemplo esclarece bem os receios que deveria causar entre a mesma gente o descobrimento ou con-

quista das minas, tão apetecidas de d. Francisco. Tal há de
ser sua constância nesses temores que, para fins do século,
um governador do Rio de Janeiro assinala o escasso interesse que demonstravam os paulistas por aquelas minas. Julgavam, e abertamente o diziam, observa ele, que descobertos
os tesouros lhes haveriam de enviar governador e vice-rei,
meter presídios na capitania para sua maior segurança,
multiplicar ali os tributos, com o que ficariam expostos ao
descrédito, perderiam o governo quase livre que tinham de
sua república, seriam mandados onde antes mandavam, e
nem os deixariam ir ao sertão, ou, se lá fossem, lhes tira-
riam as peças apresadas para as empregar no serviço das
minas. Bem se infere de tudo isso, declara ainda Pais de
Sande, que, "para se conservarem no estado presente e evitarem aquele dano futuro, hão de dispor todas as indústrias
de se não descobrir a preciosidade daquelas minas".[49]

A esse propósito, o mesmo Pais de Sande, que com o
governo do Rio de Janeiro tinha ainda a administração
das minas de São Paulo, refere como os homens que acom-
panharam à serra da Sabarabuçu o mineiro mandado por
d. Francisco de Sousa, a fim de encontrarem a parte onde
haveria a pedra de prata, não duvidaram, no caminho de
volta, em dar cabo do dito mineiro, tendo ponderado a escravidão em que decerto cairiam quando se soubesse da
preciosidade encontrada. Não satisfeitos com esse crime,
teriam escondido de novo as muitas cargas de pedras tiradas da serra e, chegando a São Paulo, disseram que o mineiro morrera na viagem e se tinha enganado em todas as
informações mandadas ao governador acerca das riquezas
da Sabarabuçu.

O resultado, acrescenta Sande, foi morrer o dito d.
Francisco de Sousa em breves dias e "se perpetuar na sus-
pensão daquelas minas a tradição de as haver muito ricas,
e ainda há poucos anos, algumas pessoas que existiam na
vila de São Paulo davam notícia da prata que se fundiu das
cargas de pedra que se descobriram, das quais tinha huma

PEÇAS E PEDRAS

Fernão de Camargo e eram suissos os filhos do mineiro que fez a fundição". É essa, aliás, a única notícia conhecida acerca do assassínio do mineiro de d. Francisco, e não parece improvável que seja do mesmo jaez da outra, a da prata da Sabarabuçu, a qual prata jamais se manifestou, por maior empenho que pusessem tantos em ir buscá-la.

Outros testemunhos, porém, do pouco estímulo que exerciam sobre os paulistas da época os rumores de fabulosas minas do sertão abonam de um modo geral o juízo que, a esse respeito, formará deles o futuro governador do Rio de Janeiro. Se em vida do senhor de Beringel tiveram, não obstante, algum alento as pesquisas de minerais preciosos, não só nas proximidades da vila de São Paulo, mas também em sítios apartados, como aqueles — porventura na própria região do São Francisco — de onde Brás Cubas e Luís Martins tinham tirado ouro já nos anos de 1560 e 1561, por sua morte vieram elas a fenecer ou, por longo espaço, a afrouxar-se.

Num informe dirigido em 1636 a el-rei, diz-se mesmo que nos tempos passados ainda tiravam algum ouro os naturais da capitania: já agora, porém, não havia remédio que os encaminhasse ao querer ir às minas, e nas poucas vezes em que iam e alguma coisa tiravam, era quase escusado pretender o pagamento dos quintos a que se achavam obrigados. "Señor", continua o relato, "todo ha cessado desde q̃ tratan de ir cautivar Indios, porque trayendoles de la forma que dije, con los que aqui llegan [...] los venden a varios o de esta tierra, o de la isla de San Sebastian, o para otras partes del Brasil, y del precio no pagan quintos como lo haviam de hazer del oro, y tienen mas esclavos hombres desventurados en esta villa q̃ vassalos algunos Señores de España."[50]

Se algum efeito possa ter tido sobre esses moradores de São Paulo, tão hostilizados pelo autor do relato a Sua Majestade, a porfia de d. Francisco de Sousa no prosseguir o sonho dos novos Potosís em terras da sua administração, tudo se desvanecerá desde que, em 1628, retomou vulto o apresamento dos carijós. Nem a existência de minas de ouro verdadeiras, ainda que de pouco haver nem as suspeitas ou esperanças de prata e esmeraldas pareciam prometer tão bom sucesso quanto o que alcançavam as correrias dos preadores de índios. Passados mais alguns decênios, tão pouca era a lembrança das celebradas jazidas da Sabarabuçu, que o Conselho Ultramarino tomava a seu cargo avivar a memória delas à Câmara de São Paulo.

Efetivamente, aos oito dias do mês de agosto de 1672 foi apresentada ali aos camaristas uma carta do secretário do dito conselho onde se encomendava àquele senado, em nome de Sua Alteza, fossem dadas notícias sobre o haver nos sertões do distrito desta terra minas de prata e ouro de fundição e esmeraldas. Como a certeza dessa existência não fora manifesta, além dos "ditos de algũas pessoas que ouviram a homens antigos averem minas de prata em sabarabuçu, o que se não tem averiguado nem averiguou athe o prezente", e para que as pesquisas tivessem efeito, chamou-se ao capitão Fernão Dias Pais a fim de declarar a ordem recebida do governo-geral sobre o descobrimento das ditas minas e informasse se tinha por certa a sua existência ou se se tratava de "aventura de experiência".

A resposta de Fernão Dias não confirma nem nega a suspeita das minas. Diz apenas que vai aventurar "pellas informaçõens dos antigos" e reporta-se à carta que escrevera ao governador-geral com uma relação sobre as minas a ser remetida a Sua Alteza, enquanto ele próprio se ia aviando para a viagem.[51] Ignora-se o exato teor da carta e da relação, a que também alude o governador em sua resposta,[52] mas é claro que ainda não podia ter ciência segura das ditas minas, ou sequer da existência delas, quem se ia "aventurar" segundo informes naturalmente imprecisos.

Maior segurança a esse respeito transparece das cartas do governador, visconde de Barbacena, onde positivamen-

PEÇAS E PEDRAS 319

te alude à Sabarabuçu e à serra das Esmeraldas, pretendendo situá-las à altura da capitania do Espírito Santo e
próximas uma de outra,[53] ou onde determina ao paulista
que trate de averiguar, chegando ao primeiro daqueles lugares, "a prata e a qualidade dela (e o mesmo fará quando
for às esmeraldas) com toda a cautela e silêncio possível".
Tão perto de se acharem estariam aquelas riquezas no juízo de Barbacena, que frisava particularmente este último
ponto, insistindo mesmo em que, ao escrever do sertão
para a capitania de São Vicente, desmentisse o "haver
descoberto prata", pois em entabulamento de tamanha
importância toda dissimulação seria pouca.

E tão informado se julgava da provável situação das
minas que, entre as recomendações dadas a Fernão Dias,
incluía a de, efetuado o descobrimento, descer até à Bahia
de Todos os Santos, se possível pela via do Espírito Santo
ou ainda de Porto Seguro, de preferência à de São Paulo,
pois não só se achavam as referidas minas mais propínquas
às referidas capitanias, como estas, por sua vez, ficavam
mais chegadas à sede do governo. A velha tendência, seguida pelas primeiras administrações, segundo a qual as
jornadas de descobrimento saíam, de preferência, da Bahia ou de suas vizinhanças, assumia aqui feição nova. As
entradas poderiam ser organizadas em São Paulo, onde
se recrutariam mais facilmente os práticos do sertão, mas
o minério encontrado se escoaria pela Bahia, onde a fiscalização das autoridades centrais impediria melhor os
descaminhos.

Mais tarde sugerirá o visconde outro caminho de volta
que excluirá também a passagem por São Paulo. Constara
-lhe, com efeito, na Bahia, que ao pé do serro do Sabarabuçu passava um rio, o qual se ia meter no de São Francisco. Assim sendo, a prata recolhida poderia muito bem ser
transportada água abaixo até algum local mais próximo
da cidade do Salvador,[54] de sorte que se tornaria relativamente suave a jornada e isenta de maiores riscos.

Todas essas aparentes precisões e clarezas lançadas sobre coisa tão turva provinham de uma convicção originada até certo ponto em dados reais ou possíveis. Por outro lado não deixavam elas de comportar elementos fantásticos, que um lento processo de sedimentação lhe agregara no fio dos anos.

Mesmo em São Paulo, sem embargo do esquecimento em que pareceu jazer ao tempo de Fernão Dias Pais, a geografia fantástica, suscitada desde cedo nas capitanias do Centro pelas vagas notícias de tesouros opulentos que andariam encobertos no fundo do sertão, tivera seus fiéis em outras épocas. Nas épocas, sobretudo, em que se achara a capitania sujeita ao governo de d. Francisco de Sousa. Era natural, aliás, que a tentativa de mudança para aquelas partes do sul de iniciativas oficiais de descobrimento de minas preciosas também acarretasse o deslocamento no mesmo sentido de todo o arsenal de imagens miríficas que forneciam um décor apropriado ao fabuloso das riquezas esperadas ou pressentidas.

Já se assinalou atrás a impressionante similitude entre as descrições da serra resplandecente, levadas a Porto Seguro pelo ano de 1550, e as que Anthony Knivet, tendo partido da região de Paraty, registrou na narrativa das suas aventuras. Também a ideia de que, pelo caminho de São Paulo ou de outras capitanias do Centro-Sul, se alcançaria uma vasta e misteriosa lagoa, o Paraupava, a mesma, provavelmente, que procurara Gabriel Soares de Sousa, também se arraigará firmemente no planalto piratiningano. A primeira referência conhecida ao Paraupava é ali, segundo parece, a do inventário feito dos bens de Martim Rodrigues Tenório, e data de 1612, o ano seguinte ao da morte de d. Francisco. Entre as peças indígenas constantes do dito inventário está, com efeito, uma "negra" da terra, da nação Guaiá, que se dizia escrava da entrada de Domingos Roiz no Paraupava.[55]

Se essa jornada é idêntica à da leva que, sob o man-

PEÇAS E PEDRAS   321

do do Roiz ou Rodrigues, se separara da expedição de
João Pereira de Sousa, o Botafogo, em 1597 (sabe-se que
Domingos Rodrigues ou outro de igual nome participará
também da bandeira de Belchior Dias Carneiro em 1607,
mas nesse caso não irá como cabo da entrada e nem a
esta se associaria seu nome), então sua presença no referido sertão se teria dado entre aquele ano de 1597 e fins
de 1600.

O mesmo Paraupava, ou Paraupaba, é expressamente
nomeado pelo padre Domingos de Araújo numas notícias
obtidas por esse jesuíta do sertanista Pero Domingues sobre o trajeto de uma bandeira de que participara, saída
de São Paulo pelo ano de 1613. Diz-se nesse documento,
de certo espanhol, que, foragido do Peru, onde se vira
condenado à morte, embarcou "naquela famosa lagoa
chamada Paraupaba (donde nascem vários e fermosos
rios)" e navegando depois "ao som da corrente" foi dar
no mar largo.[56] O rio onde, ao sabor das águas, viajou o
referido espanhol era, segundo a citada relação, o Grão-
-Pará, que, do nome do fugitivo, teria tomado depois o
de Maranhão.

Ainda que destituída de fundamento histórico, a anedota ilustra, no entanto, a noção, então corrente, de que
o Amazonas tirava suas águas de uma esplêndida e desco-
munal lagoa existente no íntimo do continente. E não só
o Amazonas, mas outros "vários e fermosos rios" que de-
saguam no Atlântico. É preciso ter-se em conta que essa
lagoa mágica, situada quase invariavelmente às cabeceiras de um ou mais rios caudalosos, se deslocava frequentemente segundo a caprichosa fantasia dos cronistas, cartógrafos, viajantes ou conquistadores. Por essa infixidez
não se distinguia ela de outros mitos da conquista, como
o das amazonas, por exemplo, ou ainda o do Dourado,
ao qual se filiava, aliás, diretamente. Podia achar-se, assim, nas nascentes do São Francisco, aonde o fora buscar
Gabriel Soares, ou do Paraguai, ou de um e outro ao mes-

mo tempo, e também do Amazonas, pois os imprecisos conhecimentos geográficos da época não eram de molde a desautorar quaisquer dessas versões.

À vista disso, é claro que perdem sua razão de ser as dúvidas a que tem dado lugar o problema da exata localização da lagoa de Paraupava. Esta se acharia tão bem no sertão dos goiases, onde andou aparentemente Domingos Rodrigues, quanto no Xaraies ou no próprio sítio de Paraopeba, que até hoje conserva esse nome, em Minas Gerais. É de notar-se que este último lugar deveria corresponder melhor ao da lagoa Dourada do São Francisco, tão procurada pelos aventureiros que buscavam as origens do grande rio.

Tão persistente se mostrou a noção da existência desse lago central — berço de todas as principais correntes fluviais que fenecem na costa atlântica do Brasil e túmulo dos que nascendo nas alturas dos Andes se precipitam pelas vertentes orientais —, que ainda em 1648 encontrava ela guarida no sábio e austero tratado do naturalista Jorge Marcgrave de Liebstad. Entre os muitos braços que, à maneira de aranha monstruosa, lançava esse lago em todas as direções, deveria incluir-se forçosamente o rio da Prata. Esse era um ponto pacífico, "já ninguém o põe em dúvida", são as palavras mesmas de João de Laet no seu aditamento ao livro de Marcgrave. E outro tanto, na sua opinião, ocorreria com o Maranhão e o São Francisco.

A propósito deste último, teve Laet a ideia benemérita de reproduzir no texto as observações de seu compatriota Guilherme Glimmer acerca de uma viagem que pudera empreender em 1601, quando morador na capitania de São Vicente, e que até hoje representa o único documento conhecido sobre o percurso da bandeira confiada ao mando de André de Leão. As origens dessa expedição prendem-se, de acordo com o testemunho de Glimmer, ao fato de ter recebido d. Francisco de Sousa de certo brasileiro, pela mesma época, amostras de uma pedra de cor tirante ao azul, de mistura com grãos dourados. Submetida ao exame dos entendidos, um quintal dessa pedra chegara a dar nada menos do que trinta marcos de prata pura.[57]

Não é impossível que a pedra tivesse sido enviada a d. Francisco pelo próprio Domingos Rodrigues, durante sua viagem ao Paraupava. Se assim se deu, como há quem o presuma, o célebre roteiro de Glimmer explica não apenas a mudança para São Paulo do governador, como a origem da identificação, logo depois geralmente aceita, entre as esperadas minas de prata do sertão e a fabulosa serra resplandecente, agora, e também pela primeira vez em documento conhecido, designada pelo nome indígena de Sabarabuçu.

Completa-se assim, na capitania sulina, a mitologia geográfica surgida desde os tempos iniciais da colonização, em torno da cobiça dos tesouros ocultos do sertão. Aquelas riquezas, que tanto empolgavam as imaginações, situavam-se, fora de dúvida, junto às nascentes do São Francisco, acessível também pelo caminho de São Paulo. Glimmer alude, efetivamente, a duas correntes de água, de diferentes volumes, que abrem caminho com dificuldade por entre as montanhas de Sabarabuçu ou, conforme diz, Sabaroasu, que foi o sítio de onde se extraíra a pedra mandada a d. Francisco, e refere a crença corrente de que ali se achariam as cabeceiras do rio.[58]

Deixa o autor de tocar, ao menos nas partes transcritas de seu roteiro, na existência ou não da lagoa fantástica, mas João de Laet não encontra dificuldade em admiti-la, no que se mostrava dócil às teorias de seu tempo. E tal crença não se pretendia fundada em engodos, mas buscava arrimar-se em razões demonstrativas e poderosas. Pois se era certo que ninguém, até então, tinha explorado as fontes e origens do São Francisco, só a presença da famosa lagoa, formada de águas que ali se juntavam, das vertentes dos Andes, e onde se dariam também as mãos o Prata e o Amazonas,[59] poderia fornecer a boa explicação para certo fenômeno que, de outra forma, participaria do miraculoso.

O fato estava nisto, que em contraste com os demais rios que no Brasil correm para o Atlântico, este, no período do verão, tão volumoso se ostenta que suas águas continuam doces através de várias milhas mar adentro. À peculiaridade que oferecia, por tal aspecto, não se mostraram tão cegos os portugueses que delas não se ocupassem seus cronistas. Da mesma forma os castelhanos não deixarão de admirar-se de fenômeno idêntico no Paraguai. O qual rio, escreve Acosta, colhendo cada ano, nos meses de verão, infinidade de águas que se vertem das serras do Peru, "sale tan desaforadamente de la madre y baña tan poderosamente toda aquella tierra, que les é forzoso a los que habitan en ella, por aquellos meses, pasar su vida en barcos o canoas, dejando las poblaciones en tierra".[60]

É de crer que, no caso do São Francisco, tivessem já atinado os portugueses com as mesmas razões que para o fenômeno propõe João de Laet. Tanto mais quanto, por estas, ficava naturalmente justificada a existência da "alagoa grande", também constituída das águas oriundas das cordilheiras ocidentais, e ainda a fama das muitas riquezas que nela haveria: despojos das minas do Peru, que as mesmas águas acarretavam para o coração da América lusitana.

Pode-se presumir também que essa ideia da formação da "alagoa grande" em virtude do acúmulo das águas coalhadas de detritos de preciosos metais e gemas originadas do alto das cordilheiras tenha sido, no entanto, uma espécie de explicação e racionalização a posteriori da crença, recolhida da boca dos índios de terra adentro acerca das grandes riquezas que encerraria a mesma lagoa. É significativo que Gandavo, tendo estado no Brasil antes de 1570, ainda não aluda a elas[61] onde trata daquela "lagoa grande no interior da terra, donde procede o rio de Sam Francisco" e do muito ouro que haveria em volta dela. Nem o fará Gabriel Soares, quase vinte anos mais tarde.

Desse modo preparava-se o terreno, porém, para localizar sem maiores dificuldades no interior do continente o misterioso Dourado de que tanto se falava nas possessões castelhanas do Pacífico e na Guiana. E os motivos paradisíacos, inseparáveis daquele mito, teriam aqui onde ganhar consistência com o paralelo, tentado por alguns autores, entre o São Francisco e o Prata, de um lado, e de outro o Nilo, cujas águas, segundo velha tradição, teriam suas verdadeiras origens no Éden. Entre os rios mais conhecidos do velho continente distinguia-se este, sobretudo, pela mesma especialidade que no novo parecia singularizar o São Francisco e o Paraguai, um dos formadores do Prata: calmas e comedidas na estação hibernal, era com o advento da canícula que as suas águas se encrespavam e enfureciam.

Admirável e verdadeiramente assombroso para os antigos, o fenômeno parecia um desafio a todas as leis naturais e ao bom senso. Muitos procuraram dar-lhe esta ou aquela causa sem, no entanto, chegar a acordo, e Sêneca, em particular, devotou-lhe um longo estudo, de que se acha perdida a conclusão.

De qualquer modo, um fato como esse, tão dissonante da ordem da natureza, só poderia ser penhor seguro de assombrosos mistérios. A convicção que se tinha desenvolvido com o cristianismo e ganhara crédito durante a Idade Média, de que o Nilo era um dos rios procedentes do Paraíso Terreal, forneceria, talvez, a chave de tamanho prodígio. Pedro Alíaco, o cosmógrafo e astrólogo que compendiou tantas opiniões antigas e medievais acerca do mundo habitado ou não, em obra que foi notoriamente um dos livros de cabeceira de Colombo e, por intermédio dele e de outros, uma das fontes remotas de numerosos mitos da conquista da América, não partilha menos do que os autores gregos e romanos a admiração suscitada pelo crescimento das águas do Nilo nas ocasiões em que outras tendem ordinariamente a baixar e não raro a minguar até o completo desaparecimento.

É difícil, escreve no capítulo LV de sua *Ymago Mundi*, explicarem-se as causas desse crescimento e extravasamento, posto que tenham muito de maravilhoso. Com efeito, observa ainda, o fenômeno é produzido com os calores do verão, tempo em que as águas deveriam ser mais prontamente absorvidas do que em qualquer outro. E depois de lembrar diversos alvitres propostos para explicar aquelas inundações, principalmente por Tales, Anaxágoras, Aristóteles e Sêneca, interrompe de súbito suas considerações a fim de declarar que o exame da causa do fenômeno escapava à órbita de seu tratado.

Todavia, em outra parte do mesmo capítulo, depois de se referir à opinião corrente em sua época de que os Jardins do Éden se situavam a tais altitudes que o próprio dilúvio universal os não alcançara, mostra como, despenhando-se daquelas alturas — e faziam tamanho ribombo no despenhar-se que os habitantes das vizinhanças chegavam a nascer surdos —, as águas provenientes do divino horto iam formar um imenso lago, manancial, por sua vez, dos rios do Paraíso, do Nilo, entre estes.

Ainda que com tal nome não venha ele mencionado nas Sagradas Escrituras, já se lembrou como a identificação do rio africano com o Gion, uma das quatro correntes de água originárias do Éden, era frequente entre os exegetas mais acatados. E além disso vinha apoiar-se, agora, na caprichosa etimologia alvitrada por santo Isidoro de Sevilha, que o faz derivar do vocábulo grego correspondente ao "terra" latino, já que o mesmo rio rega toda a terra do Egito com o incremento das suas águas: *Ge enim grece latine terra significat.*[62]

É certo que permanece ainda aqui sem a explicação desejada um fato importante no caso, a saber o de crescerem as águas do Nilo com os calores do verão e não em qualquer outra época do ano. A menos que ela se ache onde escreve o cosmógrafo que, em dado lugar do rio, existe um lago cujas águas, recuando diante do aquilão, se intu-

PEÇAS E PEDRAS 327

mescem no Egito meridional e, com isso, inundam todas aquelas partes. Que essas águas, engrossadas pela força dos etésios, ventos do aquilão, cheguem a provocar tamanhas enchentes, era parecer, aliás, bem apoiado, já que tinha em seu favor a opinião venerável de Isidoro,[63] um dos autores, com Rogério Bacon, que inspiraram diretamente as considerações do Alíaco neste particular.

A teoria assim expressa parece coadunar-se melhor com o verdadeiro pensamento do autor da *Ymago Mundi* do que outra, já aventada entre os antigos, e da qual proviria a explicação fornecida por João de Laet para as enchentes estivais de nosso São Francisco. O geógrafo e historiador neerlandês, admitindo, como tantos outros, antes e depois dele, a existência de uma grande lagoa central, fora levado a supor que suas águas, e naturalmente as do São Francisco, por ela alimentadas, se dilatavam ao receberem as das neves andinas, liquefeitas pela ação do calor.[64]

A mesma ideia é esposada por Nieuhof, que, dependente embora das informações dos portugueses, tende a situar o grande lago interior, "onde há ilhas amenas habitadas por bárbaros, que também povoam suas margens", para o noroeste da cachoeira de Paulo Afonso. Nesse lago existiriam boas quantidades de ouro em pó, mas de qualidade inferior, vindas das águas dos inúmeros ribeiros que lavam as rochas auríferas do Peru e ali vão desaguar.

As cristas das serras, que "correm não muito longe do litoral", isto é, do litoral brasileiro, despejam as águas na direção do poente e então se desdobram estas em duas bacias, uma para o norte, rumo ao Amazonas e ao Maranhão, e outra para o sul, em direção ao São Francisco, o Prata e o "de Janeiro". O crescimento das águas do São Francisco, especialmente, durante o estio, quando todos os cursos de água próximos ao Recife, por exemplo, se tornam, de tão vazios, impraticáveis para a navegação, o autor julga poder atribuí-lo "ao degelo da grande quantidade de neve das montanhas, que chega a fazer com que o rio transborde de seu leito normal". Neste particular é ele bem diferente dos outros, que geralmente extravasam no inverno.[65]

Essa explicação parece resultar diretamente das razões que para as enchentes estivais do Nilo tinham sido sugeridas na Antiguidade e foram reiteradas, já na Idade Moderna, por muitos escritores. Embora ninguém as tivesse avistado, supunha-se que houvesse na Etiópia certas montanhas nevadas, de onde, por ocasião do verão, se desprendiam as águas que deviam engrossar o Nilo.

A essas razões, aceitas pela maioria dos antigos, já Sêneca opusera poderosos argumentos, pois como poderiam prevalecer para o Nilo, quando se sabe que não são válidas para o Reno, o Ródano, o Danúbio, o Ebro, cujas águas não se intumescem no verão, posto que venham de cimos bem mais nevados, decerto, do que os da Etiópia, admitido que existam estes?[66] Por outro lado, como conciliar semelhante versão com a do Nilo-Gion, que o faz manar do Paraíso Terrestre, lugar ameníssimo e que, desconhecendo as neves do inverno tanto quanto os ardores do estio, só consente em si uma primavera eterna?

Quanto a essas origens paradisíacas do Nilo, a afirmativa bíblica não deixa, segundo Pierre D'Ailly e outros, nenhuma possibilidade de hesitação: "as Sagradas Escrituras atestam que a nascente deste rio se acha no Paraíso Terreal: ela o menciona entre os quatro rios do Éden. E só quando suas águas penetram em nosso mundo habitado é que lhe são atribuídas origens diversas".[67]

Além do fenômeno das enchentes do verão, outras peculiaridades comuns poderiam talvez, a propósito do mesmo São Francisco, trazer à lembrança o Nilo: o Nilo real e o fantástico. Não só haveria aqui uma notável réplica das cataratas famosas, como o sumidouro grande, colocado pela generalidade dos autores a oitenta e noventa léguas acima da cachoeira de Paulo Afonso, é uma reprodução do trajeto subterrâneo que faria o Gion ao sair do horto de delícias onde moraram nossos primeiros pais.

PEÇAS E PEDRAS 329

Tão longamente perduraria, aliás, a crença na realidade desse sumidouro que é preciso esperar por um Sebastião da Rocha Pita, escritor de pouco crédito em outros casos, para vê-lo desaparecer das obras dos cronistas e historiadores. É desse autor setecentista a observação de que, estreitando-se o rio em certo lugar "entre duas cordilheiras de montes opostos e dilatados em todo aquele espaço, parece que se subterra, enquanto por esta causa se esconde, afirmando o gentio que daquelas montanhas é visto correr pelas suas raízes descoberto".[68]

Não é inverossímil que, mesmo entre portugueses, a tendência para situar o Dourado às cabeceiras do São Francisco tivesse alguma coisa a ver com as sugestões edênicas provocadas pela aproximação entre esses dois rios, o do Velho e o do Novo Mundo. Já não fora dito do Senegal, desde que Dinis Fernandes chegara à sua foz, que era um braço do Gion e que, através deste, tinha suas origens no Paraíso Terrestre?

A mentalidade da época acolhe de bom grado alguns modos de pensar de cunho analógico, desterrados hoje pela preeminência que alcançaram as ciências exatas. Em tudo discernem-se figuras e signos: o espetáculo terreno fornece, em sua própria evanescência, lições de eternidade. A Natureza é, em suma, "o livro da Natureza", escrito por Deus, e, como a Bíblia, encerra sentidos ocultos, além do literal. Até a razão discursiva, feita para o uso diário, deixa-se impregnar, não raro, da influência do pensamento mítico, e entre os espíritos mais "realistas" encontram-se as marcas dessa atitude, que traz no bojo um sentimento vivo da simpatia cósmica.

Não é bem um eco desse pensamento, agora convertido em visão premonitória e futurista, o que ressoa já no século XIX nas palavras de Hipólito da Costa, quando coloca a capital imaginada do Brasil naquelas mágicas paragens, onde encontra ainda um sítio singularmente privilegiado a que não faltam sequer as velhas sugestões edênicas? Lá aparecem os homens a encaminhar-se para um "país do interior central e imediato à cabeceira dos grandes rios". Nessa situação edificariam

> uma nova cidade; começariam por abrir estradas que se dirigissem a todos os portos de mar e removeriam os obstáculos naturais que têm os diferentes rios navegáveis, e assim lançariam os fundamentos do mais extenso, ligado, bem defendido império que é possível exista na superfície do globo no estado atual das nações que a povoam. Este ponto central se acha nas cabeceiras do famoso rio de São Francisco. Em sua vizinhança estão as vertentes de caudalosos rios, que se dirigem ao Norte, ao Sul, ao Nordeste e a Sueste, vastas campinas para criações de gados, pedras em abundância para toda sorte de edifícios, madeiras de construção para todo o necessário, e minas riquíssimas de toda qualidade de metais; em uma palavra, uma situação que se pode comparar à descrição do Paraíso Terreal.[69]

MONÇÕES

O transporte fluvial

É inegável que o aproveitamento dos rios brasileiros, para a navegação, esteve sempre muito aquém das grandes possibilidades que parece oferecer, à primeira vista, nossa rede hidrográfica. O certo, porém, é que entre nós, fora da Amazônia, os cursos d'água raras vezes chegam a constituir meio ideal de comunicação. A tanto se opõem obstáculos naturais de toda ordem e que só podem ser evitados mediante expedientes já em uso entre os antigos naturais da terra.

À influência indígena, que também nesse particular foi decisiva, deve-se, por exemplo, o emprego, entre os sertanistas, da canoa de casca, especialmente indicada para os rios encachoeirados. Podendo ir à sirga ou "varar" com facilidade, ela chegou a prestar serviços valiosos na exploração de nosso território. E não só de nosso território. Do Canadá, cortado por um magnífico sistema de rios e canais, mas onde não faltam os rápidos ou as quedas-d'água, já afirmou um historiador que só pôde ser desvendado em toda a sua extensão pelos *coureurs de bois*, graças à presença dessas embarcações verdadeiramente providenciais.[1]

Seu fabrico não oferece dificuldades extremas e nem consome tempo excessivo, pois onde há rio, nunca escasseiam matos e, onde há mato, raramente faltará arvoredo adequado. Escolhido um tronco linheiro e com seiva abundante, é bastante despir-lhe a casca do topo à raiz, unindo depois as pontas com auxílio de cipós e mantendo aberto o bojo, por meio de travessões de pau; ou então aquecendo-a em fogo brando, de maneira a fazê-la bem flexível e dar-lhe, assim, a conformação desejada.

Suas vantagens podem ser apreciadas, considerando--se, por exemplo, que entre as populações banhadas pelo Madeira se verificou existir uma perfeita coincidência da área primitiva de distribuição de tais embarcações com as partes mais acidentadas do rio. Nestes lugares, elas surgiam como único tipo de embarcação conhecido, só desaparecendo, ou antes, só existindo com as de pau inteiriço, escavado a fogo, machado e enxó, onde a navegação se faz sem obstáculo, como ocorre em todo o curso inferior, depois da barra do Aripuana e em muitos trechos do curso superior, antes do salto de Santo Antônio. Embora o homem civilizado tenha conseguido, de certa maneira, modificar semelhante situação, o fato não é, por isso, menos significativo. A construção pouco dispendiosa das canoas de casca permitia que fossem elas abandonadas, sem maior prejuízo, onde quer que se tornassem inúteis. Sabe-se que os antigos paulistas costumavam largar suas canoas de casca nos maus passos, fabricando-as de novo quando precisavam delas.[2]

Se, apesar de tantas facilidades, não se pode afirmar que os caminhos fluviais fossem os preferidos dos nossos sertanistas, a causa disso deve ligar-se, talvez, a certa incapacidade dos povos de origem ibérica para seu aproveitamento. É conhecida a passagem de Sarmiento, onde se descreve o desdém soberano do gaúcho argentino pelo rio, considerado um obstáculo à livre expansão dos seus movimentos. O neto dos aventureiros peninsulares, que enfrentaram galhardamente todos os riscos da travessia marítima, sente-se como prisioneiro, nos estreitos limites de uma canoa.

Entre nós, o rio também deve ter parecido, em muitas

O TRANSPORTE FLUVIAL   335

ocasiões, um empecilho, comparável ao das florestas espessas, ao dos pantanais e ao das montanhas. Para as pilhagens do Guairá, poucas vezes se recorreu ao Tietê e ao Paraná. A via predileta era a terrestre, e o Paranapanema só ocasionalmente serviu para a navegação.[3] Nas Minas Gerais, transposta a garganta do Embaú, os rios corriam quase sempre em sentido transversal ao das estradas. Por vezes, o mesmo curso d'água chegava a interpor-se em diversos pontos à passagem do caminhante. Outro tanto sucedia com relação ao caminho das minas dos Goiases, que corresponde grosseiramente ao traçado da atual Estrada de Ferro Mojiana.

Em certos casos, para superar tais obstáculos, era bastante improvisar simples estivas ou pinguelas, fabricadas comumente de um tronco único. A construção de pontes menos toscas era impraticável, fora das zonas habitadas. E mesmo nesses lugares, os estragos frequentemente causados pelas chuvas, pelo gado e também pelas queimadas — se não existissem bons aceiros — tornavam difícil e onerosa sua conservação.

Quando não fossem de grande profundidade, o sertanista contentava-se com vadear muitos desses rios, levando água pelo peito. Onde precisasse vencer corredeiras, itaipavas ou cachoeiras, recorria a processos rudes, mas engenhosos e em que jamais faltava a inventiva fértil de gente longamente acostumada a tais contrariedades. Um dos processos consistia em lançarem-se os homens ao rio, sobre uns molhos — paus presos entre si com cipós.[4] Só assim conseguiam vencer a violência das águas.

Se faltasse arvoredo próprio para a construção de canoas de casca ou madeira inteiriça, o remédio eram as jangadas, que se fabricavam com paus roliços e seriam pouco diferentes das primitivas piperis indígenas. Não escasseiam notícias sobre o emprego desse tipo de embarcação, durante as grandes entradas paulistas. Parece, entretanto, que a tradição de seu uso cedo se perdeu nos rios do Brasil Central, em cujas margens abundavam os paus de canoa, só se mantendo por mais algum tempo nas regiões relativamente despidas do extremo sul.

Consta que durante a entrada de Martim de Sá, em 1597, os homens de sua companhia atravessaram o Parai-buna em feixes de canas atadas por meio de cipós. Exigi-do talvez pelas circunstâncias, esse sistema de condução não primaria pela comodidade ou rapidez: se dermos cré-dito ao que informa o relato de Anthony Knivet, a passa-gem do rio por toda a tropa não se fez em menos de qua-tro dias, devido às correntezas que a retardaram. Alguns anos mais tarde, o neerlandês Glimmer, que acompanhou outra bandeira, dirigida, esta, à região do alto São Fran-cisco, também pôde assinalar expressamente o emprego de jangadas, para a travessia de um rio que Orville Derby hesita em identificar com o das Mortes.[5]

Em meados do século XVII, na Amazônia, a gente de Antônio Raposo Tavares, depois de caminhar dias inteiros com roupa na cabeça e água pelas barbas, comendo olhos de palma, abandonou-se à correnteza em jangadas e, com semelhantes expedientes, foi dar no Gurupá.[6] Do mesmo meio de transporte serviram-se os companheiros de Fernão Dias Pais, durante a jornada das esmeraldas, a julgar por uma referência do poeta seiscentista Diogo Grasson Tino-co, nas oitavas reproduzidas por Cláudio Manuel da Costa em seu "Fundamento histórico" ao poema *Vila Rica*.[7]

Outro testemunho de como o uso da jangada, hoje re-legado quase só ao nosso litoral nordestino, foi corrente entre os antigos paulistas aparece em documentos dos je-suítas castelhanos do sul. Balsas ou jangadas de taquara, desgarradas por uma inesperada enchente do rio Uruguai, denunciam, em 1641, aos missionários, a aproximação dos terríveis "portugueses de San Pablo", para o malogrado as-salto do Mbororé. Seu acabamento não podia deixar dúvi-das quanto à procedência, pois tudo indicava serem obra de gente mais ladina do que os pobres índios infiéis.

Sessenta anos mais tarde, ainda era usual o emprego desse sistema de embarcação, nas expedições que demandavam certas paragens correspondentes ao território do atual estado do Rio Grande do Sul. Para seu fabrico, começava-se por escolher madeira seca, de espinheiro, destinada às estivas. O comprimento dos três paus com que se fazia a primeira estiva seria de 3,5 a quatro metros. Sobre esta, dispunha-se uma segunda estiva de madeira, com travessas, que era amarrada à primeira por meio de cipós. Finalmente, sobre o estrado assim formado, lançavam-se ainda dois paus, que iriam servir de talabardão para os remos. Estes, em número de quatro — dois de cada banda —, eram de voga e fabricavam-se com galhos de espinheiro-branco, vegetal que nunca faltava nas redondezas. Prontas, essas jangadas teriam quase quatro metros de comprido. Para o transporte de seis pessoas, era o quanto bastava, mas podiam ser maiores, conforme o número dos que pretendessem atravessar o rio.[8]

Se é certo que, depois de abandonado no Brasil Central, o uso da jangada ainda persistia nessas áreas sulinas, não se deve atribuir tal fato unicamente ao caráter da vegetação local. A esse devem acrescentar-se outros motivos poderosos, relacionados com algumas peculiaridades hidrográficas da região. É significativo que o marquês de Lavradio, durante a campanha contra os castelhanos no sul — em 1776 —, tivesse cogitado em mandar ao general Böhm paus de jangada, que fizera vir expressamente de Pernambuco, por julgar que nenhum outro tipo de embarcação se acomodaria melhor a certas vias fluviais do continente de são Pedro.[9]

Há notícias de que, também para a travessia do Paraná, os paulistas se serviram muitas vezes de "balsas", especialmente durante as grandes enchentes. Nessas ocasiões, quando as águas se mostravam revoltas e furiosas, passavam por constituir a única embarcação aconselhável.[10] Convém notar, em todo o caso, que a designação "balsa" é mais genérica e, por isso mesmo, mais indecisa do que "jangada", cabendo a transportes fluviais extremamente diversos uns dos outros e variando segundo as épocas ou os lugares. Assim, em alguns documentos jesuíticos, é ela reservada a um sistema de embarcação formado de dois botes unidos entre si e cobertos de uma plataforma encimada, por sua vez, de uma estrutura de madeira ou taquara, cujo aspecto lembra o de uma pequena casa. Nesse abrigo, geralmente forrado por dentro de esteiras de palha e por fora de couro, o mate das missões era levado até Buenos Aires, através do Uruguai ou do Paraná. Os botes que sustentavam a plataforma serviam de flutuadores e a navegação fazia-se ordinariamente a remo.

Pode ter-se ideia de sua importância no comércio e navegação daqueles rios lembrando que o êxodo dos índios do Guairá, acossados pelos mamelucos de São Paulo, já se fizera sobretudo em semelhantes embarcações. Nada menos de setecentas "balsas", sem falar nas canoas isoladas, levando mais de 12 mil indivíduos, teriam descido então o Paraná, por ordem do padre Montoya.

Consta que elas costumavam ser utilizadas, de preferência, onde as correntes impetuosas, os saltos ou as itoupavas não admitiam outro meio de transporte. Nada impede de acreditar que a tais embarcações, menos semelhantes às jangadas do que aos *ajoujos*, empregados até os nossos dias em numerosos cursos d'água do interior do Brasil, se aparentassem as balsas de que se serviram alguns sertanistas, para vencer os terríveis redemoinhos do Paraná.[11] Nada, a não ser a circunstância da construção das balsas jesuíticas já supor certas condições que o sertão ermo dificilmente propicia. Supõe, por exemplo, a existência prévia de botes, que ninguém iria fabricar especialmente com esse fito. Supõe, também, nos embarcadouros, estabelecimentos humanos fixos e povoados de gente industriosa, como parece indicar a alusão feita a revestimento de esteira e couro, artigos que não se improvisam. Onde faltassem semelhantes condições, a construção de simples jangadas bastaria para atender a todas as emergências.

É verdade que o couro, ainda que cru ou mal curado, servia, por si só, para remediar, em muitos lugares, a escassez de madeira adequada à construção das mais toscas embarcações de travessia. As vacarias de boi alçado ou os currais de gado manso forneciam, nesses casos, matéria-prima largamente acessível. Nos campos sulinos, em Mato Grosso, e até nos sertões baianos, mais pobres de madeira e caracterizados pela vegetação xerófila, as *pelotas* prestaram serviços que mais de um viajante teve ocasião de encarecer.

O aparecimento concomitante, e, segundo muitas probabilidades, independente, desse curioso sistema de transporte fluvial, em todas as regiões brasileiras, onde se tornou possível a criação em grande escala de gado, é fato digno de registro e que parece oferecer argumento aos etnólogos empenhados no combate às teorias exageradamente difusionistas. Em seu notável estudo sobre a navegação entre os povos indígenas de nosso continente, Georg Friederici, referindo-se à pelota e ao seu correspondente norte-americano, o *bull-boat* — cuja disseminação geográfica teria coincidido inicialmente com a do bisão —, não hesitou em apontar esse fato como belo exemplo em favor da tese de que a similitude do meio natural ou das condições de vida tende a gerar identidade ou similitude de costumes.[12]

Faltam elementos que ajudem a determinar com precisão quando e como teve início o emprego da pelota nas vias fluviais brasileiras — se nasceu de invenções provocadas unicamente por necessidades e possibilidades locais, ou se derivou, ao contrário, de influências exóticas. O certo é que na segunda metade do século XVIII já se assinala seu emprego nas missões do Paraguai que, como se sabe, abrangiam, em parte, territórios atualmente brasileiros.[13]

Um dos modelos mais usuais nos passos dos arroios e rios de nado era preparado com o couro fresco de touro que, depois de franzido em roda, toma a forma de uma grande bacia ou de um cesto arredondado. A abertura da boca era mantida por meio de um travessão de pau e, antes de o passageiro embarcar, colocavam-se no fundo as suas bagagens, que serviriam de lastro. À frente nadava o condutor, levando presa entre os dentes uma tira de couro; uma das extremidades da tira era agarrada pelo viajante, que, com a outra mão, puxava o cavalo pelas rédeas. "A habilidade do passageiro", narra uma testemunha, "consiste em conservar o equilíbrio daquela frágil máquina, apesar da agitação que recebe dos movimentos do condutor e do cavalo."

Pode-se imaginar quanto esforço não despenderia um nadador, mesmo adestrado e robusto, para transportar por si só toda essa carga, às vezes pesadíssima. Muitos tinham de abandoná-la ao meio do caminho, desamparando o passageiro com todos os seus trastes. Para fugir a esse inconveniente surgiram outros recursos, como o de estender uma corda entre as duas margens do rio ou o de ligar a embarcação a um cavalo, que efetuava a nado a travessia.

Além desse, empregavam-se durante o século XVIII outros tipos de pelota, diversos no formato e talvez na capacidade ou resistência. Um deles tinha o feitio de um tabuleiro e era fabricado com um couro de vaca, apenas seco e descarnado. Para isso, abriam-se as reses pelas costas, atavam-se as extremidades da pele com tiras de couro estreitas e amarrava-se a uma dessas extremidades um laço mais comprido, por onde o nadador puxava e guiava a embarcação. O fundo era revestido de um lastro de ramos verdes, sobre os quais se instalavam passageiro e bagagem. O perigo principal oferecido por essas pelotas estava em que se desmanchavam e iam a pique com muita facilidade, após a segunda ou terceira viagem.

Parece que só muito aos poucos começaram a ser introduzidas algumas inovações e aperfeiçoamentos no fabrico de tais embarcações. Assim é que o couro passou a ser amarrado ou cosido a um quadrado de varas; com essa

O TRANSPORTE FLUVIAL

espécie de armação, o conjunto adquiria, aparentemente, maior solidez.

Não se pode afirmar, contudo, que a pelota tivesse chegado a constituir, no Brasil, mais do que um expediente primitivo e precário. O fato de ser portátil e utilizável a qualquer momento era, em realidade, a única vantagem importante que proporcionava. E essa mesma pouco significava na maioria dos casos. Que grandes serviços poderia oferecer, por exemplo, a quem viajasse sem companhia, um meio de condução que para mover-se dependia de nadador experimentado, além do passageiro? Ao lado de semelhante inconveniente, tinha a pelota o de não poder levar senão uma pessoa de cada vez, e essa ia ordinariamente despida, a fim de estar mais preparada para enfrentar qualquer risco. Do *bull-boat* norte-americano sabe-se, ao contrário, que, além de transportar até dois e mesmo três passageiros, podia carregar bagagens num peso total de oito a doze arrobas.

O resultado de tudo isso é que, nos lugares onde o costume de andar a cavalo conseguiu impor-se, ao ponto de suprimir praticamente outros meios de locomoção, tendiam a desaparecer muitos dos obstáculos que perturbam frequentemente a marcha, mesmo aqueles que o recurso às embarcações de couro pretendia superar. O hábito, o gosto e também a vaidade de vencer, neste caso, quaisquer dificuldades ensinaram, aos poucos, que o bom cavaleiro não deve apear-se, sequer para transpor um curso d'água. Assim é que, na província de São Pedro, em meados do século passado, as pelotas já se iam tornando quase um objeto de curiosidade, digno de rivalizar com as serpentinas e redes de transporte. Se ainda havia quem recorresse aos seus préstimos, seriam principalmente as mulheres e os velhos, ou os que não quisessem expor à umidade alguma carga mais valiosa.[14]

Ao fixar a função que, para os antigos sertanistas, chegaram a ter as canoas de casca e mesmo as jangadas e outras embarcações de emergência, é preciso não obscurecer o papel singularmente importante que coube, em nossa expansão geográfica, às ubás e pirogas de madeira inteiriça. Seu emprego em maior escala foi obstado principalmente pelo muito tempo que consumia o trabalho de derribar, falquejar e escavar certos madeiros. Mas mesmo essa regra não era absoluta, e onde existissem paus apropriados, como a paineira ou a samaumeira, elas chegavam a substituir, muitas vezes, as canoas de casca, inclusive para passagens de rios ou percursos breves. De samaumeira foi a canoa em que a gente do segundo Anhanguera atravessou o rio Grande, a caminho de Goiás, e nada leva à presunção de que constituísse esse um caso isolado. Tratando-se de madeira extremamente leve, é de crer que muitas vezes existissem vantagens — até do ponto de vista da rapidez na construção — em aproveitá-la, de preferência, para o fabrico de tais canoas.

Um fato positivo, em todo o caso, é que, recorrendo à matéria-prima indígena, os primeiros colonos e seus descendentes também mantiveram a técnica de construção naval dos naturais da terra. Não se pode afirmar que, durante a era colonial, o imigrante europeu tenha acrescentado grande coisa à arte de navegação interior, tal como já a encontrara, praticada entre o gentio. Não só no fabrico das embarcações, como na mareagem, os usos estabelecidos, antes do advento do homem branco, puderam, assim, sobreviver longamente à subjugação dos antigos moradores. Um desses usos, o dos tripulantes remarem sempre em pé, que foi corrente não só no Brasil, como em todo o continente americano, pertence certamente a tal categoria. Ao tempo de Francisco José de Lacerda e Almeida, que esquadrinhou numerosos cursos d'água brasileiros e africanos, em fins do século XVIII, as canoas paulistas destinadas a viagens prolongadas eram movidas por alguns remeiros, que se punham em pé, a cada lado da embarcação e em sua parte dianteira. O governo das

O TRANSPORTE FLUVIAL

canoas cabia, nesse caso, a dois remeiros, instalados na proa e também em pé. Nisso principalmente se diferençavam elas dos coches africanos, em que todos os remadores iam sentados e de preferência junto à popa; se algum ficava na proa, era para ajudar a ação do leme e informar dos eventuais obstáculos.[15]

É possível que o modelo das canoas utilizadas nas monções do Cuiabá não fosse exclusivamente peculiar à navegação do Tietê, do Pardo, do Paraguai, do Coxim ou do Taquari; que em outras regiões brasileiras mais apartadas, sem excluir o extremo norte, onde todos os caminhos eram fluviais, esse modelo estivesse muito generalizado. Entretanto, a importância que rapidamente ganhou o comércio cuiabano por intermédio de São Paulo e do Tietê fez com que o nome de "paulista" muitas vezes se agregasse a esse tipo de embarcação, onde quer que surgisse. Assim, no ano de 1789, referindo-se às ubás da Amazônia, Gonçalves da Fonseca dizia que eram "semelhantes às que usão os nossos Paulistas". Com esta diferença, que nas ubás, os dois homens a quem competia dirigir a embarcação não se colocavam na proa e sim na popa, de onde, cada qual com seu remo, supriam o ministério do leme.

Cumpre notar que Fonseca se referia especialmente às canoas de maiores proporções, com catorze e mais metros de comprimento, por mais de dois de largura. A tanto não chegariam muitas das que se usavam nas monções paulistas. Entre estas, o tamanho normal era de doze, raras vezes de treze metros de comprido por metro e meio de boca.[16] A relação entre a boca e o comprimento seria, assim, aproximadamente, de um para dez ou mais.

A variedade nas dimensões e sobretudo na largura das canoas parece decorrer antes de diferenças na vegetação do que de qualquer outro motivo. Se é certo, por um lado, que a forma de embarcação ordinariamente adotada nas monções do Cuiabá resultaria ser a mais cômoda para a navegação em cursos d'água pouco volumosos, como o Sanguexuga ou o Camapuã, e até para a varação nas partes encachoeiradas dos rios, parece indiscutível que ela foi sugerida e imposta, acima de tudo, pelas formas florestais típicas do vale do Tietê.

No comércio do rio Madeira, que alcança extraordinária intensidade entre os anos de 1755 e 1787, utilizavam-se grandes ubás, construídas de um só tronco; tão grandes que, ao seu lado, as canoas paulistas quase fariam o papel de humildes batelões. Martius, durante sua estada na Amazônia, já no segundo decênio do século passado, pôde encontrar, em pleno uso, algumas dessas ubás; levavam, em média, vinte homens de equipagem e carregavam 2 mil a 3 mil arrobas de mercadorias.[17] Tamanha carga exigiria, no comércio de Cuiabá, pela via de São Paulo, nada menos de seis ou sete canoas monóxilas, das que se empregavam durante as monções de povoado. Essa enorme capacidade das embarcações fluviais do extremo norte provém, sem dúvida, das excepcionais possibilidades que oferece a selva amazônica, singularmente opulenta em essências apropriadas para a construção náutica.

O reino vegetal dita, por conseguinte, não só as dimensões como a própria configuração dos barcos, ao mesmo passo em que fornece a matéria de que eles são feitos. Bem menos pródiga do que a do Amazonas, em árvores corpulentas, a floresta do Tietê veio a criar o modelo de canoa peculiar ao comércio das monções e que os cronistas contemporâneos compararam expressivamente a lançadeiras de algodão.

Os mais antigos depoimentos acerca da navegação do Tietê — que já se fazia, embora irregularmente e sem continuidade, muito antes da era das monções e, sem dúvida alguma, antes do advento dos portugueses — mostram bem como esse modelo de embarcação não constituiu invenção caprichosa dos colonos e nem nasceu de súbito, no segundo decênio do século XVIII, com as primeiras expe-

O TRANSPORTE FLUVIAL

dições fluviais rumo ao sertão do Cuiabá. Um século antes de se iniciarem as expedições, já ele existia seguramente, e tudo leva a supor que, em sua fabricação, o europeu mal terá influído sobre a técnica indígena.

A presença dessas magras canoas em águas do Tietê e do Paraná está positivamente documentada para o ano de 1628, por exemplo, quando da viagem realizada ao Paraguai pelo governador castelhano, d. Luiz de Céspedes Xeria. Em certa paragem, que não deveria ficar muito longe da atual Porto Feliz, em todo caso, abaixo do salto de Itu, os cinquenta índios e os criados do dignitário espanhol passaram todo um mês a fabricar três canoas para a jornada memorável. De um tronco de 17,6 metros de circunferência, fez-se a primeira, com seus 17,5 metros de comprimento por 1,32 metro de boca. Houve, certamente, considerável desperdício de madeira, neste caso, pois de tronco tão volumoso seria lícito esperar maior largura para a embarcação. Mas não seriam frequentes no local esses caules gigantescos, e o hábito de lidar com canoas estreitas já estaria radicado entre os naturais. As outras, que se destinavam a transportar a roupa e a matalotagem dos passageiros, eram ainda mais estreitas, e tinham respectivamente 14,5 metros por 85 centímetros, e 11,1 metros por 77 centímetros.[18]

Intensificando-se a navegação dos rios do planalto, com o descobrimento das jazidas cuiabanas — o que só ocorre a partir do segundo decênio do século XVIII —, não se transformam no essencial as características herdadas da piroga indígena. A assiduidade nas vias fluviais, que conduzem ao sertão longínquo, a necessidade de transportar mercadorias e de resguardá-las durante as viagens, vão, aos poucos, fixando o perfil da canoa usada nas monções, sem no entanto alterar profundamente aquelas mesmas características. Assim é que, embora pouco superiores às primitivas pirogas, sem quilha, sem leme, sem velas, essas canoas já comportam comodidades que denunciam algum progresso: remos à maneira de choupos de espontão, varas com juntas de ferro para subir os rios, cumeeiras e cobertas de lona para proteger das chuvas.

Se a relação guardada entre o comprimento e a largura dessas embarcações basta, por si só, para dar uma ideia de seu feitio, cabe acrescentar que para a popa e a proa elas são extremamente agudas, o que reforça a semelhança com as lançadeiras. O casco, de fundo achatado, mede de espessura cinco ou seis centímetros, quando muito. Para aumentar a segurança, costumavam os construtores rematar a borda com uma faixa suplementar de madeira. Chamava-se a essa operação *bordar* a canoa.

Além da madeira para casco e bordadura, consumiam-se na construção peças diferentes, destinadas a bancos, travessas, cumeeira, forquilhas e sustentar de cumeeira etc. Capazes, muitas vezes, de trezentas e até mais (Martius e Guts Muths falam em quatrocentas) arrobas de carga, sem contar o mantimento dos viajantes, navegavam por tal forma carregadas, principalmente durante as viagens de ida para o Cuiabá, que apenas pouco mais de um palmo de casco emergia da água, pela borda. Tal capacidade é assinalada, sobretudo para fins do século XVIII e princípios do seguinte, quando, após longos decênios de exploração intensa, o número de árvores corpulentas já deveria estar muito reduzido.

É verdade que em 1724, quando essas mesmas explorações se achavam, por assim dizer, apenas em seu início, o governador Rodrigo César de Menezes queixava-se, em carta a el-rei, de que as canoas empregadas no comércio do Cuiabá não carregavam além de cinquenta ou sessenta arrobas, incluindo-se o peso das pessoas embarcadas. É de crer, contudo, que esse cálculo fosse excessivamente moderado, pois apenas dois anos mais tarde, escrevendo já do Cuiabá, para onde se transportara com uma armada de 308 canoas, confessa o mesmo governador que só tinham chegado com vida ao termo da viagem 3 mil

O TRANSPORTE FLUVIAL
347

pessoas, "havendo muitos falecidos afogados e perdidas várias canoas...".[19] O número total de embarcados teria sido, por conseguinte, muito superior a 3 mil; e se eram 308 canoas da expedição, pode-se afirmar, sem exagero, que cada uma, entre passageiros e tripulantes, levaria, certamente, mais de dez homens.

Um máximo de dez homens, embora sem incluir marinhagem, isto é, piloto, contrapiloto, proeiro e cinco remadores, era quanto admitia cada embarcação pelo ano de 1786, se dermos crédito ao que consta de um relatório escrito nessa data pelo explorador dos campos de Guarapuava e do Igureí, Cândido Xavier de Almeida e Souza.[20] Mas mesmo tal cifra há de parecer bem diminuta a quem examine certos textos anteriores, principalmente de meados do século, onde se assinalam, com frequência, canoas transportando quinze ou dezesseis homens e mais, sem falar na marinhagem. Sabe-se, por exemplo, que na viagem do conde de Azambuja, realizada em 1757, a média dos passageiros conduzidos por cada barco fora de vinte homens, sem contar remeiros e pilotos.[21] Não está excluída, por conseguinte, a hipótese de ter havido na capacidade das canoas uma diminuição constante, já no século XVIII, explicável pelos motivos que acima se indicaram, ou seja, pela míngua de árvores de tamanho adequado, em algumas florestas marginais do rio Tietê ou dos seus afluentes.

A preferência dada para tal fim a essências determinadas, como a peroba ou a timboúva (tambori), que se cortavam, em geral, durante os meses de junho e julho, explica-se antes pelo diâmetro relativamente grande que atingem seus troncos do que pelo fato de suportarem bem a umidade, virtude essa partilhada no mesmo ou talvez em maior grau por diversas outras espécies de madeira. Essa capacidade de resistência à umidade parece aliás tão decisiva, que chega a compensar por si só certos inconvenientes apresentados pelas mesmas madeiras. É o que

ocorre em particular no caso da peroba, sujeita a fender-
-se com grande facilidade.

A destruição sistemática e progressiva desses gigantes
florestais, em extensas áreas, tenderia a criar um problema cada vez mais premente, para o comércio do Cuiabá,
se não coincidisse, por um lado, com o esgotamento, também progressivo, das minas de ouro do Brasil Central,
e consequente declínio da importância econômica dessa
região, e, por outro, com o incremento das viagens ter-
restres através de Goiás. Cumpria não só descobrir, escolher, derrubar e preparar os troncos, como ainda varar do
mato as canoas já prontas, vencendo distâncias intermináveis. Apesar disso, os preços que alcançam tais embarcações, depois de postas no rio, devidamente bordadas,
estivadas e encumeeiradas, ainda parecem excessivos. No
ano de 1769, um simples casco de canoa, sem preparo de
qualquer espécie, era vendido pela quantia, então respei-
tável, de 70 mil-réis a 80 mil-réis e mais.[22] Com a quinta
parte dessa soma comprava-se em São Paulo, pela mesma
época, um cavalo de carga, com arreios e bruacas... Meio
século mais tarde, em 1818, já andava por 150 mil-réis o
preço de uma canoa pronta.[23]

A escassez dos paus de canoa e madeiras de construção acentua-se de modo bem sensível durante a aventura
trágica do Iguatemi, e a preocupação causada por essa
escassez encontra eco em numerosos documentos oficiais
do tempo. O sistema das queimadas e roças para a lavoura vinha agravar ainda mais a situação, transformando
em campos gerais léguas e léguas de terreno em redor dos
sítios povoados. Para encontrar paus de lei e de canoas,
saíam os homens pelos braços dos rios, internando-se nos
matos meses a fio. De uma povoação — a atual cidade
de Piracicaba — sabe-se mesmo que só conseguiu vingar,
nos primeiros tempos de seu estabelecimento, depois que
os moradores se dedicaram a fabricar e vender canoas,
aproveitando para isso as matarias espessas e quase in-

O TRANSPORTE FLUVIAL 349

tactas que orlavam seu rio. Foi, segundo parece, com o produto da venda de sete dessas canoas, postas em Araritaguaba, em princípios de 1769, que o primeiro diretor do povoado logrou atender às despesas de conservação, desempenho e aumento dos moradores.[24] Nenhuma outra indústria casava-se aliás tão bem com o caráter rústico de uma região ainda coberta de arvoredo e de onde as canoas, levadas nas águas do Piracicaba e do Tietê, ganhavam fácil acesso ao seu ponto de destino. A presença de um núcleo de povoadores permanentemente instalados no lugar diminuía, além disso, os azares de uma empresa muitas vezes arriscada e nem sempre compensadora. Mas não era possível descansar indefinidamente sobre a suposta eficácia de semelhantes expedientes.

O remédio para uma situação que, só por si, já ameaçava prejudicar os planos de expansão do governo de d. Luiz Antônio, o morgado de Mateus, não escapava ao raciocínio do imaginoso capitão-general. Enquanto faltasse caminho por terra ao Iguatemi, a comunicação regular com as raias do Paraguai castelhano só dependia de estradas fluviais, e estas, para serem largamente percorridas, exigiam embarcações apropriadas e em bom número. Cumpria, assim, substituir o processo de construção naval, herdado diretamente do gentio, por outro mais moderno, mais parcimonioso e, portanto, mais conforme às possibilidades de uma terra já empobrecida de árvores volumosas. Em junho de 1767 confiava d. Luiz ao conde da Cunha, vice-rei do Estado do Brasil, este seu novo e audacioso projeto: "quero dar princípio a fazer barcoens a modo dos que andam no Douro para experimentar se posso conseguir navegar o Rio com eles para me livrar das canoas, para as quais já aparecem poucos paus nos matos, e levão pouca gente, e para fazer barcoens ha muita taboa".[25]

Sua longa assistência no Porto, onde constituíra família, devia ter habituado d. Luiz à fisionomia dos singulares rabelos durienses, sempre ocupados no comércio do *vinho fino*. A forma desses barcões, que se mantém ainda hoje inalterada, adaptava-se admiravelmente às condições do rio Douro, que é um rio de montanha, como o Tietê é um rio de planalto; apenas nas proporções teve de submeter-se, de então para cá, à limitação imposta pelo alvará de 1773, tendente a reduzir os riscos de naufrágio. Até aquela data, cada barcão conduzia setenta, oitenta, até cem pipas de vinho: hoje, segundo parece, não levam mais de cinquenta.[26]

Se por certos traços — fundo achatado, ausência de quilha... — o aspecto desses barcões poderia aparentá-los vagamente às canoas do comércio do Cuiabá, no mais a diferença entre uma e outra era radical. Desde o casco, formado de diversas tábuas superpostas nas bordas, como o dos antigos navios dos vikings, até às velas quadrangulares e também ao aparelho do governo — um longo remo-leme ou espadela, cujo antepassado remoto já se quis identificar em certa gravura egípcia no tempo da XII dinastia —,[27] o rabelo tem uma silhueta tão peculiar e tão tradicionalmente ligada à paisagem portuguesa, onde surgiu, que não é fácil imaginá-lo em águas do Tietê ou do Pardo.

A enorme vantagem que realmente oferece esse barco, sobre as canoas monóxilas, está em que pode ser construído com qualquer tabuado, mesmo os de qualidade inferior, desde que possa conservar-se sem alteração ao contato da água. Ora, madeira, até de primeira ordem e apropriada à construção naval, era coisa que não faltava nas matas paulistas. Embora os navios ou embarcações de quilha só fossem fabricados mais largamente no nosso litoral, a experiência já tinha ensinado quais os paus recomendáveis para esse fim. Em um rol organizado por ordem do capitão-general Antônio Manuel de Melo Castro e Mendonça, o Pilatos, e apenso ao seu anteprojeto de regulamento para a conservação das matas e paus reais de São Paulo, lê-se, por exemplo, que a canela-preta, a peroba, a urucurana davam excelente tabuado para embarcações, ao mesmo tempo que da sua galharia se faziam braços e cavernas para navios. Da folha-larga consta apenas que fornecia madeira ótima. Para mastreação e vergas, nada como o cauvi, o óleo, o vapuan (?), o guanandi, o jataí. Finalmente o sassafrás, a upiúva (?), o araribá, por serem madeiras rijas, mas de pouca espessura, serviam, pelo menos, para algumas miudezas no interior dos barcos.[28] Exceção feita à perobeira, que dá muitas vezes toros com mais de metro e meio de grossura, nenhuma dessas árvores possui tronco de diâmetro suficiente para a confecção de canoas monóxilas, posto que disponham de todos os demais requisitos para a construção naval.

No entanto, apesar das extraordinárias possibilidades que parecia prometer nossa flora, existem motivos para a suspeita de que, mesmo os barcões sugeridos pelo morgado de Mateus, seriam hóspedes por demais delicados e exigentes em um país desprovido de qualquer comodidade. As cachoeiras do Tietê, do Pardo e do Coxim, que muita canoa indígena, ainda quando vazia ou "a meia carga", não enfrentava sem grande risco, deveriam constituir um obstáculo invencível a toda tentativa de introduzir embarcações mais civilizadas.

O primeiro passo para superar tamanhos empecilhos estaria no estabelecimento de condições capazes de garantir um mínimo de segurança à navegação fluvial, concebida segundo padrões do Velho Mundo. O milagre de domesticar estes sertões incultos, começando, se possível, por transformar o áspero Anhembi quase em um comedido rio europeu, não estaria muito longe da imaginação de d. Luiz Antônio, sempre empenhado em fazer mais cômodo o acesso ao seu Iguatemi. Seria necessário, para isso, fixar moradores mais ou menos numerosos, em todas as barras principais e junto aos sítios em que se fazia mais perigosa a navegação. Sem essa providência, tendente a criar escalas fixas, onde os barcos pudessem achar socorro e refresco, as jornadas fluviais, rumo ao sertão remoto, nunca deixariam de ser o que sempre foram, uma empresa para aventureiros audaciosos, mais inclinados à turbulência do que à submissão e ao trabalho construtivo.

Já em 1776, quando apenas tinha tido tempo de se aprofundar no conhecimento dos negócios do governo, determinara o morgado de Mateus o estabelecimento de uma espécie de arraial permanente na barra do rio Piracicaba, entregando sua direção a Antônio Correia Barbosa. O sistema de povoamento, concebido aqui segundo velha tradição portuguesa, consistia em agremiarem-se numa aparência de vida civil os criminosos e vadios de toda sorte, que então infestavam a capitania. Com a assistência desse pobre material humano, contava a administração colonial lançar as sementes de um plano soberbo e que teria por objetivo converter o Tietê em uma verdadeira linha estratégica para a ocupação mais efetiva do oeste e do sudoeste, ainda mal seguros nas mãos dos portugueses. Tratava-se, nem mais nem menos, de corrigir vigorosamente as condições naturais do país, mudando os mais graves obstáculos à penetração e à civilização em verdadeiros centros de atração para novos moradores.

Dois anos mais tarde, mandava o governador que se passasse um bando por toda a capitania, estabelecendo que seriam doadas sesmarias nas bordas do Tietê a quem as pedisse. Ao mesmo tempo enviava a Antônio Correia Barbosa uma primeira leva de vagabundos, a fim de serem fixados da melhor forma pelas margens do rio. Já agora não se propunha povoar apenas a barra do Piracicaba, a seis ou sete dias de viagem do tradicional porto de embarque das canoas, mas também os sítios do Avanhandava, os do Itapura, e "os mais que forem convenientes para o bem dos povos".

Neste ponto o morgado de Mateus deixara-se levar, em termos, pelas sugestões que do Iguatemi lhe mandara o fundador da praça, João Martins de Barros. Em carta datada de outubro de 1767, o valente ituano chega-

O TRANSPORTE FLUVIAL

ra mesmo a propor que se transferissem respectivamente para o salto de Avanhandava e para o de Itapura as novas povoações de Woutucatu e de Faxina. Se assim se fizer — ponderava ele — "ficarão os Povoadores arrumados, os Cuiabanos socorridos, e este lugar tão facilitado, que canoinhas de duas pessoas podião andar sem susto e darem as mãos uns aos outros em qualquer ocasião e tempo...".[29] A iniciativa proposta, se viável, viria a ter, sem dúvida, outras consequências de enorme importância, dilatando até às barrancas do Paraná a área regularmente povoada da capitania, que nessa direção só alcançara a muito custo o porto de Araritaguaba, distante menos de cinco léguas de Itu.

Entretanto, os primeiros entusiasmos do governador logo arrefeceram à notícia das dificuldades sem conta que iam encontrando seus auxiliares. A gente de que ele dispunha era escassa para tão extraordinário empreendimento, e a situação no sul do país ia de mal a pior, em face da crescente ameaça castelhana, reclamando cautela crescente e consumindo, aos poucos, todos os elementos dos quais seria lícito esperar alguma utilidade e proveito. Além disso, faltavam, precisamente às nesgas de sertão que mais convinha povoar, condições favoráveis a um engrandecimento rápido, pois em lugares tão rudes e apartados dos centros de consumo a lavoura não poderia constituir ocupação muito sedutora.

Ao outro grave inconveniente apresentado por esses sítios — o clima notoriamente hostil e os ares pouco saudáveis, que eram um contínuo espantalho para os colonos —, d. Luiz Antônio tratara, no primeiro momento, de fechar os olhos, só aceitando de bom grado informações que procurassem ir ao encontro do programa anteriormente traçado. "Em quanto ao passo do Avanhandava", dizia em uma das suas cartas, "me tenho informado que o Lugar pestilento e doentio hé só onde faz inundação, porém que tem Campos Saudaveis, e aprazíveis, em que Se pode formar a

Povoação, ou mais além, ou mais abaixo hade haver Sitio acomodado para a dita Povoação; e pouco mais ou menos já sei quem hade ser o que hade ir a essa deligência e os Carijós se farão conduzir de outra parte, visto já não os haver por essa vesinhança."[30] Não se justificou, entretanto, o otimismo do capitão-general. Entre as povoações que projetara, somente uma, Piracicaba, chegou a tornar-se realidade, e mesmo essa teve de ser fundada não na barra do rio, mas quase onze léguas acima, onde os colonos foram encontrar terra generosa, águas mais fartas de pescado, ares mais sadios, e um núcleo de roceiros já estabelecidos de longa data. A viabilidade dos outros povoados, que se destinavam a facilitar o trânsito fluvial, não poderia apoiar-se em condições semelhantes; dependia exatamente da frequência desse mesmo trânsito.

Seria indispensável, pois, que um motivo poderoso, vindo de fora, alimentasse de modo duradouro a navegação. Ora, o Cuiabá, cujas minas se achavam aliás em franca decadência, desde a primeira metade do século XVIII, já não precisava dos rios — principalmente os rios da bacia Platina — para se comunicar com as terras da marinha, e a empresa do Iguatemi, animada pela caprichosa vaidade dos governos, estava em vésperas de arruinar-se. À ambição de povoar ermos em todos os maus passos do Tietê, esse rio que, segundo a descrição do brigadeiro José Custódio de Sá e Faria, "bem se pode dizer que todo ele é uma contínua cachoeira", faltavam, pois, fundamentos sólidos e perduráveis. Só assim a memória do morgado de Mateus, tão devoto dos apelidos da própria família e da Senhora dos Prazeres, deixou de perpetuar-se na toponímia paulista.

Não morreu logo, porém, o sonho magnífico de d. Luiz Antônio. Alguns anos mais tarde, quando governava São Paulo o capitão-general Antônio Manuel de Melo Castro e Mendonça, novamente se cogitou no povoamento "de toda a extensão do rio Tietê", assim como das mar-

O TRANSPORTE FLUVIAL 355

gens orientais do Paraná. O objetivo, ainda desta vez, era socorrer os viajantes que se destinassem a Cuiabá e Mato Grosso, facilitar as diligências do Real Serviço e promover a pronta e eficaz comunicação com as fronteiras "quando se restabelecessem em segurança do Estado".

Encarregou-se de traçar o plano dos novos estabelecimentos um paulista largamente experimentado na milícia dos sertões, o tenente-coronel Cândido Xavier de Almeida e Souza. A primeira povoação a ser fundada, de acordo com esse plano, ficaria em Potunduva, onde se instalariam casais de povoadores, providos de gêneros de subsistência por seis meses, ferramentas de lavrar a terra e algumas cabeças de gado. Para a propagação dos vacuns e cavalares não existiam ali perto os famosos campos de Araraquara? Através dessa extensa planície seria fácil, certamente, abrir comunicação breve com a freguesia de Piracicaba.

O problema do povoamento das áreas circunvizinhas dos dois maiores saltos do Tietê, que já tinha chamado a atenção do morgado de Mateus, não poderia deixar de fazer parte do projeto de Cândido Xavier. No Avanhandava, o estabelecimento de um núcleo de moradores, dispondo de bois de tração e carros, facilitaria grandemente as varações, permitindo, ao mesmo tempo, considerável economia de pessoal das canoas que costumava ser empregado nesses serviços.

Idênticas vantagens ofereceria o povoamento da região do Itapura, de preferência na margem meridional do rio, onde os moradores poderiam resguardar-se melhor dos assaltos do gentio caiapó, traiçoeiro de natureza, e que no tempo seco passava frequentemente o Paraná no salto de Urubupungá e dirigia-se para aquele sítio.

Aprovado e realizado o projeto de fundação dos povoados, seria necessário abrir comunicação por terra entre eles, aproveitando para isso os terrenos planos que margeiam o Tietê.

Uma quarta povoação seria estabelecida a pouca distância do rio Paraná e fronteira à boca do Pardo, utilizado ordinariamente na navegação para Cuiabá e minas de Mato Grosso. A esse lugar ia ter a estrada que, nos tempos de d. Luiz Antônio de Souza, abrira o então capitão-mor de Sorocaba, José de Almeida Leme — ou reabrira se, como parece, era a mesma picada que tinha feito Luiz Pedroso de Barros meio século antes.[31] Ainda no ano de 1783 eram visíveis os sinais de derrubadas e queimadas, ao longo do antigo caminho, que ligava as bordas do rio Paraná a Sorocaba e, através de Sorocaba, à cidade de São Paulo. Um decênio mais tarde, na carta corográfica atribuída a João da Costa Ferreira, já não se faz menção de sua existência — assinalada anteriormente no mapa de Sá e Faria —, e os terrenos por onde se projetara lá aparecem sob o letreiro, que haveria de perdurar para a mesma região até o começo do século atual: "Sertão Desconhecido".

Era esse o caminho que, de acordo com o plano, seria novamente desembaraçado em toda a sua extensão, para maior comodidade dos comerciantes e expedicionários destinados ao Brasil Central. A povoação deveria erigir-se em sítio suficientemente retirado do rio, a fim de se evitarem as epidemias que nas ocasiões de enchente assolavam essas paragens.

Para a cabal execução do programa, propunha-se seu autor deixar feitas, ele próprio, as roças para dois alqueires de pés de milho, nos lugares que prometessem melhor fruto, contanto que o capitão-general fosse servido expedir os povoadores no mesmo ano (1800) e ainda em tempo de queimar e plantar, o que se costumava fazer antes de dezembro.

O projeto de Cândido Xavier divergia do que pretendera realizar d. Luiz Antônio principalmente no critério proposto para a seleção dos povoadores. A seu ver, estes deveriam ser recrutados não somente entre os indivíduos desocupados ou facinorosos, que perturbavam a tranquilidade pública nos lugares habitados, mas entre gente ordeira, trabalhadora, dotada de alguns meios e de trato urbano e civil. Pensava mesmo que o atraso das colônias portuguesas resultava do antigo erro de serem povoadas apenas de homens indigentes, degredados e foragidos, sem cabedal, nem abonos, nem crédito, que pudessem cooperar para o aumento dos lugares onde residiam.

Para se chegar a esse resultado bastaria, em sua opinião, incumbir da direção de cada um dos núcleos algum dos numerosos oficiais de milícias existentes na capitania e que não tinham onde empregar seu tempo e seus recursos. As quatro povoações citadas e mais três, que se fundariam junto à margem do Paraná, ao sul da barra do rio Pardo, dependeriam, além disso, de um capelão, para a administração dos sacramentos.[32]

Não consta que os planos do tenente-coronel Cândido Xavier tivessem merecido mais vivo interesse do que os do morgado de Mateus. A transferência de número apreciável de colonos para aqueles sítios, notoriamente doentios, separados por um território imenso e ermo da área do Porto Feliz e Piracicaba, que eram então boca do sertão, seria dificilmente praticável durante a época das monções. Mais tarde, quando o caminho fluvial para o Cuiabá já estava abandonado, ou quase abandonado, é que, em parte para reanimá-lo, se cuidou em fixar núcleos de moradores nas margens do Tietê, em pontos onde a navegação se tornava mais penosa.

Quando afinal, em 1856 e 1858, se efetuaram as primeiras tentativas para o povoamento das terras do Itapura e do Avanhandava, mediante a fundação de colônias militares, foi a carência de boas comunicações, mais talvez do que a apregoada insalubridade dos lugares escolhidos, o que condenou as mesmas tentativas ao malogro. Alguns relatórios de presidentes da província do tempo da Monarquia, principalmente do conde de Parnaíba, poderiam servir para documentar esse fato. Nascidos dos mesmos motivos que já tinham aconselhado sua fundação quase um século antes, ou seja, a necessidade de facilitar o trânsito para o interior do país, esses estabelecimentos estavam longe de corresponder às esperanças depositadas em seu futuro. A navegação fluvial já não oferecia poderoso atrativo aos homens do planalto e, mesmo durante a Guerra do Paraguai, a vantagem estratégica das duas colônias militares não conseguiu impor-se de forma a patentear a necessidade absoluta de sua manutenção.

Notas

CAPÍTULOS DE HISTÓRIA DO IMPÉRIO
Crise do regime [pp. 19-34]

1   Francisco Iglésias, "Vida política (1848-1868)". In: *História geral da civilização brasileira: O Brasil monárquico*. 2. ed. São Paulo: Difel, 1967. t. II, v. 4: Reações e transações, p. 112.

2   *Opinião Liberal*. Rio de Janeiro, ano III, n. 52, 7 mar. 1868.

3   Bem elucidativa de tal situação, encarada, é certo, de um prisma de conservadores, é certa correspondência mandada de Ouro Preto e inserta no *Correio Mercantil* do Rio de Janeiro, a 29 de setembro de 1867, e que, apesar de prolixa, merece ser, no essencial, reproduzida, pela claridade que jorra sobre o assunto aqui versado. Datada de 27 de julho do mesmo mês e ano, diz coisas como estas, por exemplo: "Quem nos governa? Em 1862, os ambiciosos do partido conservador, unindo-se com os liberais da mesma plana, formaram um partido a que denominaram — liga — ou progresso. Qual o seu programa? O país jamais o soube, forjaram-se muitos, nenhum foi aceito! O programa pois ficou ostensivamente resumido na própria denominação do partido — progresso. Mais tarde alguns liberais que tinham aderido à liga, retiraram-se desgostosos, voltando a seus antigos arraiais. Ficaram subsistindo três partidos: o partido da ordem — conservador; o partido da liberdade — liberal; o partido do progresso — progressista.

"Estes supúnhamos governar o Brasil desde aquela data até hoje... Assim o entendiam todos. Mas o snr. Zacarias, presidente do Conselho de Ministros, tem declarado ultimamente no Senado e na Câmara que o governo é liberal e que o partido a que pertence é liberal! Que é pois feito do partido progressista? Não foi este que subira em 1862? Não é do seu seio que têm saído os ministros que hão composto os cinco gabinetes progressistas? Não é dele que saiu há pouco o atual ministério? Como pois é o partido liberal que está no governo? Será que o partido progressista se tornou liberal? Não, porque será absurdo inconcebível mudar tão depressa um partido que apenas vive há cinco anos! Será o partido liberal que assumiu o governo do país? Não, porque este partido se acha dignamente representado na oposição, quer na imprensa, quer na tribuna. Não, porque o snr. presidente do Conselho não é e nunca foi um liberal, assim como o ministério não é. Não, porque a maioria parlamentar é progressista. Será o partido Conservador? Não, os conservadores aí jazem proscritos, negligenciados pelos homens do governo! Os conservadores nem cúmplices são nas desgraças que enlutam a pátria. Quem nos governa é um pugilo de ambiciosos e especuladores sem princípios, nem fé, que, a pretexto de engrandecer o país, uniram-se para à custa da ruína da pátria saciarem a ambição desregrada que os devora, assim como o mineiro que rasga a terra para tirar-lhe das entranhas o ouro e os minerais que a enriquecem. É um bando de corsários que apresaram de surpresa a nau do Estado e vão pelos mares da pátria assolando fortunas particulares, os cofres públicos, com a obliteração do que é nobre, moral, patriótico, arvorando para isso a bandeira que lhes convém... Em sua derrota devastadora arvoraram ontem a bandeira progressista, arvoram hoje a liberal e arvorarão amanhã a conservadora, conforme tem convindo ou convirá a seus interesses. E não é só o ministério, conforme a presa que miram, conforme os agentes de que hão mister. E o que têm feito os homens no sentido da liberdade? Aniquilam todos os dias

NOTAS   361

a Constituição liberalíssima que nos rege, suspendem
as garantias liberais da guarda nacional, pretendem es-
cravizar o país mobilizando-a, coagem impunemente o
voto, atropelam a lei, massacram o cidadão brasileiro e
dizem-se liberais! Liberais por quê? Porque uma vaidade
fofa, a loucura de Eróstrato, fê-los arremessar no meio
do país a bomba da emancipação do elemento servil,
cuja explosão há de ser medonha, principalmente agora,
quando o Brasil luta com dificuldades horrorosas, que
os espíritos refletidos não podem achar meio de *solver*
convenientemente. Querem acabar com o servilismo da
condição e pela corrupção, e pelo despotismo procuram
plantar no país o servilismo do caráter".

4   Américo Brasiliense, *Os programas dos partidos no Se-*
     gundo Império. São Paulo: Tipografia de José Seckler,
     1878, primeira parte, p. 14.

5   *Cartas de Francisco Otaviano: Coligidas, anotadas e*
     prefaciadas por Wanderley Pinho. Rio de Janeiro: Civi-
     lização Brasileira, 1977, pp. 187 ss.

6   "Bilhete de d. Pedro II com comentário de Zacarias, 14
     de julho de 1868". Petrópolis: Arquivo do Museu Impe-
     rial. (Coleção do Conselheiro Zacarias).

7   "Ata de 18 de julho de 1868". In: *Atas do Conselho de*
     Estado. Obra comemorativa do Sesquicentenário da
     Instituição Parlamentar (1868-73). Brasília: Senado Fe-
     deral, 1978, v. VIII, pp. 50 ss.

8   Anais do Parlamento Brasileiro — Câmara dos Deputa-
     dos, sessão de 1868, t. I, p. 176, 1878.

9   Alberto Rangel, *Gastão d'Orleans: O último conde*
     d'Eu. São Paulo: Companhia Editora Nacional, 1936,
     p. 195.

10   James L. Crouthamel, *James Watson Webb: A Biogra-*
     phy. Middleton (CT): Wesleyan University, 1969, p. 187.

11   "General James Watson Webb ao hon. William H. Stew-
     ard — Rio de Janeiro, 22 jul. 1868". Washington (DC):
     The National Archives. Micr. 121, rolo 36: Despachos
     dos Ministros dos Estados Unidos no Brasil.

12   Richard F. Burton, *Letters from the Battlefields of Para-*
     guay. Londres: Tinsley Brothers, 1870, p. 370.

362   ESSENCIAL SÉRGIO BUARQUE DE HOLANDA

13   Em comunicação de 23 de agosto ao governo do imperador dos franceses, com o timbre de "reservado", diz Roquette que, em conversa havida com o ministro da Grã-Bretanha, Buckley Matthews — que, tendo servido antes em Buenos Aires, conhecia bem os desvãos da política platina — pôde decifrar o enigma. Segundo tal versão, o general Washburn, enquanto esteve à frente da missão diplomática americana em Assunção, chegou a atuar como uma espécie de agente comercial de Solano López, de quem se tornaria depois inimigo declarado. Em tais condições, o vaso de guerra em que Washburn viajara antes, em férias, teria levado também peças de ouro e prata para a aquisição de armas para o Paraguai, devendo perceber o diplomata comissão de tantos por cento. Informado do caso e sabedor de que a Wasp deveria servir a fins semelhantes, o próprio Caxias teria resolvido, por conta própria, sustar a viagem. Guillaume de Roquette ao marquês de Moustier, Rio de Janeiro, 23 ago. 1868. Paris: Archives des Affaires Etrangères, t. 42: Brésil, pp. 98 ss.

14   Samuel Eliot Morison, *The Oxford History of the American People*. Nova York: Oxford University, 1965, pp. 736 e 739.

CAPÍTULOS DE LITERATURA COLONIAL
O mito americano [pp. 37-81]

1   João Lúcio de Azevedo, *Novas epanáforas: Estudos de história e literatura*. Lisboa: Livraria Clássica, 1932, pp. 249 ss.

2   Francesco De Sanctis, *Storia della letteratura italiana*. Bari: Laterza, 1949, v. II, p. 350.

3   Essas informações devem-se principalmente ao padre Antônio Antunes, S. I., que sob o pseudônimo de Arthur Viegas publicou um amplo volume intitulado *O poeta Santa Rita Durão* (Bruxelas; Paris: L'Édition D'Art Gaudio, 1914), rico em dados históricos acerca da vida e da época do autor do *Caramuru*, que aqui se utilizam

NOTAS   363

de modo sumário. No referido volume incluem-se, integralmente traduzida e anotada, a *Pœnitens Confessio*, que o padre Antunes denomina *Retratação*, anteposta por Durão ao *Epitome* apresentado a Clemente XIII; a *Informação* que frei José deu ao marquês de Sarria sobre a expulsão dos jesuítas, traduzida de manuscrito do Museu Britânico; e o *Epitome* latino, segundo manuscrito do arquivo de Loyola, na Espanha.

4   Devo esta informação ao atual bibliotecário da Lancisiana, o sr. Pietro de Angelis. Lembrou-me o sr. De Angelis que Durão poderia ter sido eventualmente um dos assistentes ou escritores da livraria, e isso mesmo em caráter excepcional, já que tais lugares eram confiados normalmente a estudantes de medicina, de acordo com a especialidade da casa.

5   Giuseppe Boero, *Osservazioni sopra l'istoria del pontificato di Clemente XIV*. Monza: Tipografia dell'Istituto dei Paolini, 1854, v. II, p. 225. Apud Arthur Viegas, op. cit., pp. XVI e XXI.

6   Frei José de Santa Rita Durão, *Caramuru: Poema épico do descobrimento da Bahia, composto por fr. José de Santa Rita Durão, da Ordem dos Eremitas de Santo Agostinho, natural de Minas Gerais*. Rio de Janeiro: Garnier, [1913?].

7   Cf. o soneto de Claudio Achillini intitulado "Il fior di passione", impresso na antologia organizada por Benedetto Croce *Lirici marinisti* (Bari: G. Laterza, 1910, p. 51).

DO IMPÉRIO À REPÚBLICA
O poder pessoal [pp. 109-39]

1   Benedetto Croce, *Storia d'Europa nel secolo decimonono*. Bari: Laterza, 1932, p. 299.

2   George W. F. Holligarten, *Imperialismus vor 1914*. Munique: C. H. Beck, 1963, v. I, p. 18.

3   Tratando então da retirada do Gabinete da Maioridade, dissera Antônio Carlos: "Nestas circunstâncias os cinco

ministros, que eram de outra opinião, eram obrigados a retirar-se e ser vencidos. Não foi Sua Majestade que decidiu, porque *o imperador reina e não governa*". Logo depois ainda retoma a fórmula: "[...] os soberanos não governam, reinam; governam os ministros...".

4 Uma exceção é fornecida pela obra de Braz Florentino Henriques de Sousa, que se inspirou sobretudo nos teóricos da contrarrevolução ou da ditadura, especialmente Joseph de Maistre e Donoso Cortés. Em seu livro *Do poder moderador*, esse lente da Faculdade de Direito do Recife tenta mostrar, em 1864, que o imperador "resume o Estado em sua pessoa", é "a Constituição encarnada" (p. 38). É da justiça notar que Pedro II sempre esteve longe de pensar assim, e acreditava poder ver algum dia aproximar-se o país do sistema britânico.

A democracia improvisada [pp. 141-81]

1 Podem dar ideia dessas críticas passagens como as seguintes, extraídas de ofício dirigido em 1862 ao ministro da Fazenda pelo conselheiro Antônio Nicolau Tolentino e incluído em *Relatório da Comissão de Inquérito na Alfândega da Corte sobre as censuras e acusações feitas à administração da mesma Alfândega* (Rio de Janeiro: Typografia Nacional, 1862). Os trechos citados acham-se respectivamente às pp. 53-4 e 56. "Para a classe dos antigos feitores, hoje denominados conferentes, nunca se atendeu a uma reputação sem mácula [...]; todo o mérito consistia então, como hoje, na importância do patrono: a aptidão e a probidade mediam-se, como ora se medem, na escala gradativa das proteções. [...] Pergunta-me V. Ex.a quais as medidas que o projeto apresenta para salvar esta repartição. Direi que nenhumas, se o governo imperial entender que a subserviência às iníquas imposições do patronato, que lhe tem arrancado todas estas nomeações para as alfândegas, deve continuar a ser o princípio que as regula. [...] Contrabandos são denunciados por seus próprios

NOTAS   365

autores, por terem-lhes sido desencaminhados ou rou-
bados, e a autoridade chega a acobertar esses frauda-
dores da Fazenda Nacional. Nomeações de empregados
atestam a onipotência do empenho. Como pois há de
salvar-se a Alfândega neste naufrágio geral da morali-
dade pública?"

O valor dos depoimentos citados, entre muitíssimos
que oferecem, por exemplo, a imprensa ou os discursos
parlamentares, está em que pertencem a uma alta autoridade, no caso o inspetor geral da Alfândega da Corte.
A denúncia das irregularidades fora feita por Saldanha
Marinho na Câmara.

2   J. P. Wileman, *Brazilian Exchange: A Study of an In-
convertible Currency*. Buenos Aires: Galli Bros., 1896,
pp. 235 ss.

3   Duque de Caxias, Correspondência Particular. Rio de
Janeiro: Biblioteca Nacional, Divisão de Manuscritos
(Cofre).

4   Se essas coisas saíam abertamente na imprensa, pode-se
imaginar o que não seria dito e escrito em manifestações
que não se destinavam à publicidade. É característica,
por exemplo, esta passagem de uma carta de Saldanha
Marinho, então presidente da província de São Paulo,
onde o futuro patriarca da República diz: "Fiquei es-
tupefato ao saber do procedimento do Caxias, o qual
cheio de atenções, além do ordinário, ao governo, joga-
-lhe uma carta de partidário *obediente*, em ocasião tão
difícil como a atual. Felizmente, porém, pelo telegrama
que ontem me dirigiram os srs. ministros da Marinha,
Justiça e Agricultura, fiquei um pouco mais satisfeito,
porém ainda desassossegado, por ignorar como se resol-
veu tal dificuldade que, quanto a mim, só era possível
com a demissão desse parlapatão, de quem, tirados os
galões, restará — o (zero) — em prova real". A carta,
endereçada ao presidente do Conselho e que se encontra
no arquivo do conselheiro Zacarias, traz a data de 24 de
fevereiro de 1868.

366   ESSENCIAL SÉRGIO BUARQUE DE HOLANDA

Fim do segundo "quinquênio liberal"
[pp. 183-228]

1   Cf. Efraím Cardozo, *Breve historia del Paraguay* (Buenos
     Aires: EUDEBA, 1965, p. 106).
2   Richard F. Burton, *Letters from the Battlefields of Para-
     guay*. Londres: Tinsley, 1870, pp. 442 ss.

RAÍZES DO BRASIL
O semeador e o ladrilhador [pp. 231-86]

1   Max Weber, *Wirtschaft und Gesellschaft*. Tübingen:
     Mohr, 1925, v. II, p. 713.
2   Luís dos Santos Vilhena, *Recopilación de leyes de los
     reynos de Indias*. Madri: [s.n.], 1756, v. II, fls. 90-2.
3   Não está excluída, aliás, a hipótese de uma influência
     direta dos modelos greco-romanos sobre o traçado das
     cidades hispano-americanas. Estudos recentes demons-
     traram mesmo a estreita filiação das instruções filipinas
     para fundação de cidades do Novo Mundo no tratado
     clássico de Vitrúvio. Cf. Dan Stanislawski, "Early Town
     Planning in the New World" (*Geographical Review*, No-
     va York, jan. 1974, pp. 10 ss).
4   Cf. A. Bastian, *Die Kulturländer des alten Amerika* (Ber-
     lim: [s.n.], 1878, v. II: Beiträge zu Geschichtlichen Vorar-
     beiten, p. 838).
5   Ver nota 1 ao fim do capítulo "Vida intelectual na Amé-
     rica espanhola e no Brasil".
6   Bernhard Brandt, *Südamerika*. Breslau: F. Hirt, 1923,
     p. 69.
7   Cf. "Regimento de Tomé de Sousa". In: *História da colo-
     nização portuguesa do Brasil* (Porto: Litografia Nacional,
     1924, v. III: A Idade Média brasileira, 1521-1580, p. 437).
8   Ibid., p. 310.
9   Frei Gaspar da Madre de Deus, *Memórias para a his-
     tória da capitania de S. Vicente*. Lisboa: Typografia da
     Academia, 1797, p. 32; Marcelino Pereira Cleto, "Dis-
     sertação a respeito da capitania de S. Paulo, sua deca-

dência e modo de restabelecê-la" [1782]. In: *Anais da Biblioteca Nacional do Rio de Janeiro*, Rio de Janeiro, v. XXI, pp. 201 ss., 1900.

10 Ver nota 2 ao fim do capítulo "A língua-geral em São Paulo".

11 João Antônio Andreoni (André João Antonil), *Cultura e opulência do Brasil*. São Paulo: Companhia Editora Nacional, 1967, p. 304. Texto da edição de 1711.

12 J. B. von Spix e C. F. Ph. von Martius, *Reise in Brasilien*. Munique: Lindauer, 1823, v. II, p. 436.

13 Joaquim Felício dos Santos, *Memória do Distrito Diamantino da comarca de Serro Frio*. Rio de Janeiro: Castilho, 1924, p. 107.

14 Não é por acaso que os principais centros da colonização castelhana no continente americano — México, Guatemala, Bogotá, Quito etc. — se acham localizados a grandes altitudes. Apenas Lima, situada a 140 metros sobre o nível do mar e a pouca distância do litoral, constitui exceção à regra. Essa exceção relaciona-se menos com as facilidades que o sítio da atual capital peruana proporcionaria para o comércio com a metrópole do que com certos acidentes históricos da conquista. Sabe-se que o primeiro local escolhido, no Peru, para sede da administração castelhana foi Jauja, a 3300 metros de altitude. A preferência dada ulteriormente a Lima deve-se, segundo acentua um pesquisador moderno, ao fato de os cavalos trazidos pelos conquistadores não se terem aclimado a princípio naquelas alturas. Como o bom sucesso das armas castelhanas dependia em grande parte do efeito moral que a simples presença do cavalo exercia sobre os índios, a escolha de um sítio onde sua criação se fizesse mais facilmente pareceria de importância decisiva. Cf. Karl Sapper, "Uber das Problem der Tropenakklimatization von Europäern". *Zeitschrift der Gesellschaft für Erdkunde zu Berlin*, Berlim, n. 9/10, p. 372, dez. 1939.

15 Arnold J. Toynbee, *A Study of History*. Londres: Oxford University Press, 1935, pp. 35 ss.

16 Alfred Métraux, "Les Migrations historiques des tupi-

-guarani". *Journal de la Société des Américanistes*, Paris, v. 19, n. 19, p. 3, 1927.

17 Tanto mais extraordinária essa semelhança quanto nos é conhecida hoje a capacidade dos povos tupis-guaranis para assimilarem traços de culturas diferentes da sua e também para "tupinizarem" os povos estranhos à sua raça. O padre Schmidt, em seu estudo sobre os círculos de cultura e capas de cultura no continente sul-americano, observa que esse fato faz parecer quase impossível "determinar-se o que constitui propriamente e em si a cultura específica dos tupis-guaranis". Wilhelm Schmidt, "Kulturkreise und Kulturschichten in Südamerika". *Zeitschrift für Ethnologie*, Berlim, v. 45, p. 1108, 1913.

18 Manuel da Nóbrega, *Cartas do Brasil (1549-1560)*. Rio de Janeiro: Officina Industrial Graphica, 1931, pp. 131 e 134.

19 Frei Vicente do Salvador, *História do Brasil*. 3. ed. São Paulo: Melhoramentos, [s.d.], p. 16.

20 L. G. de la Barbinais, *Nouveau Voyage au tour du monde*. Paris: Briasson, 1729, v. III, p. 181.

21 A carta dirigida por Tomé de Sousa a el-rei, datada de 10 de junho de 1553, diz o seguinte: "[...] estas duas villas de São Vicente e Santos não estão cerquadas e as casas de tal maneira espalhadas que se não podem cercar senão com muito trabalho e perda dos moradores porque tem casas de pedra e call e grandes quintais e tudo feito em deshordem per honde lhe não veyo outra melhor telha que em cada hũa dellas que fazerse no melhor sitio que poder e mais convinhavel pera sua defenção cada hũa seu castello e desta maneira ficarão bem segundo a callidade da terra e deve se lloguo prover nisto quem com rezão o deve fazer porque doutra maneira estão mal".

22 Luís dos Santos Vilhena, *Recopilação das notícias soteropolitanas brasílicas*. Salvador: Imprensa Oficial do Estado, 1921, v. I, p. 109.

23 Aubrey Bell, *Portugal of the Portuguese*. Londres: Isaac Pitman & Sons, 1915, p. 11.

24 Contra os exageros de Oliveira Martins acerca da tomada de Ceuta, convém ler o "Ensaio de interpretação não

NOTAS   369

romântica do texto de Azurara", de autoria de Antônio
Sérgio. In: *Ensaios* (Rio de Janeiro: Typographia do Annuario do Brasil, 1920, v. I, pp. 281 ss.), onde se procura
mostrar como a empresa nasceu menos de um pensamento de cavalaria do que das exigências de uma burguesia
de cunho cosmopolita.

25   Ver nota 3 ao fim do capítulo "Aversão às virtudes eco-
     nômicas".

26   Diogo do Couto, *O soldado prático*. Lisboa: Sá da Cos-
     ta, 1937, pp. 144 ss.

27   Ibid., p. 219.

28   D. João I, *Livro da montaria*. Coimbra: Imprensa da
     Universidade, 1918, p. 8.

29   Diogo do Couto, op. cit., p. 157.

30   D. Duarte, *Leal conselheiro*. Lisboa: Bertrand, 1942,
     p. 15.

31   Ibid., p. 27.

32   Bernardim Ribeiro e Cristóvão Falcão, *Obras*. Coimbra:
     [s.n.], 1931, v. II, p. 364.

33   Ver nota 4 ao fim do capítulo "Natureza e arte".

34   Henri Hauser, *La Préponderance espagnole*. Paris: Pres-
     ses Universitaires de France, 1940, p. 328.

35   "Carta do bispo do Salvador (1552)". In: *História da co-
     lonização portuguesa do Brasil*, op. cit., v. III, p. 364.

36   John Tate Lane, "The Transplantation of the Scholastic
     University". *University of Miami Hispanic-American
     Studies*, Coral Gables (FL), v. I, p. 29, nov. 1939.

37   "Estudantes brasileiros na Universidade de Coimbra".
     In: *Anais da Biblioteca Nacional do Rio de Janeiro*, Rio
     de Janeiro, v. LXII, pp. 141 ss., 1942.

38   Foi essa, ao que se sabe, a primeira oficina de impressão
     instalada no Brasil. Recentemente, compulsando docu-
     mentos inéditos da Companhia de Jesus, pôde apurar
     entretanto Serafim Leite que entre os livros da biblioteca
     do Colégio dos Jesuítas do Rio de Janeiro havia "alguns
     impressos na própria casa por volta de 1724"... Com
     isso ficaria estabelecida a primazia cronológica dos je-
     suítas no estabelecimento das artes gráficas na América
     portuguesa. Primazia a que não se deve contudo atribuir

extraordinária importância se, conforme comenta o ilustre historiador, esses livros eram compostos "para uso privado do colégio e dos padres". Ver Serafim Leite, *História da Companhia de Jesus no Brasil* (Lisboa: Portugália; Rio de Janeiro: Civilização Brasileira, 1945, v. VI, p. 26).

39 O texto da ordem expedida ao governador do Grão-Pará pode ler-se em nota de R. Garcia à terceira edição da *História geral do Brasil* do visconde de Porto Seguro, (São Paulo: [s.n., s.d.], v. V, pp. 93-5), assim como a notícia sobre a viagem de Humboldt publicada na *Gazeta de Lisboa* de 13 de maio de 1800 e que deu motivo à proibição.

40 A Grã-Cruz da Imperial Ordem da Rosa foi concedida a 31 de março de 1855 ao barão de Humboldt, que acabava de apresentar ao governo uma memória sobre os limites do Império pelo lado do Norte. Ver Barão do Rio Branco, *Efemérides brasileiras* (Rio de Janeiro: Imprensa Nacional, 1946, p. 184).

41 Julius Löwenberg, "Alexander von Humboldt: Sein Reiseleben in Amerika und Asien". In: Karl Bruhns, *Alexander von Humboldt: Eine Wissenschafliche Biographie, bearbeitet und herausgegeben von Karl Bruhns*. Leipzig: Brockhaus, 1872, v. I, p. 463.

42 Padre Antônio Vieira, *Obras várias*. Lisboa: J. M. C. Seabra & T. Q. Antunes, 1856, v. I, p. 249.

43 "Ordens régias". *Revista do Arquivo Municipal*, São Paulo, v. XXI, pp. 114 ss., 1936.

44 "Cartas de Artur de Sá e Meneses a el-rei...". *Revista do Instituto Histórico e Geográfico de São Paulo*. São Paulo, v. XVIII, p. 354, 1913.

45 "Relatório do governador Antônio Pais de Sande...". In: *Anais da Biblioteca do Rio de Janeiro*, Rio de Janeiro, v. XXXIX, p. 199, 1921.

46 D. Félix de Azara, *Viajes por la América del Sur*. Montevidéu: Biblioteca del Comercio del Plata, 1850, p. 210.

47 Jean de Laet, *L'Histoire du Nouveau Monde ou Description des Indes occidentales*. Leide: Bonaventure & Abraham Elsevier, 1640, p. 478.

NOTAS 371

48 Arquivo do Estado de São Paulo, *Inventários e testamentos*. São Paulo: Tipografia Piratininga, 1921, v. x, p. 328.

49 "Carta do bispo de Pernambuco...". In: Ernesto Ennes, *As guerras dos Palmares*. São Paulo; Rio de Janeiro; Recife; Porto Alegre: Companhia Editora Nacional, v. 1, p. 353.

50 "Sumário dos senhores generais que têm governado a Capitania". Manuscrito da Biblioteca Nacional do Rio de Janeiro, 1-7, 4, 10.

51 Manuel da Fonseca, *Vida do venerável padre Belchior de Pontes*. São Paulo: [s.n., s.d.], p. 22.

52 Hércules Florence, "Expedição Langsdorff". *Revista do Instituto Histórico e Geográfico Brasileiro*, Rio de Janeiro, v. XXXVIII, segunda parte, p. 284, 1878.

53 Ricardo Gumbleton Daunt, "Reminiscência do distrito de Campinas". *Almanaque Literário de S. Paulo para 1879*, São Paulo, Typ. da Província, p. 189, 1878.

54 Francisco de Assis Vieira Bueno, *Autobiografia*. Campinas: Typ. Casa Livro Azul, 1899, p. 16; José Jacinto Ribeiro, *Cronologia paulista*. São Paulo: Oficinas Diário Oficial, 1904, v. II, segunda parte, pp. 755 ss.

55 R. H. Tawney, *Religion and the Rise of Capitalism*. Londres: John Murray, 1936, p. 72.

56 Georg Friederici, *Der Charakter der Entdeckung und Eroberung Amerikas durch die Europäer*. Stuttgart: F. A. Perthes, 1936, v. II, p. 220.

57 Júlio de Mesquita Filho, *Ensaios sul-americanos*. São Paulo: Martins, 1946, pp. 139 ss.

58 Alfred Rühl, "Die Wirtschaftpsychologie des Spaniers". *Zeitschrift der Gesellschaft für Erdkunde*, Berlim, p. 95; 1922.

59 Enrique Sée, *Nota sobre el comercio franco-portugués en el siglo XVIII*. Madri: [s.n.], 1930, p. 5.

60 Ibid., p. 4.

61 Benedetto Croce, *La Spagna nella vita italiana durante la Rinascenza*. Bari: Laterza, 1941, p. 27.

62 Mateo Alemán, "Guzmán de Alfarache". In: *La novela picaresca española*. Madri: Aguilar, 1943, pp. 168 ss.

63 Dr. Richard Ehrenberg, *Das Zeitalter der Fuggers*. Jena:

Gustav Fischer, 1896, v. I., pp. 359 e 360. R. H. Tawney, (op. cit., p. 80) também diz, dos comerciantes espanhóis, que eram *"a class not morbidly prone to conscientious scruples"*, embora sua deferência para com a autoridade eclesiástica os levasse a mandar confessores a Paris a fim de consultarem os teólogos da universidade sobre a compatibilidade de certas especulações com a lei canônica. As práticas usurárias já eram normais nas antigas feiras espanholas, embora tivessem tomado maior incremento ao tempo de Carlos v e de seus sucessores, assumindo feições que "em outros países dificilmente assumiriam", nota um historiador de nossos dias. Franz Linder, "Das Spanische Marktkunde und Börsenwesen". *Ibero-Amerikanisches Archiv*, Berlim, v. III, p. 18, 1929.

64 Diogo do Couto, op. cit., pp. 105, 192 e 212.

65 Francisco Rodrigues Lobo, *Corte na aldeia*. Lisboa: Sá da Costa, 1945, pp. 136 ss.

66 Antônio Vieira, *Sermoens*. Lisboa: Officina de Ioam da Costa, 1679, primeira parte, fl. 41.

67 Baltasar Gracián, "Criticón". In: *Obras completas*. Madri: Aguilar, 1944, p. 435.

VISÃO DO PARAÍSO
Peças e pedras [pp. 289-330]

1 Embora originária de uma tradição medieval e provavelmente ibérica, de largo crédito em Portugal ao tempo de d. Henrique, o Navegador, a lenda das Sete Cidades, despojada agora de seu caráter insular, jamais pareceu tão perto de realizar-se como à volta de 1530, quando Nuño de Guzmán saiu à procura dos opulentos povoados, em número de sete, e maior cada qual do que a cidade do México e seus arrabaldes, com enormes edifícios e ruas inteiramente ocupadas pelos ourives.

2 Georg Friederici, *Der Charakter der Endeckung und Eroberung Amerikas durch die Europäer*. Stuttgart: F. A. Perthes, 1936, v. I, pp. 410 ss.

3 Alfred Métraux, "Les Migrations historiques des tupi-

NOTAS 373

-guarani". *Journal de la Société des Américanistes*, Paris, v. 19, n. 19, pp. 12 ss., 1927.

4 Ao lado da noção de um país onde não se morre, apregoava-se nas "santidades", que logo encontraram adeptos entre os colonos, a de um paraíso onde, conforme a versão de Nóbrega, o mantimento por si cresceria e nunca faltaria que comer, e por si viria a casa e os paus iriam a cavar e as frechas sairiam ao mato para caçar e matariam muitos dos contrários e cativariam outros para serem comidos. E prometia-lhes o feiticeiro larga vida, "e que as velhas se hão de tornar moças e as filhas que as deem a quem quiserem e outras coisas semelhantes lhes diz e promete, com que os engana" (Manuel da Nóbrega, *Cartas do Brasil e mais escritos do p. Manuel da Nóbrega*. Org. de Serafim Leite. Coimbra: Universidade de Coimbra, 1955, p. 63). Depoimentos em tudo coincidentes com esse e quase nos mesmos termos aparecem em cartas de outros jesuítas, como Azpilcueta Navarro, José de Anchieta ou Diogo Jácome. É claro que entretidos nessas promessas os índios se faziam surdos à pregação dos missionários, já que não lhes anunciavam tamanhas vantagens materiais. É instrutivo o testemunho do padre Antônio Peres, por exemplo, onde escreve: "Ho seu intento he que lhes demos muyta vida e saude e mantimento sem trabalho, como os seus feiticeiros lhe prometem. Ho que agora aqui falta, Irmãos, he a continua conversação para os tirar deste caminho e os por no caminho do ceo". Serafim Leite, *Cartas dos primeiros jesuítas do Brasil*. São Paulo: Comissão do IV Centenário da Cidade de São Paulo, 1954, v. I, p. 325.

5 Gil Vicente, *Obras completas de Gil Vicente*. Reimpr. fac-sím. da ed. de 1562. Lisboa: Biblioteca Nacional de Portugal, 1928, fl. CCLIX.

6 Desse curioso personagem trata largamente J. F. de Almeida Prado em *A Bahia e as capitanias do centro do Brasil* (São Paulo: Companhia Editora Nacional, 1945, v. I, pp. 297-312). A presunção, acreditada pelo autor, de que Guillén seria cristão-novo, tendo formado seu saber nas judiarias de Castela e Portugal, parece apoiar-se

principalmente na denúncia dada em 1591 por Antônio Dias, da Companhia de Jesus e Santo Ofício, por ocasião da primeira visitação feita a estas partes do Brasil. Ouvira o denunciante cerca de vinte anos antes, ao que lhe parecia, a Brás Lourenço, outro padre da Companhia, que "Phelipe Guillén cavaleiro do ábito de Noso Senhor Jesu Christo, segundo deziam cristão novo provedor que foi da fazenda del rei em Porto Seguro, quando se benzia se benzia com hua figa e que dava por desculpa que tinha o dedo pollegar comprido e que por isso se lhe fazia na mão figa e que elle mesmo Phelipe Guillén castelhano de nação tinha onde se assentava hua taboa no chão sobre que punha os pees, na qual estava hua cruz, assinada na parte debaixo...". Cf. *Primeira visitação do Santo Officio às partes do Brasil pelo licenciado Heitor Furtado de Mendonça, capellão fidalgo del Rey nosso senhor e do seu desembargo, deputado do Santo Officio: Denunciações da Bahia (1591-93)* (São Paulo: Paulo Prado, 1925, p. 338).

7   "Carta de Filipe Guillén (20 de julho de 1550)". In: *História da colonização portuguesa no Brasil* (Porto: Litografia Nacional, 1924, v. III, p. 359).

8   Pero de Magalhães Gandavo, *Tratado da terra do Brasil*. Rio de Janeiro: Edição do Annuario do Brasil, 1924, v. II, cap. 9. (Clássicos Brasileiros).

9   Teodoro Sampaio, "O sertão antes da conquista (século XVII)". *Revista do Instituto Histórico e Geográfico de São Paulo*, São Paulo, v. V, p. 93, 1899-1900. Cf. também Orville A. Derby, "Os primeiros descobrimentos de ouro em Minas Gerais" (*Revista do Instituto Histórico e Geográfico de São Paulo*, São Paulo, v. V, p. 248, 1899-1900).

10   José de Sousa Azevedo Pizarro e Araújo, *Memórias históricas do Rio de Janeiro e das provincias annexas à jurisdicção do Vice-Rei do Estado do Brasil, dedicadas a El-Rei Nosso Senhor D. João VI*. Rio de Janeiro: Impressão Régia, t. 2, v. VIII, p. 10. Note-se entretanto que a tradução dada pelo mesmo autor à palavra "Sabarabuçu" não coincide com a explicação proposta por Teodo-

ro Sampaio, pois diz que esse nome equivale a "coisa felpuda". É provável que tal significado Pizarro o tomasse
a Cláudio Manuel da Costa, que no "Fundamento histórico" do seu poema *Vila Rica* se refere a Fernão Dias dizendo que fez entradas no "Sabrá-Buçu, que vai o mesmo
que cousa *felpuda*, e é uma serra de altura desmarcada,
que está vizinha ao sumidouro, a qual chamam hoje comarca do Sabará". Cf. Cláudio Manuel da Costa, *Obras
poéticas de Cláudio Manuel da Costa*. Rio de Janeiro:
Garnier, 1903, t. II, p. 177.

11 Anthony Knivet, "The Admirable Adventures and Strange
Fortunes of Master Anthony Knivet". In: Samuel Purchas,
Hakluytus Posthumus or Purchas His Pilgrimes (Glasgow:
James McLehose and Sons, 1906, v. XVI, p. 220): "[...] *we
found great store of earthen Pots, and in some of them
peeces of Gold tied at lines that the Indians fish withall;
likewise we found Stones as greene as grasses, and great
store of white glistering Stone like Christall, but many
of them were blew and greene, red and white wonder-
full faire to behold; when we saw the peeces of Gold and
those Stones, we made account that we were very neare
Botosin*" [...] "*peeces of Gold as bigge as an Hasell nut,
and great store in dust like sand*" [...] "*we saw a great
glistering Mountaine before us, ten daies before we coult
come to it, for when we came into the plaine Countries,
and were out of the Mountaines, the Sunne began to
come to his height, wee were not able to travaille against
it by reason of the glisterin that dazzled our eye*s". Cf.
também p. 214.

12 Gabriel Soares de Sousa, "Tratado descriptivo do Brazil
em 1587". *Revista do Instituto Histórico e Geográfico
do Brasil*, Rio de Janeiro, v. 14, p. 362, 1851.

13 Id., *Derrotero general de la costa del Brasil y Memorial de las grandezas de Bahia*. Madri: Ediciones Cultura
Hispanica, 1958, p. 272.

14 Esse nome, segundo apurou Jaime Cortesão, aparece pela primeira vez no mapa de Bartolomeu Velho, de
1561. Cf. Jaime Cortesão (Org.), *Pauliceae Lusitana Mo-
numenta Historica* (Lisboa: Edição Comemorativa do IV

Centenário da Fundação da Cidade de São Paulo, v. 1, p. C).

15 Gabriel Soares de Sousa, "Tratado descriptivo do Brazil em 1587", op. cit., pp. 69 ss.

16 Ainda em 1817 publica Aires de Casal o seguinte: "Vupabussu (vocabulo Brazilico que significa *lagoa grande*) he designado de tempos a esta parte pelo nome de lagoa dourada, aliás *encantada*, por não aparecer aos que em nossos dias a tem procurado". *Corografia brasílica ou relacao historico-geografia do reino do Brazil, composta e dedicada a sua magestade fidelissima por hum presbitero secular do gram priorado do Crato.* Rio de Janeiro: Impressão Régia, 1817, t. II, pp. 359 ss.

17 Pero de Magalhães Gandavo, *História da província de Santa Cruz.* Rio de Janeiro: Edição do Annuario do Brasil, 1924, v. II, cap. 14. (Clássicos Brasileiros).

18 Gabriel Soares de Sousa, "Tratado descriptivo do Brazil em 1587", op. cit., p. 41.

19 "Carta de Tomé de Sousa (18 de julho de 1551)". In: *História da colonização portuguesa no Brasil*, op. cit., v. III, p. 361.

20 "Carta de Tomé de Sousa (1º de junho de 1553)". In: *História da colonização portuguesa no Brasil*, op. cit., v. III, p. 366.

21 Manuel da Nóbrega, op. cit., pp. 169 ss. Cf. também p. 156.

22 "D. João a João Roiz Correia (novembro 1553)" e "D. João a João Roiz Correia (dezembro 1553)". In: Luís Ferrand de Almeida, *A diplomacia portuguesa e os limites meridionais do Brasil* (Coimbra: Universidade de Coimbra, 1957, v. I: 1493-1700, pp. 301 ss.). As duas cartas constantes do apêndice documental à obra foram reproduzidas do Arquivo Nacional da Torre do Tombo, Lisboa, v. III, fl. 93-93v. e fl. 49. (Coleção S. Vicente).

23 "Reales Cédulas al Rey de Portugal y al Embajador de España [...]", 13 jun. 1554. In: *Campaña del Brasil: Antecedentes coloniales.* Buenos Aires: Kraft, 1931, v. I, p. 8.

24 Archivo de Indias, Sevilla, 139-1-11, t. 23, fl. 5-5v (cópia da Biblioteca Nacional do Rio de Janeiro): "[...] tra-

NOTAS   377

> *xo consigo vn ombre hijo de vn portugues q̃ dizen q̃ lo*
> *ubo de vna mujer del brasil el qual se crió por la tierra*
> *del brasil adelante y q̃ el dho ombre dize que ha estado*
> *en el peru y q̃ del peru vino alli al brasyl por tiérra y q̃*
> *esta muy çerca de aquello y q̃ donde estan los portugue-*
> *ses en el peru y q̃ creis q̃ lo que este ombre dize deue ser*
> *en la demarcaçion de sua mag.de el brasyl em muy po-*
> *cos dias por tierra yran y q̃ ay mas mynas de oro e plata*
> *q̃ en y teneys por çierto que juntamente con los que alla*
> *tiene en el brasyl lleguen al cauo esto que dize ese om-*
> *bre y tengoos en serui.o el aviso que dello nos days que*
> *ha sydo acertado* [...]". Este ofício do príncipe, datado
de Valladolid aos 17 de novembro de 1553, responde à
carta de Luís Sarmiento de 8 do mesmo mês e ano. Só
da última há reprodução parcial em nota de Capistrano
de Abreu a Varnhagen (*História geral do Brasil*. 5. ed.
São Paulo: Melhoramentos, v. 1, p. 244), segundo cópia
do arquivo da Segunda Missão Rio Branco (Ministério
das Relações Exteriores da Espanha, doc. n. 6). Dessa
reprodução não consta o passo relativo ao parecer do
embaixador de que as minas de ouro e prata estariam
na demarcação do imperador. Conjetura Capistrano de
Abreu, tentando corrigir Varnhagen, que o informante
mameluco seria certo Diogo Nunes, autor de uns apontamentos a d. João III, divulgados pelo autor da *História
geral*. O caso merece, porém, novo exame, como adiante
se mostrará (cf. pp. 82 ss., infra).

25   Cf. "Carta de Mercê que o Snr. Gov. Men de Sá fes a Vasco Roiz de Caldas", impressa por Capistrano de Abreu em
Caminhos antigos e povoamento do Brasil (Rio de Janeiro: Edição da Sociedade Capistrano de Abreu; Briguiet,
1930, p. 177). Presume o mesmo historiador que Espinoza
chegara ao rio São Francisco ou ao das Velhas, tendo passado por certa cordilheira que seria uma das serras conhecidas mais tarde pelos nomes de Almas, Grão-Mogol ou
Itacambira. O rumo tomado seria, a seu ver, o distrito em
que se tornariam tão célebres as minas de Diamantina, do
serro de Aracuaí e outras, op. cit., p. 155.

26   Basílio de Magalhães, "Espinoza e Azpilcueta Navarro".

In: *Congresso do Mundo Português: Publicações* (Lisboa: Comissão Executiva dos Centenários, 1940, v. x, p. 69).

27   A carta de Guillén é mencionada na primeira edição da *História geral* de Varnhagen, em nota que não se reproduziu nas seguintes. Cf. *História geral do Brasil*, op. cit., v. 1, p. 464, nota 76.

28   *Cartas avulsas: 1550-1568*. Rio de Janeiro: Officina Industrial Graphica, 1931, p. 365. (Cartas Jesuíticas, II).

29   Frei Vicente do Salvador, op. cit., p. 219.

30   Gabriel Soares de Sousa, "Tratado descriptivo do Brazil em 1587", op. cit., p. 363.

31   Cf. padre José de Anchieta, *Cartas, informações, fragmentos históricos e sermões* (Rio de Janeiro: Civilização Brasileira, 1933, p. 308).

32   "Carta de Duarte de Lemos escrita de Porto Seguro a d. João III (14 de julho de 1550)". In: *História da colonização portuguesa no Brasil*, op. cit., v. III, p. 267.

33   Archivo de Indias, Patronato, 1-1-1/23, 10: "Relacion de las costas del Brasil que dio Andres Montalvo".

34   "Articles Touching the Duttie of the Majestie our Lord, and Common Good of All the State of Brasil". In: *Purchas His Pilgrimes*, op. cit., v. XVI, p. 506. "*With these warres especially at the Coast of Pernambuco [...] and the greatest part of the Maine is dishabited, having before a most copious number of Indians: and now that Captainship wanted Indians friends, to help them to defend, and it is, every day wasted, slaine and eaten of the Indians Pitiguares of Paraiba, which before were their friends, whom they did also great injustice to*". Tais "artigos", impressos em *Purchas His Pilgrimes* juntamente com outros escritos de Cardim, que a este foram tomados por Francis Cook, de Darmouth, não se conhece o original e nem deles havia versão em português ao publicar-se a primeira edição deste livro. Conhece-se hoje a tradução acuradamente comentada e anotada de Maria Odila Dias Curly. In: "Um texto de Cardim inédito em português?" (*Revista de História*, São Paulo, n. 58, pp. 455-82, 1964).

35   Gabriel Soares de Sousa, "Tratado descriptivo do Brazil em 1587", op. cit., p. 42.

NOTAS   379

36   Frei Vicente do Salvador, op. cit., p. 27.

37   Ibid., p. 95.

38   "[...] *the barre of Spiritus Sanctus, a place indeede of
        great reliefe, and the onely place in Brazile for victuals,
        and all other wants* [...]". In: *Purchas His Pilgrimes*, op.
        cit., v. XVI, p. 161.

39   Archivio di Stato di Firenze, Archivio Mediceo, f. 4921,
        c. 495, 516-517, 570-571; f. 4939, c. 638; f. 4942; f.
        4923, c. 791. Do projeto de colonização toscana no Es-
        pírito Santo há curiosas notícias em Galluzzi, *Istoria del
        granducato di Toscana sotto il governo di Casa Medici*
        (Florença: Nella stamperia di R. del-Vivo, 1781, v. III,
        pp. 123-5 e 257-9). Sobre o mesmo assunto, ver Sérgio
        Buarque de Holanda, "Os projetos de colonização e co-
        mércio toscanos no Brasil ao tempo do grão-duque Fer-
        nando I (1587-1609)" (*Revista de História*, São Paulo, v.
        XXXV, n. 71, pp. 61-84, 1967).

40   Archivio di Stato di Firenze, Archivio Mediceo, f. 4945,
        c. 951 e 964v.

41   Nas buscas que pessoalmente me foi dado realizar em
        arquivos florentinos só encontrei sobre o assunto, entre
        a correspondência com a Espanha, as cartas mandadas
        por Baccio ao grão-duque, já impressas no opúsculo de
        Dott. Giacomo Gorrini, *Un Viaggiatore Italiano nel
        Brasile: Baccio da Filicaja — 1565-1609* (Roma: Tip.
        della R. Accademia dei Lincei, 1904). Desse mesmo tra-
        balho as transcrevera Rodolfo Garcia em nota à *His-
        tória geral do Brasil* (4. ed., v. 2, pp. 97 ss.). A relação
        geral do Brasil não a concluíra ainda B. da Filicaja em
        1609. Generosa dádiva do sr. Edoardo Bizzarri fez-me
        chegar às mãos o folheto de Gorrini, que assim pude
        consultar diretamente. A outro amigo, o prof. Engel
        Sluiter, da Universidade da Califórnia, Berkeley, devo
        igualmente cópia em xerox do raríssimo trabalho de Gus-
        tavo Uzielli, *Cenni storici sulle imprese scientifiche, ma-
        ritime e coloniale do Ferdinando I, Granduca di Toscana*
        (Florença: G. Spinelli, 1901), de que só se imprimiram
        102 exemplares fora do comércio, e onde já se encon-
        tram dados sobre Baccio, assim como das passagens de

Galluzzi sobre os projetos de colonização mediceia no Brasil mencionados na nota 39.

42 Dr. d. Francisco Jarque, *Ruiz de Montoya en las Indias* (Madri: V. Suárez, 1900, v. IV, pp. 21 ss.): "[...] *proce-dan a prevención contra todos los que hallaren en tales jornadas, y particularmente, los que han ido por capita-nes y cabezas, nombrandose à Antonio Raposo Tabares y Federico de Melo, que en los papeles se han visto se ha-llan más culpados, y que por lo menos sean sacados de la tierra y enviados a estos reinos presos, ó como se pudiere, usando de la maña y recato posibles, de modo que os evi-ten escándalos y alborotos que de semejantes prisiones y castigos suelen suceder* [...]". Cf. também Pablo Pastells, S. J., *Historia de la Compañia de Jesus en la provincia del Paraguay* (Madri: [s.n., s.d.], v. II, p. 37).

43 Archivo de Indias, est. 74 — caj. 3, leg. 36 (Cópia da Biblioteca Nacional do Rio de Janeiro). Na publicação feita, segundo outra cópia tirada em Sevilha. In: AMP, I, segunda parte, pp. 219 ss., o mesmo documento vem datado de Santos, e não como deve estar no original, da "Ciudad de Salvador, Bahia de Todos Santos". Segundo o padre Mansilla, em outra carta datada do Salvador, o bandeirante capixaba ofereceu ao governador um meni-no dos que consigo levava e pediu administração para outros quarenta e tantos índios que tinha em seu poder. Cf. Pablo Pastells, op. cit., p. 440n.

44 No instrumento de doação feita ao fundador de Santos lê-se que sua terra "poderá ser da grandura de duas lé-guas e meia pouco mais ou menos até três léguas por costa, e por dentro quanto se puder estender que for da conquista de El-Rei nosso Senhor [...]". Cf. "Doação das terras de Jarabatiba a Brás Cubas" (*Revista do Institu-to Histórico e Geográfico de São Paulo*, v. VI, p. 295, 1900-01). Tanto a parte que coube a Brás Cubas nas pesquisas minerais como o seu patrimônio territorial oferecem problemas que foram, ultimamente, objeto de revisão em J. P. Leite Cordeiro, *Brás Cubas e a capitania de São Vicente* (São Paulo: [s.n.], 1951), e Américo de Moura, "Os povoadores do campo de Piratininga" (*Re-

NOTAS   381

vista do Instituto Histórico e Geográfico de São Paulo,
v. XLVII).

45   Jaime Cortesão, op. cit., v. I, pp. XCIX e CI.

46   Carvalho Franco, *Bandeiras e bandeirantes de São Paulo*.
São Paulo: Companhia Editora Nacional, 1940, p. 43.

47   Orville Derby, "Roteiro de uma das primeiras bandeiras
paulistas" (*Revista do Instituto Histórico e Geográfico
de São Paulo*, São Paulo, v. IV, pp. 129 ss., 1898-99) e "As
bandeiras paulistas de 1601 a 1604" (*Revista do Instituto Histórico e Geográfico de São Paulo*, São Paulo, v.
VIII, pp. 399 ss., 1903). O segundo desses estudos corrige
o anterior, onde se confundiam duas expedições distintas: a de André de Leão, de 1601, e a de Nicolau Barreto,
de 1602. A imprecisão dos dados, sobretudo topográfi-
cos, de que se pôde valer Derby quando mostrou como as
duas entradas devem ter seguido aproximadamente um
mesmo itinerário fez com que alguns dos nossos historiadores mais autorizados se vissem tentados a impug-
nar essa aproximação. A pedido do sr. Afonso Arinos de
Melo Franco, interessado em determinar quais as primeiras levas que atingiram a área de Paracatu, tive oportunidade de redigir, em 1942, uma resenha da entrada de
Barreto, procurando mostrar a procedência das alegações
de Derby. Serviu-se desse trabalho expressamente o sr.
Afonso Arinos em estudo que, sob o título "Paracatu do
príncipe", se imprimiu no *Anuário do Museu Imperial*
(Petrópolis, v. VI, pp. 87 ss., 1945), mais tarde reproduzido em seu livro *Um estadista da República* (Rio de Janeiro: José Olympio, 1955, v. I, pp. 3 ss.). O ponto de vista
em que se colocava Orville Derby é retomado ainda por
Washington Luís em *Na capitania de São Vicente* (São
Paulo: Martins, 1956, pp. 245-62).

48   Atas da Câmara da Vila de São Paulo, II, pp. 267 ss.:
"[...] outrossi assentarão que se não obrigase a trazer
pramtas por lhe não ficar em obrigação nẽ sojeitasão
que cada hũ prantava o que lhe parese [...]".

49   "Relatório do governador Antônio Pais de Sande em que
indica as causas do malogro das pesquisas das minas do
Sul e propõe o alvitre para se obter de uma maneira segu-

ra o seu descobrimento". In: *Anais da Biblioteca Nacional do Rio de Janeiro*, Rio de Janeiro, v. XXXIX, p. 199.

50   "Informe de Manuel Juan de Morales de las cosas de San Pablo y maldades de sus moradores hecho a su Magestad [...]", 1636. In: *Manuscritos da coleção De Angelis, I. Jesuítas e bandeirantes no Guairá*, pp. 185 ss.

51   Atas da Câmara da Vila de São Paulo, v. VI, pp. 283 ss.

52   Cf. Documentos Históricos, v. VI, p. 231.

53   Ibid., p. 201.

54   Ibid., p. 221.

55   Arquivo do Estado de São Paulo, *Inventários e testamentos*, op. cit., p. 6. v. II.

56   Serafim Leite, "Uma grande bandeira paulista ignorada". In: *Páginas de história do Brasil* (São Paulo: Companhia Editora Nacional, 1937, p. 104). Pelo teor do documento publicado nesse estudo deduz Leite que houve uma bandeira aos Guaiases em 1613, diversa da que saiu em 1615 sob a chefia de Antônio Pedroso de Alvarenga, onde esteve também Pero Domingues.

57   Wilhelm Piso e Georg Laet Marggraf, *Historia naturalis brasiliae*. Leide; Amsterdam: Elsevier, p. 263: "*Is narrat eo tempore quo ipse in Praefectura S. Vicentii degeret, venisse ad illas partes à Praefectura Bahiae Franciscum de Sousa; acceperat enim à quodam Brasiliano mettalum quoddam, è montibus Sabaroason, ut serebat, erutum, coloris cyanei sive caelestis arenulis quibusdam aurei coloris interstictum, quod unu à minerariss esset provatum, in quintali triginta marcas puri argenti continere deprehensum fuit*".

58   Ibid., p. 264: "*[...] atque hos esse capita fluvii S. Francisci opinor*".

59   Cf. Simão de Vasconcelos, *Crônicas da Companhia de Jesus do Estado do Brasil* (Lisboa : A. J. Fernandes Lopes, 1865, v. I, p. XL): "Contão os Indios versados no sertão, que bem no meio d'elle são vistos darem-se as mãos estes dois rios em huma alagoa famosa, ou lago profundo, de aguas que se ajuntão das vertentes das grandes serras do Chilli, e Peru, e demora sobre as cabeceiras do rio que chamão S. Francisco, que vem desembocar ao mar em al-

NOTAS 383

tura de dez graos e hum quarto; e d'esta alagoa se formão os d'aquelles grossos corpos; o direito, ao das Almazonas pera a banda do Norte; o esquerdo ao do Prata pera a banda do Sul; e com estes abarcão e torneão todo o sertão do Brasil; e com o mais grosso do peito, pescoço e boca, presidem ao mar".

60   José de Acosta, *História natural y moral de las Indias.* Cidade do México: Fondo de Cultura Económica, 1940, p. 100.

61   Sobre a estada de Gandavo no Brasil, posta em dúvida por alguns historiadores, cf. Hélio Viana, "A primeira versão do *Tratado da terra do Brasil* de Pero de Magalhães Gandavo" (*Revista de História*, v. VII, n. 15, pp. 89-96, 1953).

62   Edmond Buron, *Ymago Mundi de Pierre D'Ailly.* Paris: Librairie Orientale et Americaine Maisonneuve Freres, 1930, v. II, pp. 460 ss.

63   Santo Isidoro de Sevilla, *Etimologías.* Madri: Editorial Católica, 1951, p. 332.

64   Wilhelm Piso e Georg Laet Marggraf, op. cit., p. 264.

65   Joan Nieuhof, *Memorável viagem marítima e terrestre ao Brasil.* São Paulo: [s.n., s.d.], pp. 12 ss.

66   Sêneca, *Naturalis quaestiones*, [S.l., s.n., s.d.], lib. IV.

67   Edmond Buron, op. cit., v. II, p. 463.

68   Sebastião da Rocha Pita, *História da América Portuguesa.* 3. ed. Lisboa: Francisco Arthur da Silva, 1880, p. 6.

69   *Correio Brasiliense*, Londres, v. X, p. 373, mar. 1813.

MONÇÕES
O transporte fluvial [pp. 333-58]

1   Dr. Walter J. Hoffman, "Der Indianische Birkenrindenbau". *Globus*, Braunschweig, v. LXV, p. 335, 1894.

2   Cf. Francisco José de Lacerda e Almeida, *Diário da viagem do dr. Francisco José de Lacerda e Almeida pelas capitanias do Para, rio Negro, Matto Grosso, Cuyaba, e S. Paulo, nos annos de 1780 a 1790* (São Paulo: Typ.

de Costa Silveira, 1841, p. 78n). Disponível em: <http://bd.camara.gov.br/bd/handle/bdcamara/1941>. Acesso em: 26 out. 2022.

3   Ao sr. Alfredo Ellis Junior cabe, aparentemente, o mérito de ter sido o primeiro a mostrar o quanto é ilusória a crença de que as vias fluviais tiveram uma ação decisiva sobre esse movimento. Em seu livro *O bandeirismo paulista e o recuo do meridiano*, à p. 44, diz-se, sem muito exagero, o seguinte: "Outro grande erro, do qual não têm escapado mesmo muitos historiadores de certo renome, consiste na suposição de que o movimento expansionista das bandeiras se deu pelas vias fluviais. O Tietê, o velho Anhembi, que à primeira vista parece ter sido o grande caudal que determinou o bandeirismo, foi desconhecido de grande parte do movimento".

4   José Peixoto da Silva Braga, "A bandeira do Anhanguera a Goyaz em 1722". *Gazeta Literária*, Rio de Janeiro, v. I, n. 3, p. 62, 1883.

5   "[...] *which River wee passed with things made of cane tyed together with withes, which the Portugals call Jangathas*"; "*The admirable adventures and strange fortunes of Master Antonie Knivet, which went with Master Thomas Candish in his second voyage to the South Sea. 1591*": Samuel Purchas, *Hakluytus Posthumus or Purchas His Pilgrimes* (Londres: William Stansby, 1625, parte IV, p. 1213). "Atravessamo-lo em embarcações às quais chamam *Jangadas*": Jorge Marcgrave, *História natural do Brasil* (São Paulo: Imprensa Oficial do Estado, 1942, p. 264); Orville Derby, "Roteiro de uma das primeiras bandeiras paulistas" (*Revista do Instituto Histórico e Geográfico de São Paulo*, São Paulo, v. IV, p. 335, 1900).

6   Padre João de Souza Ferreira, "América abreviada" (*Revista do Instituto Histórico e Geográfico Brasileiro*, Rio de Janeiro, v. LVII, parte 1, p. 41); J. J. Machado d'Oliveira, *Quadro histórico da província de São Paulo* (São Paulo: Typographia Imparcial de J. R. A Marques, 1864, p. 109). Berredo também se refere ao mesmo fato, dizendo que os homens de Raposo Tavares desceram o

NOTAS   385

Amazonas "em humas pequenas embarcações que se chamão balsas" (*Annaes históricos do estado do Maranhão*. 2. ed. Maranhão, 1849, p. 410).

7   "Deixando a pátria transformada em fontes,/ Por termos nunca usados, nem sabidos,/ Cortando matos, arrazando montes,/ Os rios vadeando, mais temidos,/ Em *jangadas*, canoas, balsas, pontes...". Cláudio Manuel da Costa, *Obras poéticas de Cláudio Manuel da Costa*. Rio de Janeiro: João Ribeiro, 1903, t. II, p. 176.

8   "Relación de la guerra y victoria alcanzada contra los portugueses del Brasil...". *Revista do Instituto Histórico e Geográfico de São Paulo*, São Paulo, v. X, p. 530; "Roteiro por onde se deve guiar quem sahir por terra da Colônia do Sacramento...". In: Capistrano de Abreu, *Ensaios e estudos* (Rio de Janeiro: Sociedade Capistrano de Abreu, 1932, 3ª série, p. 104).

9   Carta do marquês de Lavradio ao sr. João Henrique Böhm, de 8 de agosto de 1776. *Boletim do Centro Rio-Grandense de Estudos Históricos*, Rio Grande, v. I, n. 1, p. 98, out. 1939.

10   "Demonstração dos diversos caminhos de que os moradores de São Paulo se servem para o Rio Cuyabá [...]". In: *Anais do Museu Paulista*, v. I, segunda parte, p. 463.

11   Cf. P. Pablo Hernández, *Organización social de las doctrinas guaraníes de la Compañia de Jesús* (Barcelona: G. Gili, 1913, v. I, p. 241); dr. D. Francisco Jarque, *Ruiz Montoya en Indias* (Madri: [s.n.], 1890, v. III, p. 205). O uso de balsas semelhantes também é assinalado por volta de 1734 no rio Paraguai, onde têm o aspecto de "casas portáteis armadas sobre canoas". Cf. Joseph Barbosa de Sá, "Relação das povoações do Cuyabá e Mato Groso de seos princípios thé os presentes tempos" [1775] (*Anais da Biblioteca Nacional do Rio de Janeiro*, Rio de Janeiro, v. XIII, p. 34).

12   Georg Friederici, *Die Schiffahrt der Indianer*. Stuttgart: Strecker & Schröder, 1907, p. 26.

13   A descrição deixada pelo padre Cardiael foi redigida em 1772, quando esse missionário já andava na Europa, e diz o seguinte: "*Los rios no tienen puentes: y algunos*

son muy caudalosos. Para pasarlos se llevan, preveni-
dos cueros de toro. Se hace una pelota, o un quadrado
de un cuero de éstos. Se levantan alrededor las orillas
con una tercia, y se afianza con un cordel, para que es-
tén tiesas. Metese el hombre y las cargas dentro, a la
orilla del rio; y otro nadando va tirando de un cordel
la débil barca hasta la otra orilla, o va desnudo encima
de un caballo nadador. Sufre cada cuero de estos doce
o catorce arrobas: y pasa y vuelve á pasar hasta más de
una hora, sin que se ablance. Asi camiñan los Jesuitas y
toda gente de alguna distinción. Los indios y gente baja
pasan los rios nadando al lado o encima de sus caba-
llos, y sus alforjitas en la cabeza". Cf. "Relación verídica
de las misiones de la Comp.a de Ihs. en la provincia, que
fué del Paraguay, y solución de algunas dudas sobre las
mismas. Obra del P. N. N. (P. José Cardiel, S. I.) Misionero de las dichas Misiones escrita a instancias del P. N.
N. Misionero apostólico en la Prov.a que fué de Castilla,
Faenza, anno 1772" (manuscrito da Biblioteca Nacional
do Rio de Janeiro, Coleção Benedito Ottoni, 1-5, 1, 52).

14   Sobre as pelotas, pode-se consultar Georg Friederici,
      Die Schiffahrt der Indianer, op. cit., pp. 26 ss.; Alves
      Câmara, *Ensaio sobre as construções navaes indíge-*
      nas (2. ed. São Paulo: Ed. Nacional, 1937, pp. 226 ss.);
      "Diário resumido do dr. José de Saldanha" (*Anais da*
      Biblioteca Nacional do Rio de Janeiro, Rio de Janeiro,
      v. II, pp. 201-2n, 1938); Nicolau Dreys, *Notícia descriti-*
      va da provincia do Rio Grande de S. Pedro (Porto Ale-
      gre: Livr. Americana, 1927, p. 151).

15   "Diário de viagem de Moçambique para o rio de Sena,
      feito pelo dr. Francisco José de La Cerda e Almeida"
      [1798]. Manuscrito da Biblioteca Nacional, Rio de Ja-
      neiro, 1-28-28-8.

16   Alves Câmara, op. cit., p. 103; "Diário de navegação do
      Rio Tietê, Rio Grande, Paraná e Gatemy, escrito pelo sar-
      gt.o mor Teotônio José Juzarte" [1769] (*Anais do Museu*
      Paulista, v. I, segunda parte, pp. 44 ss.); "Diário de
      Aguirre" (*Anales de la Biblioteca*, Buenos Aires, v. IV,
      p. 57, 1905); J. B. von Spix e C. F. Ph. von Martius, *Reise*

NOTAS   387

in Brasilien (Munique: Lindauer, 1823, v. I, pp. 264-5);
Hércules Florence, *Viagem fluvial do Tietê ao Amazonas* (São Paulo: [s.n., s.d.], pp. 11-2).

17   J. B. von Spix e C. F. Ph. von Martius, op. cit., v. III,
p. 1336. Pizarro afirma igualmente que a equipagem
dessas embarcações constava de vinte homens. Nesse
total incluíam-se remeiros, pescadores, piloto, dono e
agregados. Cf. Pizarro e Araújo, *Memorias historicas
do Rio de Janeiro e das provincias annexas à jurisdi-
ção do Vice-Rei do Estado do Brasil* (Rio de Janeiro:
Impressão Régia, 1820, v. IX, cap. II). Luiz d'Alincourt,
por sua vez, escrevendo já em 1830, dizia que os igarités
do Madeira, na província de Mato Grosso, carregavam,
em média, mil a 2 mil arrobas. Cf. "Rezultado dos trabalhos e indagações statisticas da provincia de Mato-
-Grosso, por Luiz d'Alincourt, sargento-mor engenheiro" (*Anais da Biblioteca Nacional do Rio de Janeiro*,
Rio de Janeiro, v. III, p. 139, 1877).

18   Cf. "Mapa presentado a S. M. por D. Luiz de Cespe-
des Xeria para la mejor inteligencia del viaje que hizo
desde la Vila de San Pablo del Brasil a la Ciudad Real
de Guayrá", reproduzido em *Collectanea de mappas
da cartographia Paulista, abrangendo nove cartas, de
1612 a 1837, reproduzidas da colecção do Museu Paulista e acompanhadas de breves commentarios por Af-
fonso d'Escragnole Taunay* (São Paulo: Melhoramentos,
1922, v. I, carta 2a).

19   "[...] e como semelhantes embarcações não têm quilha e
passão com tanto risco e em parte he preciso levarem-se
aos hombros, por cuja rezão se fazem tão pequenas que
apenas levarão cada huã cinqüenta ou sessenta arrobas,
entrando neste peso trez ou quatro pessoas, que he o mais
que podem levar [...]". Cf. *Documentos Interessantes
para a Historia e Costumes de São Paulo* (São Paulo,
1901, v. XXXII, p. 84. Cf. igualmente a p. 185).

20   *Documentos Interessantes para a Historia e Costumes
de São Paulo*, São Paulo, v. XLIV, p. 273, 1903.

21   "Carta do illmo. e exmo. sr. conde de Azambuja ao de
Val de Reys em que lhe relata os sucessos de sua via-

gem para o seu governo do Matto Grosso em 1950."
Manuscrito da Biblioteca Nacional, Rio de Janeiro, cod.
DCXLIV/28-17.

22   *Anais do Museu Paulista*, v. I, segunda parte, p. 44. Na
mesma ocasião, o preço médio da bordadura de uma
canoa era de 4$000; o de um cento de pregos de pau a
pique para consertos, $720; o de um remo de proeiro,
$160; e o de um remo de remar, $120. Cf. *Documentos
Interessantes para a Historia e Costumes de São Paulo*,
v. v, p. 17 (São Paulo, 1901), e v. VI, pp. 39 e 82 (São
Paulo, 1894).

23   Manuscrito do Arquivo Público do Estado de São Paulo,
maço 54, pasta I, n. 77. Além dos processos primitivos
de fabrico, a incúria e a prodigalidade de empreiteiros ou
trabalhadores concorreriam sem dúvida para esses preços elevados. Muitos anos mais tarde, em 1858, quando se construíram em Constituição (Piracicaba) canoas
destinadas às monções do Itapura, seu custo "excessivo e
exagerado" será atribuído principalmente a idênticos motivos. Em depoimento prestado durante inquérito então
realizado naquela cidade paulista, houve quem dissesse
que os operários construtores das referidas embarcações
trabalhavam quatro horas por dia e ganhavam 4 mil-réis
e 5 mil-réis diários, sem ter, muitas vezes, quem fiscali-
zasse os serviços, "e que por estas razões tornaram-se *du-
plicados os preços* das construções". Outra testemunha
disse saber que "as canoas foram feitas em seu sítio, e
se tornaram *excessivas*, talvez porque os trabalhadores
lá apareciam para o trabalho só por *formalidade*, alguns
dias; que ao princípio trabalhavam bem e depois pouco
a pouco foram-se relaxando, a ponto de irem ao serviço
só por formalidade ao que atribui ficarem as ditas canoas
por preços exagerados". Cf. Joaquim d'Almeida Leite
Moraes, *Representação sobre a colonia naval de Itapura dirigida a S.M. o Imperador por Joaquim d'Almeida
Leite Moraes, bacharel em direito pela Faculdade desta
cidade e deputado à Assembleia Legislativa da província*
(São Paulo: Typ. Litteraria, 1860, pp. 48-9). Convém notar que, nesse caso, a construção das canoas fez-se, não

NOTAS   389

em lugares ínvios e distantes, mas no sítio ou chácara do
capitão João Morato de Carvalho — uma das testemunhas acima citadas —, onde poderia ser objeto de fácil
fiscalização. Conquanto faltem dados acerca do tipo dessas canoas, do modo de fabricá-las e do material empregado na construção, nada indica que fossem distintas das
que se utilizavam nas monções do Cuiabá.

24   *Documentos Interessantes para a Historia e Costumes
      de São Paulo*, São Paulo, v. v, pp. 84, 88, 90, 92, 102 e
      146, 1901.

25   *Documentos Interessantes para a Historia e Costumes
      de São Paulo*, São Paulo, v. ix, p. 12, 1895.

26   Armando de Mattos, *O barco rabelo*. Porto: Junta de
      Província do Douro Litoral, 1940, pp. 41 ss.

27   Cf. Antônio Sérgio, *História de Portugal* (Lisboa: Portu-
      gália, 1941, v. i: Introdução geográfica, pp. 97 e 241).

28   *Documentos Interessantes para a Historia e Costumes
      de São Paulo*, São Paulo, v. xliv, pp. 187-8, 1903.

29   *Documentos Interessantes para a Historia e Costumes
      de São Paulo*, São Paulo, v. ix, p. 26, 1895. Cf. também
      *Documentos Interessantes para a Historia e Costumes
      de São Paulo*, v. v, pp. 75-6, 78, 141 (São Paulo, 1901),
      e v. xxiii, p. 376 (São Paulo, 1896). Sobre a fundação de
      Piracicaba cf., além disso, Mário Neme, "Piracicaba no
      século xviii" (*Revista do Arquivo Municipal*, São Pau-
      lo, v. xlv, pp. 133 ss., 1938), e Antunes de Moura, "Go-
      verno do morgado de Mateus no vice-reinado do conde
      da Cunha" (*Revista do Arquivo Municipal*, São Paulo,
      v. lii, pp. 109 e 132).

30   *Documentos Interessantes para a Historia e Costumes
      de São Paulo*, São Paulo, v. v, p. 78, 1901.

31   Cf. "Relatório apresentado pelo sr. Gentil Moura". In:
      Exploração dos Rios Feio e Aguapehy (São Paulo: Co-
      missão Geographica e Geologica do Estado de S. Paulo,
      1906, pp. 3 ss.). Ver também, sobre o mesmo assunto,
      Gentil de Assis Moura, "O primeiro caminho para as
      minas de Cuyabá" (*Revista do Instituto Histórico e
      Geográfico de São Paulo*, São Paulo, v. xiii, pp. 131 ss.,
      1908).

32   O plano de Cândido Xavier figura integralmente na parte sexta de sua "Discripção diaria dos progressos da expedição destinada da capitania de São Paulo para as Fronteiras do Paraguay", que consta de um códice hoje pertencente ao Arquivo da Diretoria de Engenharia do Ministério da Guerra. É o mesmo que se acha assinalado no Catálogo da Exposição de História do Brasil, sob o n. 1045.

LEIA MAIS PENGUIN-COMPANHIA
CLÁSSICOS

Essencial Celso Furtado

Organização de
ROSA FREIRE D'AGUIAR

A partir dos múltiplos interesses a que se dedicou o economista Celso Furtado durante as seis décadas de sua vida, durante as quais produziu de forma constante, o propósito desta antologia é destacar quatro linhas essenciais no pensamento do grande economista. O eixo "Trajetórias" reúne textos de cunho autobiográfico. O núcleo mais relevante de sua obra é, evidentemente, o "Pensamento econômico", subdividido no *Essencial* em teoria e história, cobrindo um período que vai de 1961 a 1994. A problemática do subdesenvolvimento é seu fulcro. De seu livro mais conhecido, *Formação econômica do Brasil*, marcadamente de história econômica, se inclui o capítulo "Os mecanismos de defesa e a crise de 1929". A esse núcleo se seguem "Pensamento político" e, por fim, o tema da cultura, que fecha o volume e tem um lugar destacado no pensamento de Celso Furtado, preocupado a partir de meados dos anos 1970 com a dimensão cultural do desenvolvimento, ou melhor, o elo explícito entre cultura e desenvolvimento.

WWW.PENGUINCOMPANHIA.COM.BR

Esta obra foi composta em Sabon por Alexandre Pimenta
e impressa em ofsete pela Geográfica sobre papel
Pólen Natural da Suzano S.A. para a Editora Schwarcz
em janeiro de 2023

A marca FSC® é a garantia de que a madeira utilizada na fabricação do papel deste livro provém de florestas que foram gerenciadas de maneira ambientalmente correta, socialmente justa e economicamente viável, além de outras fontes de origem controlada.